话说
中国

变幻中的乾坤

公元907年至公元960年的中国故事

金尔文 郭建 著

上海故事会文化传媒有限公司

上海锦绣文章出版社

总顾问：李学勤
总策划：何承伟

本卷顾问：朱　雷

主编：　刘修明
副主编：陈祖怀

正文作者（按卷次先后排列）

《创世在东方》　　杨善群　郑嘉融
《诗经里的世界》　杨善群　郑嘉融
《春秋巨人》　　　陈祖怀
《列国争雄》　　　陈祖怀
《大风一曲振河山》程念祺
《漫漫中兴路》　　江建忠
《群英荟萃》　　　顾承甫　刘精诚
《空前的融合》　　刘精诚
《大唐气象》　　　刘善龄　郭　建
　　　　　　　　　郝陵生
《变幻中的乾坤》　金尔文　郭　建
《文采与悲怆的交响》程　郁　张和声
《金戈铁马》　　　程　郁　张和声
《集权与裂变》　　胡　敏　马学强
《落日余晖》　　　孟彭兴
《枪炮轰鸣下的尊严》汤仁泽

辅文作者（按姓氏笔画排列）

马学强　王　俊　王廷洽　王保平　王景荃
田　凯　田松青　仲　伟　江建忠　刘善龄
刘精诚　汤仁泽　杨善群　杨　婷　李　欣
李国城　张　凡　张和声　张振华　陈先行
陈祖怀　苗　田　金尔文　周雪梅　郑嘉融
宗亦耘　孟彭兴　赵冬梅　秦　静　栗中斌
顾承甫　殷　伟　郭立暄　盛巽昌　崔　陟
崔海莉　程　郁　程念祺

图片提供

文物出版社、河南博物院、巩义博物馆、
徐州博物馆、徐州汉兵马俑博物馆等单位
及（按姓氏笔画排列）王保平　山口直树
田　凯　田松青　朱　林　仲　伟　孙继林
杨清江　李国城　何继英　陈先行　欧阳爱国
赵　勇　殷　伟　徐吉军　郭立暄　郭灿江
崔　陟　阎俊杰　翟　阳　薄松年等
本页长城照片由陈健明拍摄

梦想与追求

何承伟

出 版 说 明

为 最 广 大 读 者 编 一 部 具 有 现 代 意 识 的 历 史 百 科 全 书

> 中国是一个拥有五千年灿烂文明史、又充满着生机与活力的泱泱大国。中华民族早就屹立于世界的东方，前赴后继，绵延百代。

> 作为中国人，最为祖国灿烂的过去与崛起的今天感到骄傲。

> 作为中国的出版人，应义不容辞地以宏大的气魄为广大热爱中国历史的读者，承担起传播这一先进文化的责任：努力使中国历史文化出版物，与中国这样一个拥有五千年文明史的过去相适应，与当代中国日新月异的发展现实相适应，与世界渴望了解中国的需求相适应。

> 人民创造了历史，历史又将通过我们的出版物回赠给人民，使中华民族数千年积累起来的灿烂文化成为当今中国人取之不尽的思想宝库，让更多的读者感悟我巍巍中华五千年光辉历史进程和整个中华民族灿烂的文明成果。

> 为此，我们作了大胆的探索：以出版形态的创新为抓手，大力提高这套中国历史读物的现代意识的含量，使图书能够真正地"传真"历史；以读者需求为本位，关注现代人求知方式与阅读趣味的变化，把高品位的编辑方针和大众传播的形式有机结合起来，独辟蹊径，创造一种介于高端读物与普及读物的独特的图书形态，努力使先进的文化为最广大的读者所接受。

> 经过多年的努力，这套融故事体的文本阅读、精彩细腻的图片鉴赏、便捷实用的检索功能于一体的中国历史百科全书——《话说中国》终于陆续与读者见面。这套书计15卷，卷名分别为：《创世在东方》、《诗经里的世界》、《春秋巨人》、《列国争雄》、《大风一曲振河山》、《漫漫中兴路》、《群英荟萃》、《空前的融合》、《大唐气象》、《变幻中的乾坤》、《文采与悲怆的交响》、《金戈铁马》、《集权与裂变》、《落日余晖》和《枪炮轰鸣下的尊严》。

> 在《话说中国》这部书里，你将看到以故事体文本为主体的感性与理性的统一。

> 现代人对历史的感悟，最能产生共鸣、最能感到激动的文学样式是什么，是故事。是蕴涵在故事里的或欣喜或悲切或高亢或低回的场面。这些经典场面令人感慨唏嘘，荡气回肠。记住了一个故事，也就记住了一段历史。故事是一个民族深沉的集体记忆，容易走进读者的心灵世界，它使读者在随着故事里主人公的命运起伏跌宕之时，不知不觉地与中国历史文化进行了"亲密接触"，从而让历史文化的精华因子，潜移默化地影响着我们的行为，净化着我们的心灵。因此，《话说中国》以故事体的文本作为书的主体。同时，它还突破了传统历史读物注重叙述王朝兴衰的框架，以世界眼光、一流专家学者的史识来探寻中国历史的发展脉络与规律；以密集的信息，弥补故事叙述中知识点不足的局限，从而使故事的感性冲击力与历史知识的理性总结达成高度的统一。它让读者既见树木，又见森林；既享受了故事所带来的审美快感，同时又能寻绎历史的大智慧。

> 在《话说中国》这部书里，你将看到互为表里的图与文的精彩组合。

> 当今社会已进入"读图时代"，这一说法尽管片面，但也反映了读者的需求。在这套书里的图片与通常以鉴赏为主的图片有很大不同：

> 图片内容涵盖面广。这些图片能够深入再现历史现实，立体凸现每一不同历史时期社会生活各方面的发展变化。透过生动的"图片里面的故事"，可以体味其中蕴涵着的

深刻内容，堪称是历史文化的全息图像。它们与故事体文本相关联，或是文本内容的画面直观反映和延伸，或是文本内容的背景补充，图与文珠联璧合，相得益彰。同时，纵观整套书的图片又分别构成了一个个独立的专门图史，如服饰图史、医药图史、书籍图史、风俗图史、军事图史、体育图史、科技图史等等。

> 图片的表现形式极其丰富。这套书充分顾及现代读者的读图口味，借助现代化手段尽量以多种面貌出现，汇集了文物照片、历史遗址复原图、历史地图与示意图、透视图以及科学考古发掘现场照片在内的三千余幅图片。既有精炼简洁的故事，又有多元化的图像，读者得到的是图与文赋予的双重收获。

> 创造了一种新的读图方式。书中的图片形象丰富，一目了然，具有"直指人心"的震撼力，但在阅读过程中，尤其是在欣赏历史文化的图片中，这种震撼力很难使读者感悟到。原来他们是凭自己的文化底蕴和生活积累在品味和理解书中的图片。两者一旦产生矛盾，就不可能碰撞出火花。本书作为面向大众的出版物创造了一种全新的阅读环境：改造我们传统的图片的文字说明，揭示图片背后的信息，让读者在读完这些文字后，会产生一个飞跃，对第一眼所看到的图片有一种新的发现和新的认识。

> 在《话说中国》这部书里，你将看到一个充满数字化魅力的历史百科知识体系。

> 数字化给我们的社会生活带来了许多崭新的变化，作为文化产品的创新也不例外。为此，我们在这套信息密集型的中国历史百科全书里，大量运用了在电脑网络上广泛使用的关键词检索方式，以关键词揭示故事内核，由此来检索和使用我们的故事体文本与相关知识性信息。这套书的信息化、网络化、数字化，充分表现了中华民族不但有自强不息的过去时，前进中的现在时，而且还有充满希望的将来时。

> 一则故事，一幅图片，一个关键词，都是某个有代表性的"点"，然而这个点不是孤立的存在，而是一个有意义的叙事单位。它是中华民族的文明亮点，折射了我们民族的文化性格。把这些亮点连接起来，就会构成一条历史之"线"，而"线"与"线"之间的经纬交织，也就绘成了历史神圣的殿堂。点、线、面三维一体，共同建构着上下五千年的民族大厦。

> 著名科学史家贝尔纳曾说："中国在许多世纪以来，一直是人类文明和科学的巨大中心之一。"我们知道，印刷是中国引以为骄傲的四大发明之一，中国出版在世界出版史中，曾留下许多脍炙人口的灿烂篇章。然而近代中国出版落后了，以至于到今天与发达国家相比，无论是在出版技艺上，还是在出版理念上，都存在着不小的差距。我们在本书的出版过程中善于学习、消化与借鉴，"洋为中用"，充分发挥"后发优势"，努力把世界同行在几十年中创造的经验，学习、运用到这套书的编辑过程中，以弥补两者之间的差距。事实证明，只要我们努力了，只要我们心中有了读者，我们一样可以后来者居上。

> 中国编辑中的一位长者曾说过这样一段话："我们没有显赫的地位，却有穿越时空的翰墨芬芳；我们没有殷实的财富，却有寄托心灵的文化殿堂。"

> 在编辑这套书的过程中，我们深深感到，中国历史文化太伟大了，无论你怎样赞美，都不为过；中国历史文化又太神奇了，无论你以何种方式播种，都会有意想不到的收获。今天，我们所撷取的，只不过是其中的一朵小花，还有更多更美的天地需要人们进一步去开拓。

现代人与历史

上海社会科学院研究员　刘修明

> 历史与现代人有什么关系？历史对现代人有什么用？这并非每一个现代人都能正确回答的问题。

> 过去的早就过去了。以往的一切早已灰飞云散，至多只留下遗迹和记载。时光不能倒流，要知道过去干什么？历史无用的混沌和蒙昧，不是个别现象。在科学技术高度发达的现代社会，人们更易对远离现实的历史轻视、淡漠。对历史无知而不以为然的人，不在少数。

> 不能简单地指责这种现象。一旦通过有效途径缩短了现代人和历史的距离，人们就会从生动形象的历史中取得理性的感悟，领悟历史的哲理，开发睿智，从而加深对现代社会文明的认识，使现代人的认识和实践达到一个新的层次。那时，人们就会有一个共识：历史和现代是承续的。历史是现代人生存和发展不可缺少的内容。历史和现代人是不可分的。

> 祖国的历史是一部生动的、博大精深的启迪心智的教科书。中国历史是独树一帜的东方文明史。承载中华文明的中国历史，在她形成发展的曲折而漫长的过程中，从未中断过（不像埃及、两河流域、印度文明或中断或转移或淹没）。她虽然历尽坎坷，备尝艰辛，却始终以昂首挺立的不屈姿态，耸立在亚洲的东方。即使从19世纪上半叶开始的对中华文明一个多世纪的强烈冲击和重重劫难，也没有使曾创造过辉煌的中华文明沉沦，反而更勃发了新的生机。中国的历史学家从孔子、左丘明、司马迁开始，持续不断地以一种不辜负民族的坚韧精神，把中华民族放在辉煌与挫折、统一与分裂、前进与倒退、战争与和平、正义与邪恶的对立统一的辩证过程中，将感悟到的一切，记录在史册上。以一笔有独特美感并凝结高超智慧的精神财富，绵延不绝地传承给一代又一代炎黄子孙，从而成就了中华民族及其创造的文明的延续和发展。中华文明的创造和中国历史的记载是不可分的。中国历史是兼容时空又超越时空的中华文明有形和无形的载体。

> 英国哲学家培根说过："历史使人明智。"历史的经验是前人付出巨大的代价（甚至生命的代价）才总结出来的。历史经验包蕴着发人深思的哲理。要深刻地了解现实，理智地面对将来，就应当自觉地追溯历史。现代人只有了解历史，才能感受历史启迪现

总　序

实的无穷魅力。唯有从历史的经验与哲理感知杂乱纷纭的现实，才能体会历史智慧的美感和简洁感。

> 这种由历史引发的智慧、魅力和美感，对丰富一个人的生命内涵，提升人的素质，是非常重要的。我们强调人的素质，但素质的基本内涵是什么，却未必很清楚。我认为，人文素质应该是人的素质的基本内涵。一个人的人文素质是由他所属的民族几千年文化创造的基因，积淀在他的血液和灵魂中形成的。以文史哲为主体的人文教育，对人的素质提高具有特别的价值。而中国历史往往又是文史哲三位一体的糅合和载体。只重视外语、电脑教育而忽视人文教育的偏向应引起重视并加以纠正。这种素质教育应当起步于一个人的青少年时代。对祖国的热爱，民族自信心的树立，正确的人生观、价值观的确立，都离不开对祖国历史的了解。只有这样的人，才能立志报效祖国和中华民族，并以他们的不断传承和新的创造，继续为人类文明的发展作出新的贡献。在共同文化血脉上发展起来的十三亿中国人和五千万在世界各地的华人，都应有这样的共识，都应承担这样的责任。

> 了解祖国的历史，可以从简明的历史教科书入手，也可以从浩瀚的史籍中深究。关键是引起读者的阅读兴趣。我们这里提供的是一本图文并茂用故事形式编写的中国历史。中国有一本几乎家喻户晓、发行量达几百万册的出版物：《故事会》。这是上海文艺出版总社的名牌刊物，在社会上有很大的影响。何承伟先生从几十年编辑的成功实践中，提出了这样一部以图文并茂的故事形式并包含巨大信息量的中国历史百科全书的设想。在众多学者的参与和合作下，成就了这样一部新体裁的中国通史《话说中国》。它生动形象、别开生面的编写方式，使包括老中青在内的现代中国人，都可以轻快地从这部书中进入中国历史宏伟的殿堂，从中启迪心智，增加知识，开拓眼界，追溯历史，面对未来。它把传统的教育和未来的展望，有机而和谐地结合在一起，引导当代中国人顺应悠久古老的中国文明融注世界发展的现代潮流，以期为世界的文明发展作出新的贡献。我们相信，凝聚了几十位学者和编者多年努力的这部书，一定会为这种贡献尽其绵薄之力，发挥其应有的作用。

目录

乱世景象黯淡了盛唐的五彩斑斓，这是一个武人逐渐成为社会主角的时代。历史演进中蕴含着合理的变化，善良与智慧的人们仍然在生活中艰难地跋涉。

专家导言

中国唐史学会会长、武汉大学历史系教授　朱雷

> "渔阳鼙鼓动地来，惊破霓裳羽衣曲。"发生于玄宗天宝十四载（755）的安禄山叛乱，至代宗广德二年（763）史朝义兵败自缢，历时七年余的安史之乱，是中央与地方藩领之间的内部斗争，是唐王朝自身腐败造成的恶果。其深远影响是统一集权走向分裂割据；是社会矛盾由相对稳定走向日趋激化；是唐王朝对周边各族由主动进攻走向被动挨打的转折点。并以此为标志，唐朝历史分为两个截然不同时期。

> 安史之乱虽平，割据因素并未消除，中央与藩领发生过三次大规模战争。德宗始以坚决讨伐，终以藩镇过强而转为妥协。较有作为的宪宗虽有获胜，很多藩镇相继归命，但不巩固。武宗用李德裕的建议，平定泽潞节度史叛乱。但此次双方皆有损耗，故在相当长时期，未再发生大战。

> 从宪宗朝到宣宗的近半个世纪的牛李党争，两党交替执政又起。就对待藩镇跋扈、科举改革及吐蕃降将等具体问题而言，李党尚有可取之处。但交相攻击，排斥异己，亦削弱了中央政权。以至皇帝都哀叹"去河北贼（指藩镇）易，去朝廷朋党难"。

> 唐后期财政制度的改革，首先应看到对前期以"丁身为本"的租、庸、调制改为以"资产为宗"的两税制，是一种进步。在中国财政史上具有重大意义，并对后世税制有深远影响。此外，有关商税征收、盐铁及转运等的改革等，都在一定时期、一定程度上取得成效，使得唐王朝后期尚能维持相当长时间。

> 唐后期，北方战乱频繁，南方相对安定，加之北人南迁，故南方经济有了发展。农业上土地开垦增加，水稻种植已采用插秧移植，稻麦复种推广，产量明显提高。茶遍产于长江上下游及福建等地。种桑养蚕进一步发展和普及。

> 手工业呈上升趋势，纺织品质量产量越来越高，以淮南、吴越、宣州、蜀地尤为名贵。其他如瓷器、造纸、漆器，较前皆有发展。

> 商业的发展表现在商业城市的增加，坊市隔限的突破，出现夜市。其他如江淮草市、西蜀的"亥市"、"蚕市"，北方的集，打破了传统的"市"制。为适应商业活动，出现

了"僦柜"、"邸店"及汇兑的前身"飞钱"、"便换"。广州的对外贸易发展，成为国际贸易港。这些都是唐后期的产物。

> 唐后期在文学艺术方面硕果累累。元白的诗，韩柳的古文运动，且出现新的文学形式"词"。绘画、雕塑不仅见于文献记载，而且在敦煌千佛洞中，犹可见到唐后期到五代、北宋的精美绝伦的作品。

> 但由于社会矛盾的激化，最终爆发了王仙芝、黄巢的起义。前后历时九年多的农民革命虽被镇压了，但唐王朝也处于分崩离析。朝廷为对付宦官，引藩镇朱全忠带军入长安，朱全忠先杀宦官后杀朝臣，逼哀宗禅位于他。立国二百九十年的唐，终于被后梁取代。

> 907年，朱全忠建立后梁政权，从此相继出现了在中原地区的五代（梁、唐、晋、汉、周）和割据西蜀、江南、岭南和河东的十个政权分立，合称五代十国。

> 五代更迭的局面，战争不断，但也是在战争中逐渐走向统一的过程。后梁、后唐均对旧时诸藩镇进行战争，相继统一黄河中下游地区。后唐河东节度使石敬瑭向契丹主耶律德光称臣并认为父，以幽蓟十六州为代价，换取支持，被立为皇帝，是为后周。侄石重贵立，因不恭顺，被耶律德光攻灭，建国号辽。刘知远则踞太原称帝，建后汉。951年，郭威称帝，建后周，从政治、经济、军事方面进行一系列改革，开始改变北方残破局面。养子柴荣继立后，击败后蜀，又亲征南唐，得岭南、江北之地。复攻辽，收复莫、瀛、易三州之地。

> 十国中，北汉在河东，地瘠民贫，以十二州之地，亡国时仅三万余户，约为盛唐时户口的八分之一。其余九国在南方，相对北方重大战事少，政局亦相对安定。前、后蜀注意兴修水利，"广事耕垦"。吴、南唐、吴越所在长江中下游，大批荒地开垦，浙东沿海修筑捍海石塘，以防海潮侵袭，使钱塘成为东南最富庶地区。王氏主闽，保境息民，劝课农桑，又奖励海外贸易，使福建经济大为改观。马殷在湖南时湘中、湘西开发，粮食增加明显。建立在岭南的南汉地区，"五十年夹岭表无事"。故在北宋统一时，华北地区约有一百万户，而南方已有二百三十万户。

> 960年，柴荣病死。次年，赵匡胤取代后周，建立北宋。

把中国历史的秀美景致尽收眼底
本书导读示意图

《话说中国》作为融故事体的文本阅读、精彩细腻的图片鉴赏于一体的中国历史百科全书，其中包含着无数令人神往的中国历史的秀美景致，它们经纬交织，互为表里，形成了中华民族上下五千年的灿烂文明。

如同游览名山大川离不开导游和地图的指点，通过以下图例的导读提示，读者定能够尽兴饱览祖国历史美景，流连忘返。

随时感受历史文化的魅力与编纂创意的匠心

整个版面构成充分体现出本书以故事体文本为主体的特点，体现出本书作为历史百科全书的知识信息密集、图文并重的特点，使读者在本书任何一个页面上，都能感受到历史文化的魅力与编纂创意的匠心。

导读、段落标题与编号，
能更好地理解故事精髓，更好地运用故事

为了更好地理解故事，在实际学习生活中运用故事，本书在故事体文本中，特地为读者准备了故事导读、故事段落标题与故事编号等三个重要内容。故事导读是概述故事精要，它与故事段落标题，都是为了让读者更好地理解故事的精髓，同时让读者以一种轻松便捷的方式快速获得文本重要信息。

人物、典故和关键词具有很大信息量和实用性

在每一则故事中，都含有故事核心内容（即故事内核）、故事人物等基本要素。本书将此提炼出来，标注在每则故事的右上角（加上故事来源），使之具有很大的信息量和实用性。

建构多元、密集的知识性信息，
构成了全书另一个重要组成部分

以密集的信息，弥补故事叙述中知识点不足的局限，从而使故事的感性冲击力与历史知识的理性总结达成高度的统一。它让读者既见树木，又见森林；既享受了故事所带来的审美快感，同时又能寻绎历史的大智慧。如"中国大事记""世界大事记""历史文化百科"和图片说明文字等专栏中的有关内容，都是经过精心选择的练达的知识板块，既是历史知识的精华，又是广泛体现"活"的历史，体现当时社会人生百态，体现当时寻常百姓的寻常生活。

再现历史现实的图片系统

图片内容涵盖面广泛，能够深入再现历史现实，观赏效果细腻独到，立体凸现了每一不同历史时期社会生活各方面的发展变化。透过生动的"图片里面的故事"，可以体味其中蕴涵着的深刻内容，堪称是历史文化的全息图像。

《话说中国》以精美绝伦的文字和图片，将中华民族最可宝贵的民族精神和生生不息的文化传统，演绎得生动而传神。看了这张导读图，你就开始一程赏心悦目的中国历史文化之旅吧。

故事标题。

故事编号：与"人物""典故""关键词"等相联系。

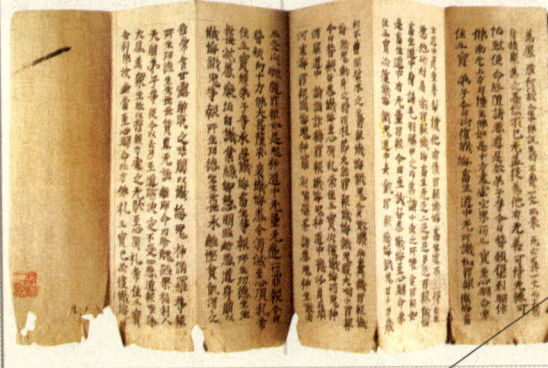

故事段落标题：揭示本段故事主题，具有阅读提示和增加阅读悬念的作用。

中国大事记：以每卷所在历史年代为起止，精选与故事相应相近年代的中国历史文化重大事件，以此体现中国历史发展的基本脉络。

故事导读：概述故事精要，更好地理解故事精髓。

世界大事记：以中国大事记为参照，摘选相应年代的世界各国历史文化重大事件，以此体现本书"世界性"的理念。

人物、典故、关键词、资料来源：将故事的人物、关键词提炼出来，标注于此（加上故事来源），使之具有很大的信息量和实用性。

图片：涵盖面广泛，能够深入再现历史现实。纵观整套书的图片，又分别构成了一个个独立的专门图史。

以直观的表格形式，便于读者对分散信息作系统的查考。

图片说明文字：深入揭示图片"背后"的历史文化内涵，读完这些文字，就会对图片有新的发现和新的认识。

历史文化百科：是精选的历史文化百科知识，分别涉及政治、经济、文化、科技等十余个知识领域。

公元 875 年

世界大事记

英吉利的威塞克斯王爱格伯特统一英格兰各邦，从该时起才有英吉利之称。

人物 典故 关键词 故事来源

乘机控制朝廷

历史文化百科

【给戍守军镇的军士"文面"】

历代帝陵一览表

帝号及姓名	执政时间	陵名	埋葬地点
唐高祖李渊	618—626	献陵	陕西三原
唐太宗李世民	627—649	昭陵	陕西礼泉
唐高宗李治	650—683	乾陵	陕西乾县
周天女皇武则天	684—704	乾陵	陕西乾县
唐中宗李显	684	定陵	陕西富平
唐睿宗李旦	684	桥陵	陕西蒲城
唐玄宗李隆基	712—756	泰陵	陕西蒲城
唐肃宗李亨	756—761	建陵	陕西礼泉
唐代宗李豫	762—779	元陵	陕西富平
唐德宗李适	780—805	崇陵	陕西泾阳
唐顺宗李诵	805	丰陵	陕西富平
唐宪宗李纯	806—820	景陵	陕西蒲城
唐穆宗李恒	821—824	光陵	陕西蒲城
唐敬宗李湛	825—827	庄陵	陕西三原
唐文宗李昂	827—840	章陵	陕西富平
唐武宗李炎	841—846	端陵	陕西三原
唐宣宗李忱	847—860	贞陵	陕西泾阳

013

公元907年 > > > > 公元960年

五代十国

前言

公元907年至公元960年
动荡时期的混乱与变革
五代十国

上海师范大学历史系教授　李培栋
华东师范大学第一附属中学历史高级教师　金尔文

五代十国　从公元907年朱温取代唐帝，建立梁朝算起，到赵匡胤960年建立北宋为止，在短短的五十多年中，北方黄河流域经历了后梁、后唐、后晋、后汉、后周五个朝代，史称五代。这一时期，秦岭和淮水以南地区，则先后或并行出现了前蜀、吴、闽、吴越、楚、南汉、南平、后蜀、南唐等九个割据政权，加上今山西一带的北汉，合成十国。所以这一时期，史称五代十国时期。　五代十国时期，从大势看，是晚唐"乱世"的继续。第一个特点就是政权多，朝代更替频繁。北方黄河流域，五十多年，经历五个朝代。其中时间最长的后梁，只存在十七年；最短的后汉，竟只有四年；真是"乱哄哄，你方唱罢我登场"。就是一个朝代之中，做皇帝的也不一定是同一个姓。如，后唐明宗李嗣源，其实是晋王李克用的养子；而废帝李从珂，又是李嗣源的养子。后唐一朝，做皇帝的就先后有三个姓。而在南方，则分裂为好几个国家，并列的政权之多，前所未有。四川（先后建立前蜀、后蜀）、岭南（建有南汉）、福建（建有闽）都建立了割据政权。最小的荆南（后称南平），只有三州地界。但十国政权更替不频繁，所以存在的时间，都比五代要长很多。

辽国兴起　另外，这一时期在边疆地区，还存在着契丹（后改国号为"辽"）、吐蕃、大理（长和）等少数民族建立的政权。其中耶律阿保机于916年建立的契丹，尤为重要。耶律阿保机建国，是统治中国北部二百多年的辽朝的开始。阿保机任用汉人谋士，改革制度，建造城郭，奠定了农业基础，又创造了文字，因此，他能统一契丹各部。后来，契丹又对境内的汉人和契丹人采用两种不同的统治制度，使国内的农业和牧业生产都得到发展，也使契丹以骑兵为主的军事力量有了以农业为基础的后援，因此更为强大，契丹（辽）渐渐发展成为能与中原王朝敌对的重要力量。到后唐末年，石敬瑭借助契丹力量灭了后唐，建立后晋。他认契丹国君耶律德光为父，自称"儿皇帝"，又献出幽云十六州土地。契丹（辽）得了这片土地，力量大增，对它的发展起了很大的作用。而中原王朝，尤其是五代以后的宋朝，则因失去对这片至关紧要地区的控制，长期处于很不利的地位。

军阀和兵变　五代十国历史的第二个特点是多兵变、战乱，尤其是在北方黄河流域。五代十国是唐后期藩镇割据的继续和发展。唐后期，骄兵悍将通过兵变拥立藩镇节度使，发展到五代，拥立的就是皇帝了。只要拥有一支军队，就可独霸一方，甚至登上帝位过过瘾，这就是五代政权林立、朝代更替频繁的原因。五代十国，是军阀称王的年代。那些军阀大多不会出身高贵，而是社会下层的贫苦之人，当兵打仗，当上军官；还有的，是少数民族，如后唐庄宗李存勖，就是沙陀族。军阀掌握政权之后，为巩固政权，仍要起用读书人，广招人才，用文人来为他们出谋划策。政权林立，群雄割据，某种程度上，是为人才创造了更多的发挥才能的机会。但是，在武夫手下做事，却又很难，稍有不慎，就会受到凌辱。再加上朝代更替频繁，社会变化很大，所以那个时代的读书人，处世和保全自己，确实不容易。若还要遵守先贤的教诲，忠贞守节，就更难了。因此，五代十国，出现了像冯道那样有争议的人物。兵变战乱，给老百姓带来了无尽的灾难。尤其是北方，长期的战乱，给黄河流域的经济造成严重破坏。军阀统治者又大多十分残暴好杀，常有把人肉当军粮的，更加重了人民的苦难，也激起人民的反抗。从唐后期就开始的战乱，也使五代以后，中国的西北部失去了政治中心的地位，从此，长安再也没有成为中国的首都。

"保境息民"的小国 ▷ 而在南方，战乱相对较少，统治者大多"保境息民"，因此吸引了大批北方人南迁，带去先进的生产技术，使南方许多地区的社会经济不仅恢复而且有了发展，促进了从唐后期以来的全国经济重心的继续南移。这是五代十国的又一个特点。有些南方的地区政权，在它们所统治地区的地方发展史上，占有重要的地位。如福建的"闽"，岭南的"南汉"，长江下游的"吴越"。福建、岭南过去经济、文化都是相对不发达的地区。从唐后期开始，尤其五代十国时期，在安定而少战乱的环境之下，都发展了经济。像南中国海沿海，发展起了大量的海外贸易。而且，若论南汉的统治者，倒是好几个都称得上是好刑杀的暴君；吴越的赋税负担，也始终不轻。但就因为较安定，少战乱，还是吸引了不少人到那里去居住、生活，经济、文化也还是有所发展。▷南迁的还有不少读书人：原唐王朝的官僚阶层及后裔、艺术家、诗人等等。这些人为躲避战乱，加上南方统治者为吸引人才，对他们也给予种种优待，所以纷纷南迁。另外，南方经济的发展，也为文化的发展奠定了基础。因此，经济重心的继续南移，也带来文化重心的开始南移。如，五代十国，词的发展中心，就一个在蜀，一个在南唐。所以，就像宋代长江三角洲经济的发展，可追溯到五代十国时的吴、南唐和吴越一样，宋代新的文人阶层在东南的集中，也与近半个世纪十国社会的和平稳定有关。

统一的曙光 ▷ 不过，五代十国时期，北方也并非漆黑一片。表面上看是"乱"，实质上却是在"变"。五代既是唐后期藩镇割据的继续和发展，也是由长期僵持之局转向统一的过渡时期。这一时期，某些分裂的因素发生了变化。如，藩镇势力有所削弱，有些长期割据一方的家族，在混战中被消灭了。又如，魏博镇的牙军，也经历了两次大屠杀，力量大大削弱。五代的统治者，也渐渐加强专制，把军事大权，集中到自己手中。政府的财政赋税大权，也开始集中到三司（盐铁、户部、度支）手中，表明中央的集权。到后周时，周太祖郭威就实行了一些改革。周世宗柴荣继位，更是革新政治，整顿军队，成为五代最有治绩的皇帝。他重用文人，矫正武人贪心残暴的恶习；他严明纪律，消除了军士骄横妄为的习气；他招募农民开垦荒地，充实了政府财力。这些措施都为他的南征北战作了准备，也为以后北宋结束分裂奠定了基础。因此，宋太祖赵匡胤虽仍由士兵"黄袍加身"而做皇帝，却能开创一个持久而统一的朝代了。▷另外，各地经济的发展，尤其是南方经济的发展，也是促成统一的因素。但南方虽然经济大发展，各割据政权的统治者集团却日益奢靡、腐败，与北方后周世宗及宋太祖的奋发图强，形成鲜明的对比。所以，最后完成新的统一的，是北宋。

王蜀宫妓图》（明·唐寅绘）

公元 907 年 > 公元 960 年

五代十国时期全图

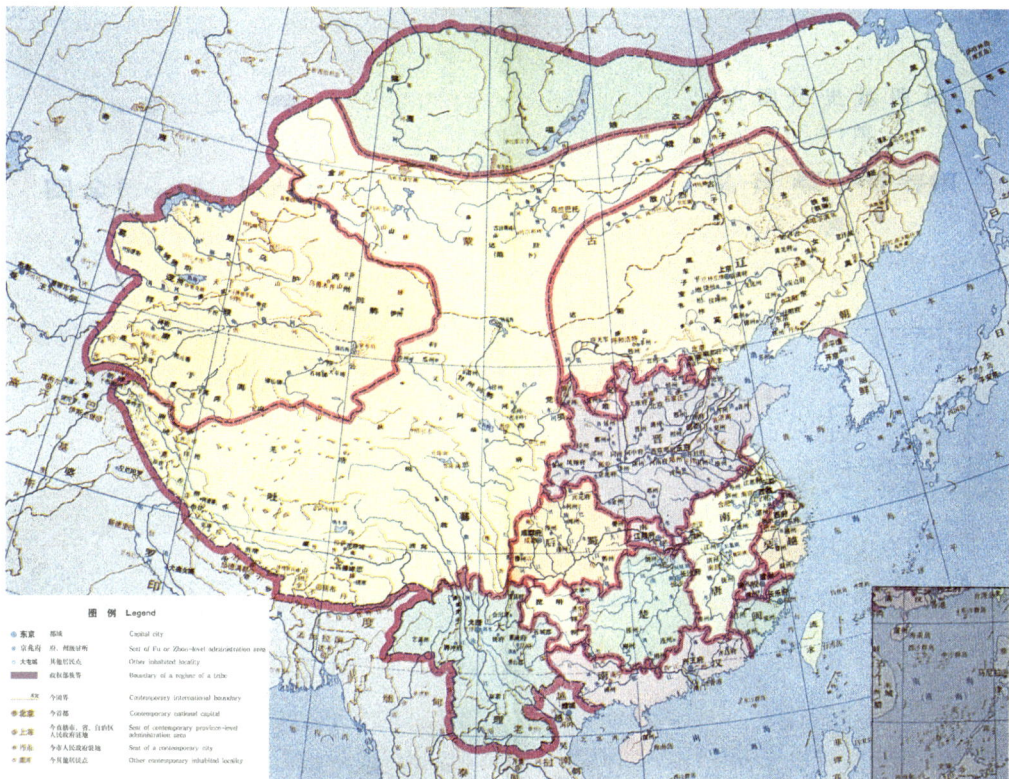

选自谭其骧主编《中国历史地图集》第五册：隋·唐·五代十国时期

五代时期世系表

后梁： 1 太祖朱温 → 2 郢王朱友珪 → 3 末帝朱友贞 > **后唐：** 1 庄宗李存勖 → 2 明宗李嗣源 →
3 闵帝李从厚 → 4 潞王李从珂 > **后晋：** 1 高祖石敬瑭 → 2 出帝石重贵 > **后汉：** 1 高祖刘知远
→ 2 隐帝刘承祐 > **后周：** 1 太祖郭威 → 2 世宗柴荣 → 3 恭帝柴宗训

五代时期，在秦岭与淮水以南地区，以及今山西一带，先后或并行出现了
前蜀、吴、闽、吴越、楚、南汉、荆南（南平）、后蜀、南唐、北汉十个割据政权

大哥揭底

朱温称帝后，在宫里宴请同族诸王和亲戚，喝得酩酊大醉，又取出五色骰子，进行赌博游戏。正玩得高兴，他的哥哥朱全昱忽然把骰子猛地投到盆子里，又蹦出盆外满地乱滚。朱全昱瞪眼看着朱温说："朱阿三，你原本只是砀山贫民，跟随黄巢当强盗，目无法纪。后来反正归顺朝廷，皇上任命你做四镇节度使，也算是富贵到了极点。为什么还不满足，竟一夜之间灭了唐朝三百年社稷江山，自己称起帝来！我怕我们朱氏一族将要因为你遭灭顶之灾了，还赌什么！"朱全昱的一番话说得朱温大不高兴，宴席不欢而散。

从朱"阿三"到朱"全忠"

不过，朱全昱的话倒是说出了朱温的根底。朱温的确是宋州砀山人，排行老三，所以小名就叫朱阿三。父亲朱诚是本乡一个教授经学的老先生，去世时家里穷得连丧葬费也拿不出，靠亲族邻里接济才草草

> ▶历史文化百科◀
>
> 〔给戍守军镇的军士"文面"〕
>
> 唐末五代，士兵反叛、逃亡的很多，为了防止这类事发生，统率军队的人，便对戍守的军士实行"文面"。据称，后梁的建立者朱全忠，就曾让手下的士兵都在脸上刺青。又据说，连后周太祖郭威身上也有刺青，他的脖子上刺了一个麻雀，所以，人们又称他"郭雀儿"。

朱温代唐

公元907年，朱温登上皇帝宝座，取代唐王朝，建立梁朝，史称后梁，这就是五代的开始。朱温就是梁太祖。

下葬。父亲死后，朱温便与大哥朱全昱、二哥朱存随母亲投奔富人刘崇宗，母亲当仆妇，兄弟三人当佣工。当时正值唐朝末年，腐败的政治，残酷的剥削，连年的水旱灾害，激起了黄巢农民大起义。朱温与二哥朱存都参加了起义军。朱存战死，朱温却被黄巢提拔做了官。他与唐将王重荣作战，屡次战败，帐下幕客为他分析形势说，唐王朝还不会亡，黄巢不能成大事。于是朱温又反叛黄巢，归顺朝廷。唐僖宗得知朱温投降，十分欣慰，遂下诏授朱温为大将军，赐名"全忠"。

乘机控制朝廷

唐朝自安史之乱后，出现了藩镇割据的局面。黄巢起义虽然打击了旧的藩镇势力，但在镇压起义中，又涌现出一批新的军阀，朱温便是其中之一。他在与起义军作战中，为朝廷立下功劳，因此，到唐昭宗天复元年（901）便做了宣武、宣义、天平、护国四镇节度使，还被封侯封王。他与李克用、李茂贞、杨行密、王建等人各霸一方，相互侵夺争战，出现了新老军阀瓜分地盘、互相兼并的形势。唐王朝实际上已名存实亡了。

衰亡中的唐王朝，除了藩镇割据外，中央朝廷又出现宦官专权与朋党之争的局面，使王室越来越衰

朱温建梁

原黄巢起义军将领朱温，又名朱全忠、朱晃，降唐后任宣武镇节度使，治开封。唐昭宗乾宁三年(896)，与河南尹张全义营建东都洛阳。天祐四年(907)，唐哀帝禅位于朱温，改元开平，因宣武镇治所乃古大梁，朱温又曾封梁王，故以梁为国号，都开封，以洛阳为西都。开平三年(909)正月，朱温迁都洛阳，以开封为东都。

公元828年

世界大事记

英吉利的威塞克斯王爱格伯特，统一英格兰岛各部，从这时起才有英吉利之称。

《新五代史·梁太祖本纪》
《资治通鉴·唐昭宗天祐元年》

权术　虚伪

朱温

人物　关键词　故事来源

杜甫《严公仲夏枉驾草堂兼携酒馔》诗意图（顾麟士绘）

竹里行厨洗玉盘，花边立马簇金鞍。
非关使者征求急，自识将军礼数宽。
百年地辟柴门迥，五月江深草阁寒。
看弄渔舟移白日，老农何有罄交欢。

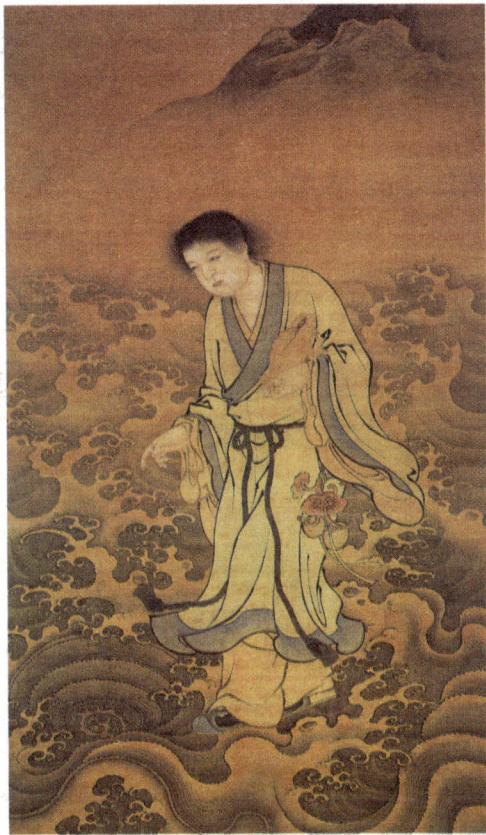

《刘海戏蟾图》（明·刘俊绘）

相传五代时道士刘海，少年时被燕王封为宰相，后因厌倦官场，入山修道，修炼成为"上八仙"之一；又因戏灵物金蟾，得金钱致富，故被后人奉为福神。"刘海戏金蟾"也成为民间吉祥的标志，寓意荣华富贵万万年。

微。唐昭宗先后被宦官刘季述和韩全诲幽禁、劫持，宰相崔胤要求朱温出兵讨伐，想依靠他的力量根除宦官，兴复唐王朝。这样一来，就给了朱温控制朝廷的机会。朱温解救昭宗出困境，又杀尽了宦官，声威大振，被昭宗赐以"回天再造竭忠守正功臣"的称号。唐朝中央的大权，也就落到了朱温手中。他与昭宗第

一次相见，毕恭毕敬地叩头如仪，痛哭流涕，一副忠心耿耿的样子。唐昭宗深受感动。其实，朱温这时早已存篡位之心。他送昭宗回宫的时候，便派了自己的党羽爪牙担任京城要地的禁卫，控制了京城。崔胤觉察到朱温的野心，正想采取对付他的措施，朱温却先下了手，迫使昭宗杀了崔胤。

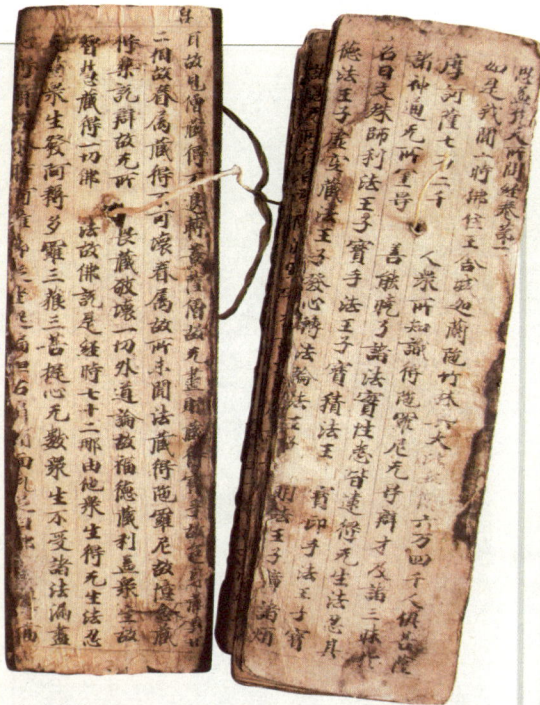

梵夹装的《思益梵天所问经》

《思益梵天所问经》四卷，唐末五代写本，为梵夹装，存下夹板。梵夹装源于印度，其方法是将修长硕大的贝多罗树叶裁成长方形并晾干，将写好经文的贝叶依序排好，用两块经过刮削加工的竹板或木板将经叶上下夹住，然后连板带经穿一个（在中间）或两个（居两端靠里）洞，穿绳绕捆。这样既可以把书叶连在一起，又可使文献免于受损。而敦煌写经的梵夹装是将长方形的书页一张张叠摞在一起，打孔穿绳，两面书写，翻页方式同印度梵夹装。《思益梵天所问经》是现存敦煌文献中唯一存有夹板及绳子的梵夹装。

杀戮与篡位

为了进一步控制皇帝，朱温强迫昭宗迁都洛阳。途中，朱温把皇帝身边的二百多人全部绞杀。事先选好身材年龄相差不多的二百多人改穿死者的服装，代替他们去守卫昭宗。昭宗起先还没发觉，过了几天，才觉察到身边听候差遣的已经都是朱温的人了。唐昭宗一到洛阳便被隔绝封锁，形同囚禁一般。

即使如此，朱温对唐昭宗还不放心，生怕夜长梦多，决定把他杀了，换个年幼些容易推翻的皇帝。于是，便密令养子朱友恭和亲信氏叔琮谋杀了昭宗。朱温得到消息，假装大吃一惊，放声痛哭。这样，昭宗的一个儿子便被立为小皇帝。到天祐四年，朱温终于迫使这个小皇帝禅位给他，自己做了皇帝。唐朝的最后一个皇帝被降为济阴王，第二年，也被杀了。

其实，曾经盛极一时的唐王朝，并不是朱温一夜之间就使它灭亡的。唐王朝后期日益腐败和藩镇割据的政局，最终必然走向改朝换代，即使没有朱温，也会有别的什么人来取代它。朱温灭了统一的象征——唐朝之后，藩镇割据便发展成五代十国多个政权并存的局面，直到北宋才重新走向统一。

《妙法莲花经卷》（局部）

《妙法莲花经卷》为卷轴装，共7卷，每卷22至28开不等，每开25行，每行17字，全部用泥金写在瓷青纸上，虽出自民间抄写者之手，但笔画端庄秀丽，为不可多得的珍品。

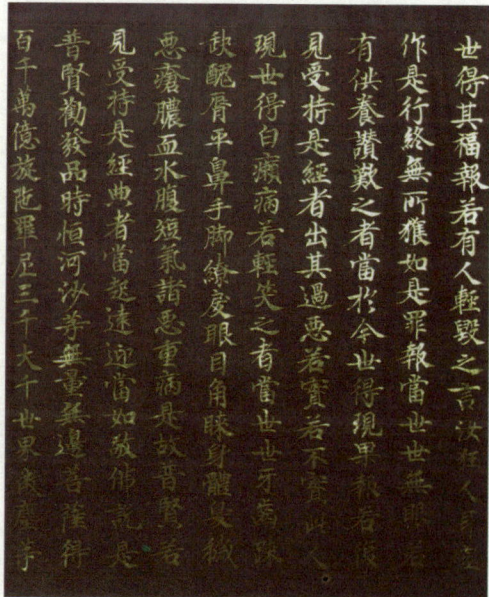

《旧五代史·梁书：朱友珪 朱温 朱友文

《新五代史·梁家人传》荒淫 邪恶

人物 关键词 故事来源

○○二

当时盛行收养子

唐朝后期，常有宦官被派到军队去做监军，他们为了培植自己的势力，往往挑选军中有点头脑，或武艺不错的士兵与下级军官收作养子，组成忠于自己的核心集团。那些被选中的人，为了飞黄腾达，也乐于

乱伦与谋逆

一旦发生利害冲突，义父与养子，养子与亲子，养子与养子之间，就会发生殊死的争斗。朱温就是因此死在亲生儿子手里。

认宦官们做义父。这种风气后来又有发展，军队中带兵的将领、藩镇的节度使也纷纷大收养子。义父与养子没有血统关系，因此养子与亲子之间，养子与养子之间，照样可以通婚，有时甚至通过联姻，更加深彼此间的关系。

但是一旦发生利害冲突，义父与养子之间，养子与亲子之间，养子与养子之间，就会发生殊死的争斗。

荒淫、乱伦的父亲

后梁太祖朱温也有养子。据说在朱家诸子中，最有才能的是老二朱友文，他也是养子，原本姓康名勤。在亲生的长子朱友裕死后，朱温就特别信任这个老二，让他留守

《大圣文殊师利菩萨像》古籍珍本

此页《大圣文殊师利菩萨像》为唐末五代时期的刻本，出土于甘肃敦煌莫高窟藏经洞中，框高27.8厘米，宽16.7厘米，是现存较早的我国雕版印刷的实物。

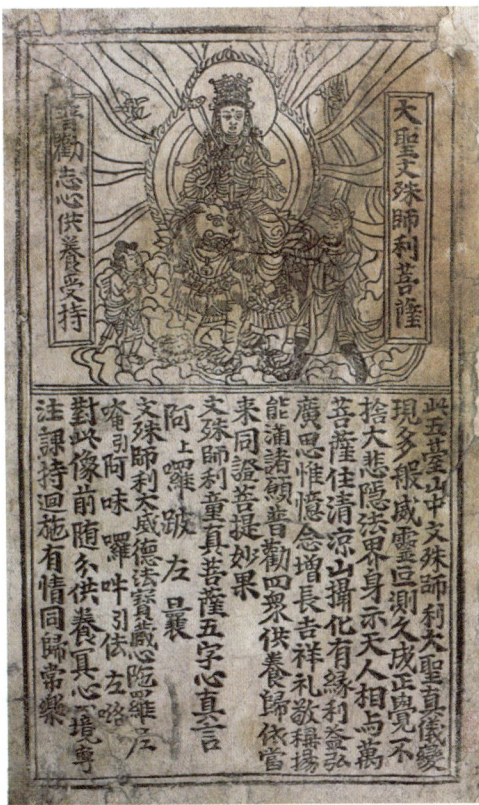

《布袋和尚》
（南宋·佚名）

布袋和尚图是南宋禅宗常表现的题材。布袋和尚为五代后梁时僧人，世传为弥勒菩萨之化身。此图中的布袋和尚为半身像，双手捧腹，作开口大笑状。头部造型准确传神，富有强烈的感染力，衣褶的几笔浓墨，又显出禅宗的随意与自由。

农民起义结束以后，藩镇之间互相攻杀，江淮一带的赋税也不上交给朝廷，唐朝名存实亡。

生动欢快的唐代乐舞场面
这组唐代乐舞俑跪坐或盘坐，手中分别持竖篌、拍板、横笛、排笙、琵琶、箫等乐器，做演奏状。唐代宫廷表演艺术融合了中外许多民族的乐舞，新编乐舞极为活泼，此为"坐部伎"表演，风格清雅，舞者和乐工水平较高。

唐后妃与宦官

东都。朱温晚年十分好色荒淫，连自己的儿媳们也不放过。朱友文的老婆王氏非常漂亮，深得朱温宠爱，常应召入宫服侍，因此朱温更宠信朱友文，甚至流露出要立友文为太子的意思。这下，引起了他的亲生子、排行老三的朱友珪的不满，既不满江山将落到外姓人之手，又

害怕将来在朱友文手下不会有好日子过，便对那个既荒淫又糊涂的父亲生出了恨意。朱温晚年由于久病，又在柏乡、夹寨两次战争中失利，脾气大坏，功臣宿将稍有过错，不是诛戮，就是贬逐。被贬逐的到头来也往往被杀。朱友珪得知朱温也将要赶他出京去做刺史，深感凶多吉少，便萌生了反叛父亲的念头。

弑父夺位

后梁乾化二年（912），朱温的病越来越重，感到自己快不行了，便欲派人去东都召回朱友文交代后事。朱

▷历史文化百科◁

〔养子制的盛行〕
养子、义儿唐时也称假子。唐末北方的沙陀、同罗、契丹、奚等族，盛行挑选骁勇善战的人做假子的养子制。如晋王李克用就有义儿军，后唐明宗李嗣源原本就是李克用的养子。到五代十国时，养子制极为普遍，而且养子常被当作亲军骨干，委以重任。如后梁太祖朱温就用养子朱友文主管全国钱粮军需。

友珪的妻子张氏这时也在病榻前服侍，得知消息，连忙出宫密告朱友珪说："官家已把传国宝让王氏带到东都去交给朱友文，我们死到临头了。"张氏说的官家，就是朱温。朱友珪一听，大惊失色，不禁失声痛哭。左右幕僚给他出主意说："不如干脆起事，不可错失时机！"朱友珪心想，也只有如此了，于是，说动了左龙虎军统军韩勍，让他带着五百牙兵一起行动。他们半夜闯进朱温的寝宫，朱温大惊，厉声问："是谁谋反？"朱友珪回答说："不是别人，是我。"朱温气急败坏地指着朱友珪骂道："你竟敢做这种悖道的事，天地岂能容你！"朱友珪也指着他骂道："老贼该碎尸万段！"他身后的仆夫冯延谔抢上前来，一剑把朱温刺了个腹背对穿。后梁太祖就这样死在亲生儿子手里。

朱友珪杀了父亲，严密封锁消息。他先命令亲兄弟朱友贞去杀朱友文，然后以朱温的名义发布诏书，反诬朱友文谋反，说幸亏朱友珪又忠又孝，这才平定叛乱，又说自己因受惊而病情恶化，所以让朱友珪掌军国大事。这样，朱友珪为自己称帝做好了准备。待到确证朱友文已死，他才宣布朱温的死讯，即位做了后梁皇帝。

但朱友珪皇帝没做多久，到第二年的二月，就被弟弟朱友贞取而代之。

流失的国宝：佛教绢画
中国佛教绘画精品大体作于中国绘画史的前段，但大部分流失海外。而大量流失的唐代绢画，与现存壁画形成互补关系，正好弥补中国绘画史上唐代卷轴画真迹的空缺，是中华民族十分珍贵的文化遗产。

○○三

成也魏博，败也魏博

唐朝后期藩镇割据中，骄兵悍将发动兵变，自行废立节度使。到五代，废立的已是皇帝了，朱友贞便是第一个。

密谋篡位

朱友珪杀了父亲自做皇帝，均王朱友贞不服，心想：靠宫廷政变做皇帝，我为什么不能？他与朱温的女婿赵岩密谋，欲取而代之。赵岩告诉他，关键人物是掌握后梁的精锐部队，并控制魏博镇的杨师厚，"只要他说句话，传告禁军，事情马上办成"。

牙军与主帅

唐朝后期的各路藩镇中，最重要的是号称天雄军的魏博镇。魏博是战略要地，拥有魏州、博州、相州、卫州、贝州、澶州等六州四十三县。魏博节度使的决策常关系到河朔的向背，影响唐王朝的政局。这种情况一直延续到五代。

但从唐时田承嗣据有魏博以后，长期以来，魏博的节度使都是由牙军定的。田承嗣选六州勇武有力的士兵五千人成立牙军，给予优厚待遇，做自己的心腹卫士。牙军父子相继，相互之间又有亲戚关系。因此地位特殊，态度骄横。稍有不如意，他们甚至擅自杀旧主立新主。唐王朝控制不了，只有事后承认了事。唐末罗绍威做魏博节

度使时，想抑制牙军的气焰，便在儿女亲家朱温的帮助下，一下子杀了牙军连同亲属八千多人。但罗绍威发现，随着牙军的被杀，天雄军从此衰落下去，他自己也不再具有独立的地位。他这才明白原来牙军与主帅是有着相依相存的关系的。后悔莫及之下，他只得转而拍朱温的马屁，来保住自己的位子。

依靠兵变做皇帝

杨师厚原是李克用的部下，因犯罪叛逃入梁，屡立战功，渐渐地手里有了一支能打仗的军队。他利用朱友珪刚上台、时局不稳的机会，把罗绍威的儿子罗周翰赶下台，自己做了节度使。上任后的第一件事，就是恢复嫡系的牙军，改称"银枪效节军"。朱友珪见状心里很不安，想铲除杨师厚，便召他到京城议事。杨师厚带两万精兵一起进京，面对这两万精兵，朱友珪哪敢动手？只好赏赐许多财物，让他回镇。杨师厚从此更加骄横，不可一世。

朱友贞听从赵岩的建议，派人去和杨师厚商议，答应事成后犒劳银枪效节军五十万缗。杨师厚权衡了利害，终于同意。朱友贞有了杨师厚做后盾，又煽动在汴梁的龙骧军反叛。于是，大军压境，朱友珪失败后死去。朱友贞做了皇帝。唐朝后期藩镇割据中，骄兵悍将发动兵变，废立的还只是主帅、节度使。到了五

孔雀蓝釉三系陶瓶

此件孔雀蓝釉三系陶瓶出土于福建省福州市北郊刘华墓，系五代十国时期闽国的器物。瓶高75厘米，口径17厘米，底径16厘米。此为进口的波斯陶瓶，是当时福州、泉州等沿海港口发展海外贸易和中外文化交流的物证。

公元833年

公 元 8 3 3 年

世界大事记　阿拉伯帝国的穆达西木即位（一842），任用突厥人当禁卫军官，国家大权开始旁落，哈里发逐渐成为傀儡。

《新五代史·梁末帝纪》《新五代史·梁臣传·杨师厚》《旧·五代史·梁书·五代史·末帝纪》

朱友贞　杨师厚

谋略　盲动

人物　关键词　故事来源

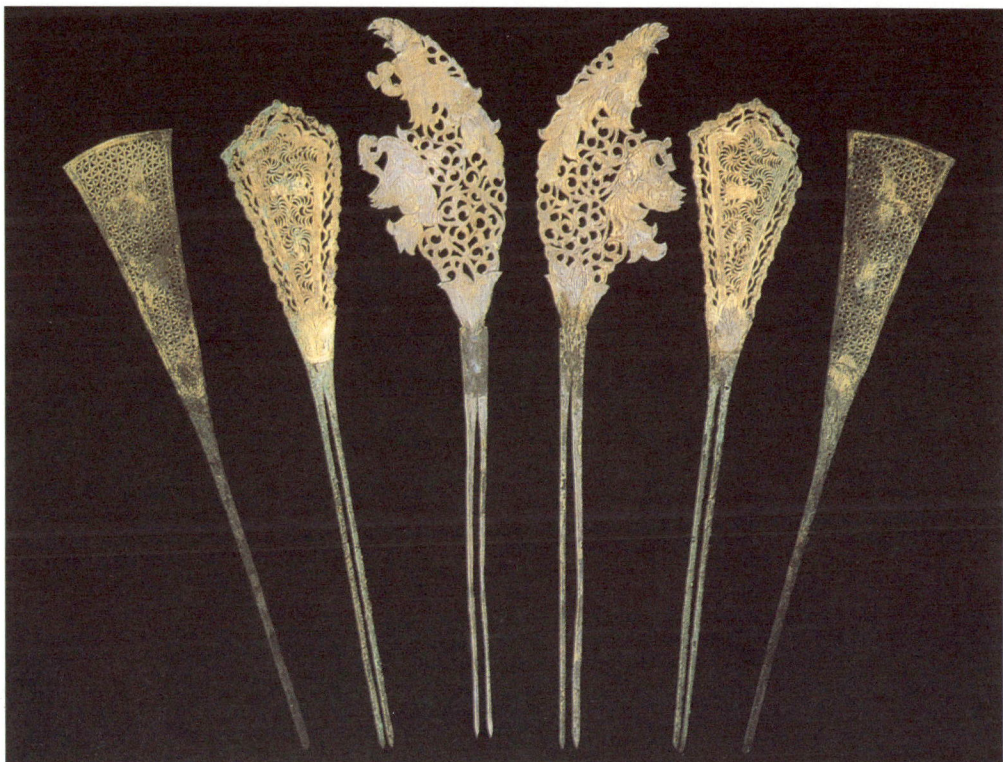

《八达春游图》（五代·赵嵒绘）

五代后梁画家赵嵒创作的《八达春游图》描绘的是纵马驰骋的骑士。画中的马生气勃勃，精力十足，马上的骑手高贵典雅，应当是心高气傲的纨绔子弟。大概这就是中世纪典型的贵族形象。画卷设色华丽，构图严谨，为罕见的世俗人物画。

丰富多彩的唐代妇女头饰（上图）

唐代妇女发髻复杂多样，也十分注重发髻的装饰，簪、钗的质地有金、银、玉或铜，花式各异，镂刻有花鸟纹、挂垂饰，精美的嵌以宝石，华丽丰富。这些簪、钗使唐代妇女别致的发髻更加多姿多彩。

代，废立的已是皇帝了，朱友贞便是第一个由兵变拥立的皇帝。

魏博岂是好惹的

朱友贞称帝后，自然要给杨师厚加官晋爵。可是他内心明白，杨师厚既能拥立他，又怎能保证以后不拥立别人？所以一直把杨师厚看作心腹之患。后梁贞明元年（915）三月，杨师厚死了，朱友贞由衷地高

《唐宫乞巧图》（局部）（五代·佚名）

乞巧是我国古代于农历七月初七"七夕节"举行的一种民俗活动。此幅《唐宫乞巧图》描绘的是南唐宫廷曲院中宫女举行乞巧活动的娱乐场面。画面中宫室、器具、服饰都明显带有五代时期的特色，可能是南唐画院画家的作品。

兴。大臣赵岩和邵赞对他说："魏博地广兵强，一直是唐王朝的心腹之患，一百五十多年没法除去。陛下如不趁此时机改变这种状况，岂知不会再来一个杨师厚！臣等认为不如把六州分为两个军镇，以减弱其实力。"朱友贞认为这个主意很好，便下令把魏博一分为二。

谁知魏博军士父子相袭一百多年，不愿分开。他们同时也看出了朝廷的用心，因此大为不满，遂举兵反叛，改投晋王李存勖去了。魏博军队的叛梁，大大地改变了后梁与李存勖之间的力量对比。魏博军后来又在灭梁的战斗中起了重要作用。

所以，对梁末帝朱友贞来说，真是成也魏博，败也魏博。

反映长安国际贸易的阿拉伯金币　1955年以来，在西安市东郊、西郊曾多次出土了阿拉伯金币。由此我们可见略略窥见唐代国际贸易之盛。

> ▷历史文化百科

〔"会昌法难"〕

唐武宗在会昌（武宗年号）年间（841—846），下诏废佛，规定除保留少量寺院和僧尼外，其余的限期拆毁，僧尼一律还俗。在几个月时间内，共计拆毁大小寺院四万余所，还俗僧尼二十六万余人，放免寺院奴婢十五万人，没收土地数千万顷。这次事件对佛教的打击极为沉重，佛教徒称之为"会昌法难"。但因当时藩镇势力很大，禁令并未通行全国。

劝农垦田，造福于民

张全义是个政治"随风倒"，但他在洛阳劝农垦田，奖励耕桑，却是做了一件好事。

连姓名也改来改去的"随风倒"

张全义，原名"居言"，出身农家。年轻时在县衙门当差，因不堪县令侮辱，便投到黄巢起义军中去，曾做过黄巢手下的吏部尚书。黄巢起义失败，他投降唐王朝，被唐朝皇帝赐名"全义"。唐朝灭亡，他改投后梁，并请求改名，梁太祖朱温便赐名"宗奭"。后梁亡，他又投后唐，请求后唐庄宗允许他恢复原名"全义"。他在政治上随风倒来倒去，名字也跟着改来改去。

实行劝农垦田政策

不过，这个随风倒的张全义一生行事也不是毫无是处，他曾经做过一件极有意义的事，那就是劝农垦田。那是在唐僖宗光启三年（887），张全义做河南尹，经营东都洛阳。当时洛阳一带，先是经历黄巢起义，接着又经秦宗权、孙儒等军阀的残暴统治，因

此田园荒芜，田野里随处可见死人的白骨，却看不到耕田劳作的人。村庄、市井荆棘丛生，断墙残壁，一片凄凉景象，居民加起来不满一百户。有个叫杨凝式的诗人曾经写过一首诗说："洛阳风景实堪哀，昔日曾为瓦子堆。不是我公重葺理，至今犹是一堆灰。"诗中的"我公"，指的就是张全义。诗中的"重葺理"，讲的是张全义来到洛阳后，就大力实施召民垦田的计划。他从手下选出十八个有能力的，每人给一面旗、一张榜，让他们做屯将，要他们到河南尹管辖的十八个县内，在瓦砾堆里树旗张榜，招募流亡离散的农民回来垦田安居。他规定开垦的荒地归垦荒者所有，垦荒初期不收租税。张全义还采取宽松政

劳碌的妇女

唐代彩绘劳动妇女俑，1972年在吐鲁番阿斯塔那墓出土。以雇佣身份出现的妇女在唐代很普遍，此俑从一个方面印证了白居易《石壕吏》中以老妇充兵役的可能性。

策，除杀人者处死外，其余犯法的人免除重刑。这样一来，四处流亡的人纷纷前来投奔，人多了以后，又

蔓草团花图壁画

图中龛的旁边用蓝色条带隔成三幅彩绘图案，中间为黄底，组成了多幅团花，花瓣为蓝色，花心为黄色。两侧为白底红花绿叶，花朵似四瓣海棠，以蔓草相连。陕西西安咸阳冯晖墓出土。

分出十八个屯副。再选出一些身强力壮的人，教他们军事知识，组织起来保卫家乡，抵御强盗流寇，保证生产的顺利进行。这样，五年之后，十八个县的劳动力和人口就逐渐恢复，编户已有五六万。田野里到处是生机勃勃的庄稼，村庄、城市建起一片片新的房屋。到这时，张全义便取消屯将，恢复县治。

奖励耕桑

张全义平时最关心的也是劝农耕桑。他骑马外出时，一看到长势良好、没有荒草的麦田，就会

青瓷六系罐

此件青瓷罐出土于广州番禺五代南汉墓中，高19.5厘米，口径6.9厘米。据考证，该墓有可能是南汉中宗刘晟的陵墓。此罐与其他墓中的瓷器皆造型优美，釉色均匀晶莹，是当时青瓷中的精品。

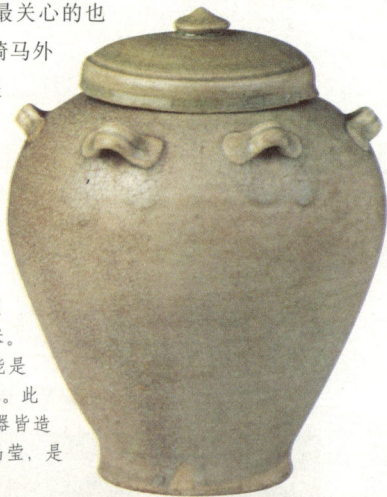

历史文化百科 ◁

〔烧香祭拜除蝗灾〕

蝗灾危害很大，会迅速毁掉人们的劳动果实。唐代仅见于《新唐书》记载的蝗灾，就有三十一次。当时的人，感到蝗虫是一种有灵性的生物，蝗灾是天降的灾难，甚至认为，蝗灾的发生与现实政治状况有关，所以，人力不可驱除。因此当蝗灾降临时，人们烧香礼拜，设祭坛祈祷上天施恩，以此驱灾。此外，也有一些积极的灭蝗方法。唐玄宗开元年间（713—741），宰相姚崇就曾指出，靠烧香祭拜不能除蝗，提出要用篝火、诱杀和开沟陷杀相结合的方法。他组织了一次治蝗，使那年没有因蝗灾而发生饥荒。

跳下马来，与手下幕僚一起欣赏称赞一番。然后召来庄稼的主人，表扬慰劳。平时听说哪家小麦、蚕茧丰收，他就带人亲自去看，给予奖励。当时民间妇女爱穿青色的衣服，张全义就用青绢作奖品奖给辛勤劳作的妇女。民间传说张全义不喜欢声色，见到美貌的女人不苟言笑，唯独看见好的麦子和优良的蚕茧，就笑得合不拢嘴。又说如果谁家田地荒芜，就会受到张全义的惩罚，要是因为家有困难而造成田地荒芜，他又会责成邻居、乡亲去帮助他耕种。这些传说或许有溢美之词，但他奖励耕桑确有其事。

洛阳的农业生产恢复之后，政府有了财赋收入，张全义自然也就有了雄厚的财力。他正是靠着雄厚的财力，才能得到后梁太祖、后唐庄宗等人的信任，位极人臣，官封魏王、齐王。当然，对老百姓来说，有田可耕，过上安定、温饱的生活，这总是一件好事。

兼容胡汉风格的五代东耳室壁画侍女图

1995年发掘于河北省曲阳县西燕川村的王处直墓，墓中壁画面积约一百平方米。绘于东耳室北壁的侍女图，侍女梳高髻，额心点花钿，系白色长裙，外加帔帛，足穿高履，是中唐以后女子"时世装"的打扮。童子披发，外着圆领缺胯袍，腰系红带，内穿长裤，足穿线鞋。两类装束均说明当时人的着装风格是胡汉兼容。

研磨茶末的茶臼模型（上图）

唐五代流行精致的茶饼，无论煎茶或点茶，均需先将茶饼碾末，再作使用，茶臼即是研磨茶末的用具。

〇〇五

临终授箭

晋王李克用为了激励儿子李存勖的斗志，临终授予三支箭，要求李存勖完成他的三个遗愿。

晋王"李鸦儿"

后梁朱温称帝的第二年正月，晋王李克用因忧劳过度，背上生了毒疮。请医吃药，卧床多日，病势却一天天加重。

李克用是沙陀人，沙陀是西突厥的一部。李克用原姓朱邪，父亲名赤心。过去曾为唐王朝立过功劳，因此被唐朝廷赐姓名叫李国昌。黄巢起义爆发后，唐王朝征召李克用率沙陀军帮助镇压，他勇猛矫健，军中号称

《五台山图》（摹绘本）

甘肃敦煌莫高窟第61窟西壁的《五台山图》纵460厘米，横1300厘米，是五代画师根据唐代流传的底稿绘制的。此图上方绘文殊师利诸菩萨，下方绘从太原经五台到镇州（今河北正定）的鸟瞰图。图中绘城垣八座，建筑一百七十多处。山、河、道路、塔、和桥梁的方位大致与现存实际环境基本相符。这幅巨型壁画既是佛殿史迹画和山水人物画，又是一幅唐五代五台山地区的地图。不仅为该地区历史研究提供了珍贵的资料，而且在建筑史、佛教史和艺术史等方面都有极其重要的史料价值。

"李鸦儿"。黄巢起义军一望见他的军队就惊呼："鸦儿军来了！"竞相溃逃。李克用打了不少胜仗，立了战功，因此做了河东节度使，又被封为晋王。晋与梁一向相互仇视，争斗不止。朱温代唐后，李克用不服，仍用唐王朝年号。朱温便派兵包围潞州，一场大战，从开平元年秋季开始，直打到第二年正月，还未决出胜负。

李克用的三大遗愿

正在这时，李克用病倒了。他自知不久于人世，便嘱咐弟弟李克宁、监军张承业、大将李存璋等，在他死后立长子李存勖为继承人。

李存勖是李克用第二个夫人曹氏所生，小名亚子。从小既通音律，又善骑射，胆略过人，相貌奇异，李克用一直把他看作奇才。十一岁时，李存勖随父亲进京朝见，唐昭宗见到他非常喜欢，特赏赐他鸂鶒酒卮、翡翠盘，说："这孩子有奇姿，将来一定是国

世界大事记 ｜ 公元843年 ｜ 《凡尔登条约》把法兰克王国一分为三，为后来的法兰西、德意志和意大利的雏形。

李克用 李存勖

壮志 谋略

《旧五代史·唐书·武皇纪》
《旧五代史·唐书·庄宗纪》

人物 关键词 故事来源

家的栋梁。"又抚着李存勖的背说："以后富贵了，别忘了我家。"这一来，李克用对他更加钟爱。

临终前，李克用嘱咐了李克宁等人以后，又把李存勖唤到病榻前，令随从拿来平时佩带的箭袋，拔出三支箭来，一支一支交到李存勖手中，每交一支，就叮嘱几句。第一支是要李存勖灭梁。当初，黄巢义军进攻朱温，李克用去救，打败黄巢军。朱温却在上源驿差点把李克用杀了，所以梁晋成为世仇。李克用生前没能灭梁是一大憾事，因此，第一个遗愿，就是要儿子灭梁。第二支是要李存勖扫燕。燕指的是刘守光，即幽州节度使刘仁恭的儿子。本来幽州与晋通好，后来刘守光却背晋投降了梁，幽州、沧州一带都成了梁的属地，这也是李克用深恶痛绝的。而且他认为不打下幽州（即今北京市），对晋的发展十分不利，所以他要儿子消灭刘守光，夺回幽州。第三支是要李存勖赶走契丹。契丹酋长耶律阿保机曾与李克用结拜为兄弟，相约共同攻梁。但阿保机后来违背盟约与朱温交好了，李克用自然引以为恨。三件事交代完毕，李克用已奄奄一息。李存勖站在病榻前，一边流泪，一边点头，表示一定完成父亲的遗愿。当时李克用五十三岁，李存勖二十四岁。

三支箭的作用

李存勖把三支箭供在李克用的庙堂。每要完成一项李克用的遗命，先命手下去庙堂献祭，然后请一支箭，装在锦囊里，让亲兵背着，作为军队的先导。凯旋之日，就按当时的风俗，把俘虏的耳朵割下，随同那支箭一起献到太庙，告慰父亲在天之灵。李克用临终授箭激励了李存勖的斗志，他果然消灭了刘守光，打败了契丹军，并于公元923年灭了后梁，登上帝位。

> **历史文化百科**
>
> 〔寒食与清明〕
>
> 隋唐五代时，最热闹的节日，就是连在一起的寒食与清明了。人们斗鸡、打球、荡秋千、出城扫墓、踏青；寒食节还雕镂鸡蛋，制作色彩艳丽的彩蛋。后来，不仅是鸡蛋，还把鹅蛋、鸭蛋也做成彩蛋。人们互相馈赠彩蛋，还要进行比试，看谁的漂亮。

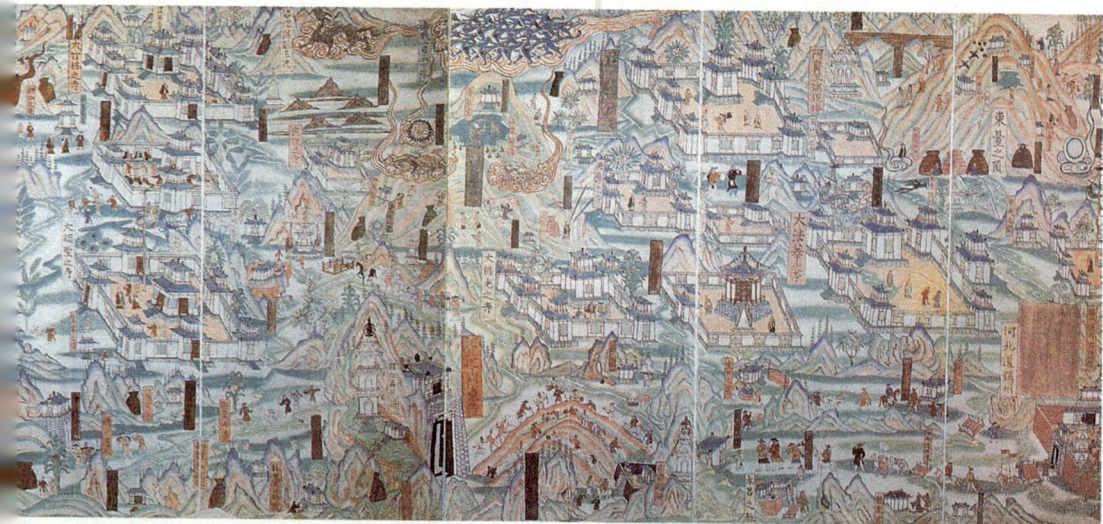

○○六

"生子当如李亚子"

李存勖没有辜负父辈的期望，在李克用死后急速出兵，攻其不备，打败了包围潞州的后梁军队。

潞州被围，情况危急

后梁开平二年（908），晋王李克用病危，病榻前临终授箭给儿子李存勖后，又叮嘱李存勖赶快去解潞州之围。

潞州（今山西长治）是前一年的秋天开始被梁军包围的。守潞州的晋将李嗣昭一面闭城坚守，一面向李克用求救。李克用当时派周德威率援军去救。梁军见潞州久攻不下，晋军增援又到，就在潞州城外筑起一道称之为"夹寨"的工事，对内防潞州城突围，对外据以抵御援军。周德威在夹寨外不停地攻打骚扰，梁军却坚守不出，一面加紧围攻潞州，双方相持不下。可是日子一久，城里的粮食越来越少，情况十分危急。

乘敌不备，定下急速出兵之策

李克用死讯传来，朱温起先还当是疑兵之计，待消息证实，他大大地松了口气，以为少了一个劲敌。他却没把继位的李存勖放在眼里。他以为周德威必然率军回去奔丧，潞州孤立无援，指日可破。夹寨的后梁军因此放松了警惕，不再日夜守备。

李存勖继承王位后，便与将领们商量救援潞州的事。李存勖对众将领说："潞州是河东的屏障，失去潞州，河东就要告危。朱温原来所怕的唯有先王，并未把我放在眼中，一定以为我不能马上出兵，因而必定骄

绚丽多姿的唐代织锦

唐代织锦在织造技术或花样图案上，都已达到前所未有的高水平。品种花式丰富，染织技术精湛。纹样不仅继承了传统，而且吸收了西方艺术形式，别具一格。吐鲁番阿斯塔那墓群出土的锦构图复杂，形象生动，色彩艳丽，组织细密，充分反映了唐代织锦的高超技艺。

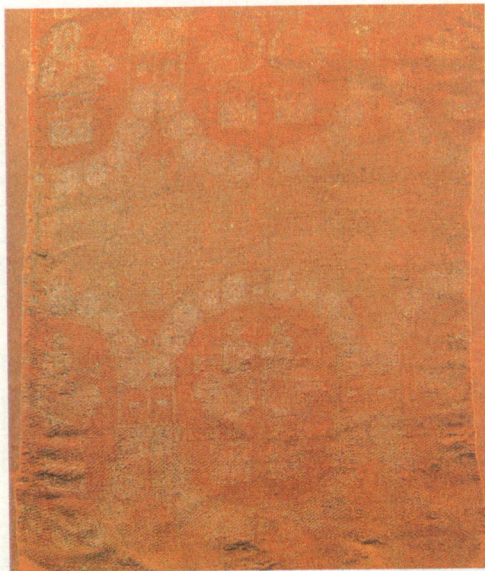

后唐庄宗像

李存勖，沙陀部人，908年继父李克用位，为晋王，后陆续攻取后梁土地，923年建唐，定都洛阳，史称后唐，同年灭梁。李存勖称帝后，亲信宦官、伶官，不理朝政，最后为乱军所杀。像中庄宗头戴黑纱制成的幞头，式样为五代时帝王流行的朝天幞头（因幞头两脚上翘而得名）。幞头是隋唐五代时男子所戴的主要巾帽之一，帝王庶民皆可服用。

杜甫《秋兴八首》之二诗意图（明·陆治绘）
夔府孤城落日斜，每依北斗望京华。
听猿实下三声泪，奉使虚随八月槎。

用打猎经过三垂岗，曾在唐玄宗祠前摆下酒席，与众将宴饮。有伶人奏乐助兴，演奏的曲子中有一首音调悲凉的《百年歌》，表达人衰老时的情景，在座的人听了都很伤感。李克用此时却拉足弓弦，捋捋胡子，指着当时只有五岁的李存勖微笑说："我就要老了，但壮志犹存。我这个儿子，二十年后一定能代替我在此

雕花莲瓣纹青瓷钵
南方十国中的吴越国国内局势稳定，经济繁荣，制瓷业十分发达，特别是越窑烧制的青瓷更是闻名于世，与白瓷并称"南青北白"。此件雕花莲瓣纹青瓷钵出土于当时属于吴越地区的今浙江省宁波市，造型规整，釉色晶莹。

傲懈怠。我们如能简练兵甲，急速行动，出其不意，一定能破敌制胜。树威定霸，机不可失，就在此一举了。"张承业在旁应声道："大王说得很对，请立刻出兵。"众将见李存勖如此，也深受鼓舞，同声响应。

三垂岗的回忆

李存勖亲率大军前进。队伍来到一个叫三垂岗的地方略作休整。李存勖觉得这个地方好生眼熟，待看到岗上唐玄宗的庙，他终于想起来了，兴奋地对众将说："先王曾在这里摆过酒席。"原来二十年前，李克

▶历史文化百科◀

［朝廷起草文书的内制和外制］

唐朝前期，以中书舍人执掌起草诏书敕令，称"知制诰"。唐玄宗开元初，因中书省任务繁多，往往不能按时完成起草文书的工作，只好以尚书省的官员兼任此事，称为兼知制诰。后又有翰林学士，便常以翰林学士加号知制诰，一般负责起草太子册立、宰相罢免、号令征伐等重大事务的诏敕，称内制。这些诏敕是皇帝在宫中主动发出，所以又称内命；中书舍人或其他官兼知制诰的，则起草由中书门下发出的一般诏令，称外制。内制和外制合称两制。

战斗！"如今李存勖果然要与梁军在此决战了，他想到父辈的殷切期望，不禁更加意气风发。

奇袭夹寨的胜利

第二天清晨，大雾弥漫，隔几步就不见人影。晋军直扑夹寨，后梁军毫无防备，连放哨警戒的都没有。晋兵杀到时，后梁军的将领士兵都还在睡觉。等他们从睡梦中惊醒，晋军已兵分两路冲进夹寨。晋军手里拿着火把，又烧又杀，喊声、军鼓声、惨叫声，顿时四起。后梁军大溃，东奔西逃，将士被杀近万名，丢弃的粮食兵械堆得像山一样。

朱温得到夹寨兵败的消息，大吃一惊，不禁叹息道："生儿子就要像李亚子那样！李克用虽死犹生，后继有人了。"他说的李亚子就是李存勖的小名。

清代诗人严遂成有一首咏史的诗，说的就是这段史事："英雄立马起沙陀，奈此朱梁跋扈何。只手难扶唐社稷，连城且拥晋山河。风云帐下奇儿在，鼓角灯前老泪多。萧瑟三垂岗畔路，至今人唱百年歌。"

《十六罗汉图·迦诺迦伐蹉》（五代·贯休绘）
贯休（832—912），唐末五代初画家、诗人。和安寺僧，俗姓姜，字德隐，一字德远，婺州兰溪（今属浙江）人。擅书，工画，诗称"姜体"。他所绘的《十六罗汉图》中，罗汉真容悉是梵相，粗眉大眼，丰颊高鼻，形骨古怪。图为其中的《迦诺迦伐蹉》，据《佛说阿罗汉其德经》说，迦诺迦伐蹉尊者"知一切善恶法之声闻"，即是亲耳聆听过佛祖言教的弟子，是古印度的一位雄辩家。图中罗汉手执拂尘坐于槐树根上，项挂念珠，双眉垂至颊下，一手执麈尾，一手做着手势，似正在和人辩论。著有《禅月集》。

《新五代史·死节传·王彦章》

豹死留皮　人死留名

尊严　坚强

王彦章

人物　典故　关键词　故事来源

后梁大将"王铁枪"

少见的尽忠守节者

王彦章看不起李存勖，不被昏庸的梁末帝重用。战败被俘后，王彦章尽忠守节，不愿投降后唐。

晋王李存勖与后梁打了几十年仗，后梁将领中最看不起李存勖的是大将王彦章。王彦章勇猛雄杰，据说能赤脚在荆棘丛中行走百步，用的兵器是一杆铁枪，平常人举都举不动，他使起来却上下翻飞，运用自如，所以被人誉为"王铁枪"。王彦章曾对人说："李亚子不过是个喜欢斗鸡遛狗的小孩子，有什么可怕的？"王彦章如此轻视李存勖，李存勖对王彦章却不敢轻视。他曾经俘虏了王彦章的妻子儿女，不把他们杀掉，而是送到太原安置下

王彦章棘林赤足

王彦章（863—923），字子明，一作贤明，郓州寿张（今山东东平西南）人。王彦章少时就从军，隶属朱温帐下，以骁勇善战著称。当初王彦章应募从军时，同时有数百人一同参军，王彦章请求自己做队长，众人都不同意，说："你王彦章何许人也，就想做队长，也太不自量力了吧！"王彦章听了，径直对当时在场的主将说："既然你们不服气，我就先给你们看看我脚上的功夫，光脚在有蒺藜的地上走上三五趟，再看看你们中有谁也能来试试？"大家开始以为他在说大话戏弄众人，没想到王彦章真的走了几趟，脚上一点事儿也没有。众人不禁大惊失色，都暗暗佩服不已。朱温听说之后，视王彦章为神人，因此提拔重用了他。后来王彦章果然勇冠三军，号称"铁枪将"。选自清代马骀《马骀画宝》。

七子青瓷盒

此件七子青瓷盒出土浙江嵊州富润乡，该地区在五代十国时属于吴越国境。瓷盒高3.8厘米，分盒身和盒盖两部分，以子母口相扣合。盒盖上雕有七个形态可爱的孩童，以寓示多子多福，另盒盖的外侧还刻有"千秋万岁"的字样。

>历史文化百科<

〔良贱不通婚〕

唐朝法律把人分成官人、良人与贱人三个等次。唐律进而明确规定，禁止良贱通婚。尤其是属于贱人的奴婢，被看作是主人的财产，非但自己若与良人通婚要被处以刑罚，就是私自将女儿嫁给良人为妻妾的，也要被按盗窃罪论处，由此可见当时等级门第观念之深。

来，然后派人以送回妻儿为条件招降王彦章。王彦章杀了派去的人，表示他决不投降。

良将不逢明主

可是，梁末帝朱友贞是个昏庸的皇帝，听任赵岩、张汉杰等奸诈小人把持朝政。很多大臣、老将不被重用，王彦章也是其中之一。后梁龙德三年（923）夏天，李存勖称帝建立后唐，攻占了郓州（今山东东平县）。朱友贞大为恐慌，在宰相敬翔的推荐下，才任命王彦章为招讨使，派段凝为副使，命他们去对付后唐军队。

王彦章受命出发，仅用了三天时间就用计攻克后唐军严密防守的德胜南城，杀敌数千人。接着又连续攻克好几处后唐军营寨，声势大振。但是王彦章尽管打了胜仗，后梁的当权者却并不信任他。因为王彦章曾因不满赵、张等人的误国行为得罪过他们。赵岩、张汉杰此时便与段凝勾结起来，

五代的煮茶用具
五代时喝茶可以用煎茶法和点茶法。此风炉与茶具是煮茶器，即在风炉上的茶具中煮水，水沸之后，放入茶末，用竹夹搅动，待茶末涨满茶面，酌入碗中饮用。

杜甫《秋兴八首》之三诗意图（明·项圣谟绘）
千家山郭静朝晖，日日江楼坐翠微。
信宿渔人还泛泛，清秋燕子故飞飞。

企图陷害王彦章。段凝本有嫉妒王彦章之心，双方一拍即合，就串通一气说王彦章的坏话。朱友贞听信谗言，竟将王彦章罢官，把段凝升作主帅。

尽忠守节，不愿投降

这年十月，形势又危急了，朱友贞不得不又派王彦章去御敌，但却不让他统率大军，主力都控制在段凝手里。王彦章寡不敌众终于战败，身负重伤，被后唐大将夏鲁奇俘虏。

王彦章被担架抬到李存勖面前，李存勖问他："你说我是不懂事的小孩子，现在服了吗？"又问："你是会打仗的人，为什么不守兖州而守中都？"王彦章答道："大事已去，这是天命，不是人力可以改变的，我无话可说。"李存勖看他是个将才，还是希望他能投降，就派给自己治病的医生给他治伤，并一次次派人去劝说他投降。王彦章说："我本来是一介平民，承蒙梁的大恩，把我升作大将军，怎能早上做梁朝的大将，晚上就变成唐的臣属呢！这是万万不能做的事。"李存勖知道王彦章终究不会投降，只好把他杀了。事隔不久，后唐就灭了后梁，段凝却带着五万后梁军投降了后唐。

五代十国时期，朝代更替频繁，做官为将的人朝秦暮楚是常事，王彦章如此尽忠守节却是少见的。

《雪竹图》（五代·徐熙绘）

徐熙（生卒年不详），金陵（今江苏南京）人，一作钟陵（今江西进贤西北）人。五代南唐画家。擅画花鸟，与后蜀黄筌的花鸟画为五代两大流派。世人有"黄家富贵，徐熙野逸"之评。此画独创"落墨"法，一变黄筌细笔勾勒、填彩晕染之法。此幅《雪竹图》描绘了江南雪后严寒中的枯木竹石，构图新颖，层次丰富，为五代绘画的佳作。

〇〇八

宦官贤才

张承业为李存勖管理国家金库克尽职守，李存勖却对他心怀不满。

尽心尽力管理后方

大唐昭宗时，朱温诛杀宦官，下令各地节度使把离京在外的宦官也都杀了。但晋王李克用却用一个囚徒冒充张承业加以斩首，把真的

张承业藏在斛律寺中保护下来。昭宗死后，李克用又起用了张承业。因此张承业对李克用忠心耿耿。李克用对张承业也十分信任，临终前把儿子李存勖托付给他。

张承业没有辜负李克用的托付，他帮助李存勖处置了企图叛乱的李克宁等人，使李存勖得以顺利继承李克用的事业。李存勖出征在外，就把后方的军国大事都交给张承业去管。张承业尽心尽力，从不懈怠。他鼓励百姓耕田种桑，为李存勖积蓄钱财粮食，收买武器马匹，提供军饷补给。他征收租税，执法十分严格，就是皇亲国戚，也从不纵容，所以权贵们都很怕他。有张承业在，李存勖南征北战才没有后顾之忧。

稀世之珍金花八棱银杯

西安何家村出土唐代金银器，展示了唐朝金银器制造业的高超技艺。其中金花八棱银杯造型优美，花纹精细，色彩艳丽，杯身为八个界面，各绘一个人物，画面栩栩如生。制作工艺复杂精细，以钣金和浇铸为主，又采用切削、抛光、焊接、铆、镀、刻凿等十几道工序，说明当时金银器手工工人已熟练地掌握了多种工艺，体现了唐代金属制品工艺的发达程度。

鲤鱼三十六鳞图

唐代生物学家对动植物形态作了仔细的观察，编绘了一些植物图谱。鲤，最早记载见于《诗经》。唐时陈藏器首先观察鲤的形态特征，指出鲤鱼的侧线鳞为三十五至三十八片，这是指鳞片上的侧线孔。

> ### 历史文化百科
>
> **〔柑橘的别称：金香大丞相〕**
>
> 柑橘类水果只出产在南方，隋唐五代时，可能因为保鲜技术的进步，北方也很常见。唐代有十几个州向朝廷进贡柑橘类果品。柑橘在北方宫廷也确实很受欢迎。据说，后唐庄宗与大臣共尝新橘，命大臣以橘为题作诗，有个叫唐朝美的，作诗道："金香大丞相，兄弟八九人。剥皮去滓子，若个是汝人。"从此，"金香大丞相"成了橘子的别称。

张承业畫中宦监河东监军後事晋王及莊宗屯亩積金粟多
其功莊宗嘗頂錢蒲博而承業主藏錢不可得因臣老奴惜
此錢欲佐王定天下而復唐之社稷耳倘以此兼朱滅而莊宗稱
皇帝承業如不可諫不食而卒

张承业保后唐

张承业字继元，他本姓康，是同州（今陕西大荔）人，唐朝末年做宦官，后被内常侍张泰收为养子，就改用了张承业这个名字。李存勖得到魏博后，和梁军在黄河两岸展开了长达十年的艰苦争夺。在这期间，李存勖将太原的一切军政事务全交给了张承业。张承业勤勤恳恳，鞠躬尽瘁；征兵买马支援前线，招抚流民生产务农，大小事务都经由张承业之手，河东的后方被治理得井井有条。因此李存勖没有后顾之忧，专心对付后梁，最后李存勖之所以能出奇兵灭掉后梁，张承业起了极其重要的作用。因此史书上才说"成是霸业者，承业之忠力也"。选自清代金古良《无双谱》。

不肯用公家钱做私人交易

但李存勖对张承业也有不满意的地方，就是他觉得张承业过于吝啬。有时他因赌博或赏赐戏子急需钱用，张承业总是不肯拨给他。

杜甫《返照》诗意图（清·董邦达绘）
楚王宫北正黄昏，白帝城西过雨痕。
返照入江翻石壁，归云拥树失山村。

一天，李存勖在放钱的金库请张承业赴宴。酒过三巡，李存勖让儿子李继岌为张承业跳一个舞。按唐代风俗，看人跳舞，要用金钱或其他东西作为礼物相赠。李继岌舞罢，张承业也照例送给他一条宝带和一匹骏马。李存勖指着金库的钱柜，叫着李继岌的小名对张承业说："和哥缺钱用，你就送他一柜不行吗？宝带和马能值多少！"张承业很认真地说："宝带和马是我用俸禄买的，金库的钱是大王用来养战士的，我怎敢用公家的钱做私人人情呢？"

一场风波

李存勖很不高兴，仗着几分酒意，对张承业恶语相加。张承业也生气了，他大声说："我是个年纪老迈的钦差宦官，又不用为子孙打算，珍惜这些钱财是为了辅佐大王成就霸业。大王一定要想明，何必问我？不过钱财用尽，人心离散，大王也将一事无成了。"

李存勖听他出言不逊，不禁大怒，转身向随从索取佩剑。张承业站起身来，拉住李存勖的衣裳流泪说："我受先王临终托孤，发誓为国家诛灭朱温父子，现在如因爱惜公家财物死在大王手里，到地下见先王也可问心无愧了。就请大王动手吧！"大臣阎宝在一旁要掰开张承业的手，命他退下。张承业挥起一拳把阎宝打倒在地，指着他骂道："你本是朱温一伙的，现受晋的大恩，不知尽忠回报，反而想用拍马屁来讨得大王欢心吗？"这时，后宫李存勖的母亲曹太夫人听到消息，急忙派人来唤李存勖，这场风波才平息下来。第二天，曹太夫人带了李存勖特意到张承业的家里去向他道歉，加以慰问。

精致的五代瓷盂

盛液体器具，用途不详。器高10.9厘米，口径19.3厘米，底径12.1厘米。通体施青釉，美观精致。

周德威锤中陈夜叉

周德威（？—919），字镇远，小字阳五，朔州马邑（今山西朔州）人，五代后唐名将。唐末时，周德威为晋大将李克用麾下的骑将，骁勇而擅骑射。在和后梁的战争中，周德威又以周阳五的雅号名震敌军。唐昭宗光化二年（899）三月，朱温派氏叔琮进逼太原，一直打到榆次（今属山西）、洞涡驿（今清徐东）等地，梁军中传令道："能生擒周阳五者为刺史。"外号陈夜叉的梁将陈章口出狂言，打算活捉周德威以邀功。李克用要周德威小心此人。因陈章经常骑白马穿朱甲，周德威便令部下见到白马朱甲的敌将就假装败退，他自己则化装成士兵夹杂在行伍之中。等到陈章出来挑战，部下依约退走，陈章中计急迫，周德威从后挥锤击中陈章，将其活捉。

不接受封官晋爵

后来，李存勖要加封张承业为燕国公，张承业坚决推辞不受，终身只受唐王朝尚在时加给自己的官衔。当李存勖准备称帝时，张承业又极力劝阻，李存勖不听，张承业十分伤心，绝食而亡，终年七十七岁。

宦官之祸，是唐王朝以及后唐败亡的一个重要原因，不过张承业却是宦官中少有的贤才。

世界大事记

约公元850年

法兰克军队发展成骑兵，形成了一个富有的职业军人阶层，由此产生了骑士阶层。

《十国春秋·荆南·武信王世家》
《资治通鉴·后唐庄宗同光元年》

韬晦　敏捷

高季兴　李存勖

人物　关键词　故事来源

〇〇九

冒险进京

京城历险记

荆南节度使高季兴进京朝见差点被扣，不过经这番历险，他也看清了后唐的实力与庄宗的真相。

后唐同光元年（923），庄宗李存勖灭了后梁。原来梁朝属下的藩镇节度使和大臣都要向新朝表示臣服，听候处理。第一个来京朝见的是宋州节度使袁象先，他带了数十万金银珍宝，先送后宫最得宠的刘夫人，又对满朝权贵，尤其是李存勖宠幸的伶人、宦官一个个行贿。于是，宫里宫外都说袁象先的好话，庄宗听了，便对他优宠有加。见此光景，别人都竞相仿效。刘夫人及伶人、宦官们贪财的胃口越来越大。有时不等别人上门，他们就去敲诈索贿。庄宗陶醉在称帝灭梁的成功之中，也不去管他们。

荆南节度使高季兴也亲自前去朝见。高季兴原名高季昌，因李存勖祖父名李国昌，为了避讳，特将"昌"字改为"兴"字。他进京前，谋士梁震坚决反对说："梁、唐是世仇，争战了近二十年。你是梁的旧臣，又握重兵据要地，焉知他不会把你当作仇敌！何况唐有统一全国的野心，我们就是立刻动员军队坚守险要，尚难以自保，如今大王单枪匹马进京，岂不危险！"高季兴心想，后唐气势正盛，荆南却地小势弱，若不亲自进京表示诚意，

唐代宴饮图
唐代制酒业十分繁盛，我们可以从唐代诗词、散文中找到很多关于酒的句子。这件中唐墓室壁画真切地表现了唐代的宴饮生活，画中长方大案上杯盘罗列，酒肴丰盛，围坐九人，正执酒杯开怀畅饮。

一旦后唐出兵讨伐，后果便不堪设想。所以他还是留下儿子守卫，自己带着三百卫士进京了。

贿赂不够遇危险

到京之后，李存勖待他倒是十分优厚，盛宴款待。宾主谈得很投机。

高季兴这次进京，也带了些金银财货作送礼之用，但他没有料到庄宗周围的伶人、宦官如此贪得无厌，稍不满足，就勃然变脸，拂袖而去。他们到庄宗面前去说了坏话，庄宗恼怒之下，打算扣下高季兴。

五代彩绘浮雕散乐图
此图出土于河北曲阳五代王处直墓，画中女乐工着唐装，手执各种乐器，正在演奏，神态陶醉，身体也有韵律的摆动，使观者如闻其声。古人认为虽死犹生，在墓室中布置模拟死者生前的生活状态，因此这些壁画的珍贵之处不仅在于它的艺术价值，更在于它体现了当时人们的精神世界、社会关系和物质生活的时代特点。

高季兴不禁又气又急，后悔当初未听梁震的劝告。幸亏大臣郭崇韬劝庄宗道："陛下新得天下，各路诸侯最多派子弟、将领前来朝见进贡，唯有高季兴亲自晋见，陛下应奖励才是。如不放他回去，定会使天下人失望，此非做君王的长久之计。"李存勖听他说得有理，才同意放高季兴回去。

脱逃后看清真相

高季兴哪里还敢停留，得知消息立刻动身。到许州时，他对左右说："这次行动有两大错误：一是我来朝见，二是他放我走。"路过襄州时，节度使孔勋设宴招待，宴

罢住下。高季兴忽觉不妥，悄悄地对亲信说："我们必须马上走，不然夜长梦多，只怕有变。"于是他们连辎重行李都不要了，连夜逃出城去。据说庄宗后来确实后悔，下急诏来追。但诏书到达边关时，高季兴早已逃之夭夭了。

回到荆南首府江陵（今湖北江陵县），高季兴握住梁震的手说："不听你的话，几乎逃不出虎口。"不过他亲入虎穴还是有收获的，看到了后唐的真实情况。他对手下说："新朝廷经过百战才取得河南，可李存勖却沾沾自喜地举起双手说：'是我用十个指头取

简洁大方的唐代几何纹绦丝带
唐代织物以色彩斑斓、纹饰多样、典雅明快著称。几何纹是当时一种常用的典型纹饰。

五代彩绘浮雕奉侍图
河北古墓壁画具有浓厚的地方色彩。考古发掘的曲阳五代王处直墓中，不仅有色彩艳丽、技法娴熟的壁画，还有嵌入左右壁的彩绘浮雕，尤其是后室两壁上的奉侍图，女子均手执食具，裙裾飘舞，身形动作颇有韵律，这是近年发现的晚唐五代时期最珍贵的壁画浮雕，而这种着彩浮雕人物，也是北宋墓室壁画中布置着色雕砖人物的先声。

得天下的！'这岂能不令作战的有功之臣心寒！如此之君，又怎能使人与之同心同德！况且他如今沉溺于声色犬马之中，国家大事几尽荒废。这样下去势难长久，我也不用担心了。"话虽如此说，高季兴仍然下令加强城防，严守边界。果然，不出高季兴所料，李存勖的帝运并不长久，自然更顾不上进攻荆南了。

能歌善舞的刘氏得到晋王宠爱

战乱使得不少百姓妻离子散，骨肉分离。魏州成安（今属河北），有个姓刘的，长着黄胡子，懂得草药土方医病，以算卦为生，自号"刘山人"。他有个五六岁的女儿，眉清目秀，很惹人喜爱。这年，兵荒马乱之中，女孩被李存勖手下将领袁建丰抢去，后被送给晋王母亲曹太夫人做了侍女。曹太夫人见她生得秀慧，便教她吹笙唱歌跳舞，她竟一学就会。长大后出落得千娇百媚，楚楚动人。有一次，曹太夫人过生日，李存勖亲自歌舞给母亲贺寿，太夫人命刘氏吹笙助兴。晋王见

不认生父认义父

刘皇后为了保住自己在宫里的地位，狠心不认卑微的亲生父亲；为了贪财，却又去认臣属当义父。

了刘氏十分欢喜，曹太夫人就把刘氏赐给了他。

刘氏很有心计，自归了晋王，就想方设法讨他的欢心。因二人都爱好唱歌跳舞，晋王对她尤其宠爱。后来刘氏又生了儿子李继笈，晋王对她的宠爱自然更深了一层，即使出外打仗，也要刘氏跟随着。

为保富贵不认生父

刘山人几年来一直在打听女儿的下落。一日忽然得到消息，说女儿不仅活着，而且在宫里享受荣华富贵。刘山人不禁喜出望外，他思女心切，便去求见，自称是刘氏之父。李存勖唤袁建丰来指认，袁建丰仔细审视后说："当初得到夫人时，是有个黄胡子的人护住不放，就是此人。"

李存勖便去告诉刘氏。当时，刘氏正和其他夫人争宠，她考虑到刘山人的突然出现，会暴露她身世的卑贱寒微，也许就此影响在宫中的地位。于是，刘氏十分气恼地说："我离开家乡时，父亲已惨遭不幸，死在乱兵之中，我守着他的尸首哭了

唐代金银器最高等级的文物——捧真身银菩萨

捧真身菩萨像是唐懿宗李漼于咸通十二年 (871) 其三十九岁生日为供佛指舍利而敬造。捧真身菩萨造像取吉祥天姆的造型，通身装饰珍珠璎珞，双手捧着放置刻有发愿文的镏金银荷叶盘。莲座的顶面和底面均刻有梵文，莲台束腰錾刻四大天王及多种佛教法器纹饰。这尊菩萨造像不仅工艺精湛，还刻有皇帝名号，在唐代属仅有，是迄今唐代金银器最高等级的文物。

公元 851 年

世界大事记

意大利威尼斯人约从此时开始，贩运
欧洲人到阿拉伯各地当奴隶。

《旧五代史·唐书·后妃传》
《新五代史·唐太祖家人传》

刘皇后

愚蠢 浅薄

张全义

人物 关键词 故事来源

半晌方才离开。现在哪里冒出这个乡下老头，胆敢在
这里胡说八道！"她下令一顿鞭打，把刘山人赶出门
外。刘山人怎么也不会想到，日夜思念的女儿竟如此
对待他！但又不敢争辩，只得含着眼泪凄凄惨惨地离
去。李存勖也觉得刘氏做得有点过分。他喜欢演戏，
就化装成刘山人的样子，背着装草药的袋子，还让李

宋本《建康实录》书影
《建康实录》由唐代许嵩撰，六朝史料集。许嵩自称高阳
（今河北蠡县一带）人。成书不早于唐肃宗时代。全书二十
卷，已残缺。书中记载建都建康（今南京）的吴、东晋、
宋、齐、梁、陈六代史实及轶事，虽作于《三国志》、晋、
宋、齐、梁、陈各书及《南史》之后，但保存着某些正史不
载的史实和轶事，常为后来考证六朝史事者所引证。

奇异的《驯豹图》（下图）
唐代皇家墓室壁画中有一幅《驯豹图》。整个画面构思奇
异，引人入胜，显示唐代画家们卓越的艺术才能。

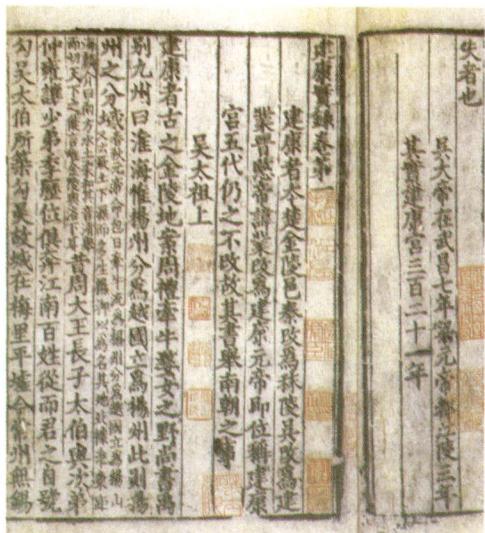

继岌当配角，手拿一顶破帽相随，闯进刘氏卧房，拿腔作调地喊道："刘山人看女儿来了。"刘氏又羞又气，却也无可奈何。

为得财富认义父

李存勖登基后的第二年，便立刘氏为皇后。庄宗常与刘皇后到大臣私宅去玩。去得最多的是张全义家。张全义经营洛阳多年，很有财富。刘皇后既贪张全义的财，又想借张全义之光，让人忘了她出身微贱。所以，这天在张全义家宴席上，酒过三巡，刘皇后忽然对庄宗说，想认张全义当义父。没想到庄宗很爽快地同意了。张全义惶恐万分，哪敢接受！刘皇后命随从强按他入座，张全义只得勉强接受刘皇后的叩头。随后谢过皇家恩典，又搬出更多金银珠宝献给刘皇后。

第二天，刘皇后命翰林学士赵凤替她代写家

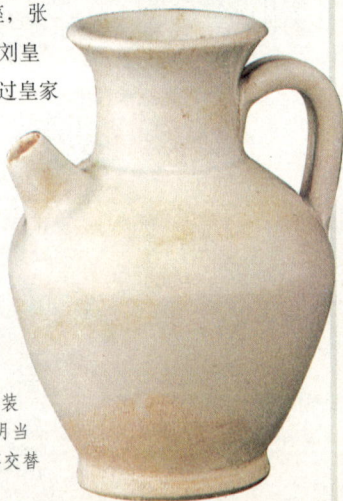

雅致的沏茶用具
这个五代茶瓶是用来装水沏茶的工具，说明当时正处于煎茶与点茶交替时期。

杜甫《七月一日题终明府水楼二首》之一诗意图
（清·王时敏绘）
绝壁过云开锦绣，疏松夹水奏笙簧。
看君宜著王乔履，真赐还疑出尚方。

▷历史文化百科

〔煮茶的水与"水递"〕
隋唐五代人饮茶，对煮茶的水要求也很高，认为用山水最好，江水次之，井水最差。陆羽曾指出天下有二十个地方的水最适宜煮茶。达官贵人因此刻意讲究，如李德裕在长安时，煮茶要用无锡惠山泉的水，为他取水的驿骑称为"水递"。

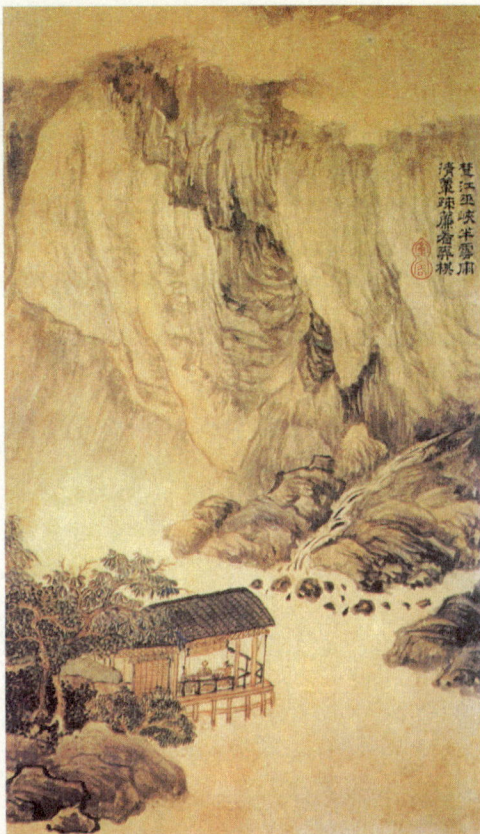

佛本生故事三十八种（右页图）
壁画是克孜尔石窟艺术的杰出成就，其中，大量的佛本生故事画占有突出地位。已经辨识和大致可以辨识的就有数十种之多。壁画题材繁多，情节离奇，主要是佛本生故事画，仅第十七窟就有三十八种之多，被誉为故事画之冠。克孜尔石窟壁画以西域的凹凸画法驰名中外，线条刚劲有力，严谨生动，又能与立体烘染的技巧相协调。这些壁画还善于将写实手法与装饰手法相结合，艺术成就很高。

书，向义父道谢。赵凤心里不高兴，找机会向李存勖奏说："自古以来，没有听说皇后认臣属当义父的。"李存勖虽嘉奖赵凤的正直，却并不阻止刘皇后的行动。从此，刘皇后与张全义就真的像父女一样时常来往，相互问候。张全义的财物自然也源源不断地送到刘皇后宫里。

庄宗称帝后宠信宦官、伶人，再加上有了这样一位见利忘义的皇后，难怪很快就灭亡了。

敬新磨智救县令

中牟县令为保住老百姓的庄稼，出来阻止李存勖践踏，差点被杀。敬新磨用诙谐、幽默的方式，救了县令。

皇帝的"粉墨生涯"

从唐中期开始出现了一种被人称作"戏弄"的文娱表演形式，演出"戏弄"的演员要"涂面"。比如，戏里的张三脸上因生有面疮而发红，演员就涂大红脸上台。后唐庄宗李存勖可以说是历史上第一个经常"涂面"演出的皇帝，史书记载他常"自傅粉墨"。大约就是从这开始，后世演员就把自己的舞台经历称之为"粉墨生涯"。

李存勖宠信伶人

李存勖自小就通音律，能歌善舞，会作曲，创作的歌曲流传了一百多年。他同时喜欢演戏，还给自己起了个艺名叫"李天下"。他不但自己喜欢演戏，还特别宠信唱戏的艺人，那时叫"伶人"或"俳优"。他的皇宫里总聚集着许多伶人。伶人提什么要求，他总会满足他们。有些伶人便仗着与皇帝有交情，对文武百官都敢任意侮辱。有个叫景进的伶人，是李存勖的耳目，喜欢把道听途说的事说给李存勖听。为了给自己捞好处，景进或挑拨离间，或无中生有，或颠倒黑白，干了很多坏事，也害了不少人。朝廷中的人见伶人如此得宠，有人就拍伶人马屁，向伶人行贿，后唐的政治被搞得乌烟瘴气。

五代彩绘浮雕散乐图（局部）

《宠信伶人》
李存勖自小通音律，不但自己喜欢演戏，还特别宠信伶人，因此他的皇宫里总聚集着许多伶人。

▶ 历史文化百科

〔合食制的出现〕

古代人席地而坐，所以聚餐时在每人面前放一低矮的食案，实行分餐制。到了唐代，随着高足椅子与桌子的出现，就有了坐在高足的凳、椅上，围着桌子就餐的合食制。合食制的普及是在宋代。

次，庄宗与伶人们一起排练，对着四周大声呼喊："李天下，李天下！"敬新磨听到，走上前去，照李存勖的脸打了一个耳光。庄宗吓了一跳，脸色也变了，周围的人都惊呆了。有人为敬新磨捏了一把汗，觉得他这下闯了大祸，便低声责备说："你怎么能打天子耳光？"敬新磨若无其事慢吞吞地说："治理天下的只有一个人，还呼喊谁？"大家一听，对呀！不由得都笑了。

唐卢仝烹茶图

唐代出现了茶圣陆羽，唐人饮茶成习，以茶为乐。这幅图中描写卢仝烹茶的情景，庭院中风景宜人，烹茶的人怡然自得，卢仝的名诗《走笔谢孟谏议寄新茶》，畅写饮茶之乐："一碗喉吻润，两碗破孤闷，三碗搜枯肠，唯有文字五千卷，四碗发轻汗，平生不平事，尽向毛孔散，五碗肌骨清，六碗通仙灵，七碗吃不得，唯觉两腋习习清风生，蓬莱山，在何处，玉川子乘此清风欲归去。"

丰满的五代击方响女子

陕西西安咸阳冯晖墓浮雕。画中女子高75厘米，头饰高髻，戴三朵花，身着褐领红色广袖右衽长衫，内为抹胸，腰部系结，长衫上饰团花图案。双手执槌，身体偏右侧，敲击方响。女子面容丰满，神态娴静。

敬新磨敢打天子耳光

不过伶人当中也有聪明滑稽的正义之人，敬新磨就是一个，他常用幽默诙谐的方式规劝庄宗。有一

神情专注的排箫女
陕西西安咸阳冯晖墓浮雕。画中女子高74厘米，身着红色印花长裙，头饰高髻、戴花四朵。手持十七管排箫，鼓起的朱红色嘴唇，贴于排箫之上作吹奏状。

李存勖回过神来也转怒为喜，还重重赏了敬新磨。只可惜敬新磨这一耳光并没有打醒李存勖。

机智救县令

除了演戏，庄宗还喜欢带着一大帮人打猎。为图痛快，哪怕是已经成熟、快要收割的庄稼，他也由着性子，策马践踏。有一天，李存勖带人去中牟打猎。正当他们在田里起劲地追赶一只野猪，中牟县令忽然冲出来挡在马前，劝阻说："陛下是老百姓的父母，为什么要毁掉他们的粮食，使他们饿死在水沟呢？"可李存勖正在兴头上，怎能容忍有人出来打断？气得他连声怒喝："可恶！"令随从赶开县令，还说要杀了他。眼看这个敢站出来说话的县令性命难保，敬新磨急了。他急中生智，马上追上前去，把那县令当胸一把抓住，重又带回李存勖马前，严肃地呵责说："你当县令，难道从没听说过我们天子喜欢打猎吗？既然听说过，为什么还要叫老百姓耕地种田，妨碍天子骑马奔跑呢？为何不把地都空出来，让天子的马跑得痛快一些？收不到庄稼，老百姓饿死，这有什

专注的击鼓者
陕西西安咸阳冯晖墓浮雕。画中女子高74厘米。头饰高髻、戴三朵花。身着红色曳地长裙，窄袖长襦。目光平视，双唇紧闭，神态安详而专注。腰鼓斜置腹部，左手拍击，右手执槌打击，捕捉了演奏瞬间的动感。

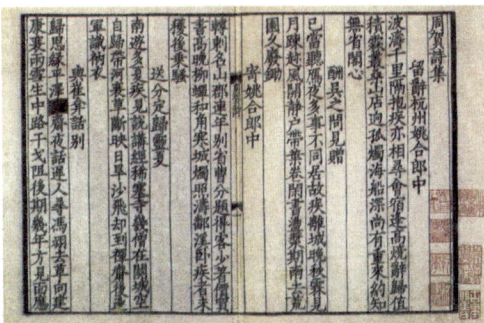

宋本《周贺诗集》书影

周贺，字南卿，东洛人。本为僧人，名清塞。其诗格调清雅，与著名诗人贾岛齐名。当时的杭州太守、另一位著名诗人姚合因爱其诗，加以冠巾，改名贺。有诗集一卷。

韦应物《南塘泛舟会元六昆季》诗意图（明·李流芳绘）

端居倦时燠，轻舟泛回塘。
微风飘襟散，横吹绕林长。
云澹水容夕，雨微荷气凉。
一写惆勤意，宁用诉华觞。

优雅的琵琶手

陕西西安咸阳冯晖墓浮雕。画中女子高 77 厘米，头饰高髻，戴三朵花，插红色梳，身着红色曳地长裙。女子双手抱琵琶于胸前，左手按弦，右手弹奏。身体呈 S 状曲线，姿态优雅。

么要紧？难道比扫天子的兴更重要吗？你犯的罪真该杀！"说完，转身请求庄宗快些行刑，杀了这个不懂事的县令。其他的伶人觉得有趣，也嘻嘻哈哈地附和着。李存勖这时冷静下来，回味敬新磨的话，觉得可气又可笑，就把那个县令放了。

到了元朝，还有人把敬新磨智救县令的故事编成杂剧来演，戏名就叫《敬新磨戏谏唐庄宗》。

053

因有功被赐铁券

后唐明宗李嗣源有一次问端明殿学士赵凤："君王赐给臣属铁券，何用？"赵凤解释说："这是君王向臣属立誓，保证他子子孙孙永享富贵。"李嗣源回想往事，摇头叹息说："先帝在位时赐铁券的仅三人，即郭崇韬、朱友谦和我。可是郭、朱后来都被灭族，我也差一点不得逃生呀！"

庄宗李存勖称帝灭梁的第二年（924）正月，赐郭崇韬铁券；二月，赐李嗣源铁券；到十一月，赐给朱友谦铁券。那时朱友谦已赐名为李继麟，任节度使，他的两个儿子也被任命为节度使，其他凡是成年的儿子及手下将领，也都封有官职，其中当州刺史的就有五六人。李继麟本是后梁的大将，原名朱简，因得到梁太祖朱温的厚爱，将他改名为朱友谦。梁太祖

空有铁券

李继麟与郭崇韬、李嗣源都曾得到皇帝给的铁券文书，但他还是受诬陷，被怀疑，最后被杀。

死后，朱友谦叛梁投晋，叛晋投梁，几经反复，最后归附晋王李存勖，并在灭梁中起了很大的作用。

得罪小人受诬陷

只是庄宗称帝后，后唐朝政日益腐败，伶人、宦官向地方官索取贿赂，贪得无厌。李继麟不堪重负，常抱怨说："我这里土地贫瘠，人民穷困，经常奉献丰厚的财物实在难办。"谁知因此得罪了这班小人，他们便在李存勖面前对李继麟谗言诬陷。

后唐同光三年，郭崇韬奉命征讨巴、蜀，要李继麟提供一部分军队。李继麟便举行阅兵式，然后令儿子率一支军队随大军西征。伶人景进竟说，这是李继麟以为朝廷派大军的目标是他，所以检阅军队准备自卫。后来，后唐灭了前蜀，郭崇韬却被诬陷企图叛变。景进等又说，郭崇韬之所以敢在蜀中搞阴谋，是因暗中与李继麟结盟，里应外合。李继麟听到这些诬陷之词，大为恐惧，不顾亲信的劝阻，决定亲自进京面见李存勖，表明忠诚之心，并为自己和郭崇韬辩解。

唐代的免死牌（上图及右页图）
免死牌古称铁券，是皇帝赐给功臣免死或其他特权时所颁发的凭据。此券是目前中国保存下来的唯一的唐代铁券实物，是唐昭宗于乾宁四年赐给镇海、镇东节度使，即五代十国中吴越国建立者钱镠的。铁券状如覆瓦，上嵌金字诏书333字。

《旧五代史·唐书·朱友谦传》《资治通鉴·后唐明宗天成元年》

李继麟　李存勖　专制　冤狱

人物　关键词　故事来源

維亂□四年歲次丁巳八月甲辰朔
四日丁未皇帝若曰咨尔鎮海鎮東
李軍節度浙江東西等道頼察置
營田招討等使兼兩浙等鐵制置
運等使開府儀同三司檢校太尉兼
中書令使持節潤越等州諸軍事兼
潤越等州刺史上柱國充□□□
巳五千戶食實封□戶□□等
鈴鄧陟之□言等
李美□經卅大尹德□□□□□□
□者莆昌僭偽蒿瓜狂謀□□賨

自投罗网，全家被杀

待李继麟到了京城，郭崇韬已在蜀中被杀，他的处境更为危险了。果然，景进又对李存勖说："据有人密报李继麟本与郭崇韬一起谋叛，听说郭崇韬已死，后又与郭崇韬的女婿、睦王李存乂暗地勾结，密谋造反。"其实，李存勖心里也明白，李继麟如果真的阴谋叛变，只要在自己的军镇发动军队就可干起来，何必自投罗网跑到京城来冒险？但李存勖又想：现在郭崇韬、李存乂被杀，李继麟必然心

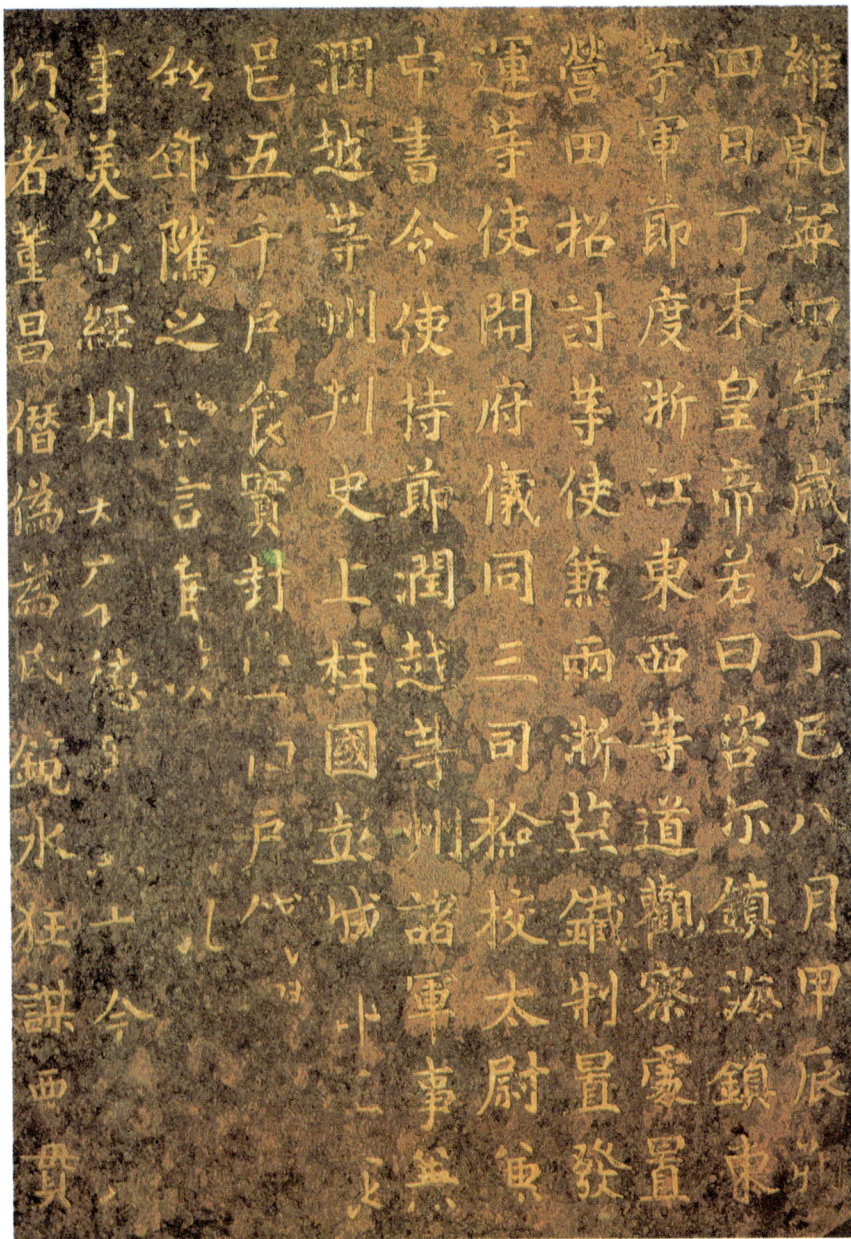

寒，若现在放过他，难保他回去后不会造反。因此，当晚就派兵包围李继麟的住处，把他抓起来斩首。朝廷宣布他谋反，恢复他原来的姓名"朱友谦"，杀了他两个

当节度使的儿子，并派夏鲁奇去屠灭朱友谦全家。

夏鲁奇率军赶到朱家，朱友谦的妻子张氏已得知消息，集合全家等他到来。她请夏鲁奇允许别姓的婢

动感强烈的女击鼓图
陕西西安咸阳冯晖墓浮雕。画中女子高74厘米，头饰高髻，戴三朵花。双手执槌，左手高举，右手打击鼓面。女子目光平视，神情专注。浮雕刻画出了击鼓者的瞬间动态。

如痴如醉的女笛手
陕西西安咸阳冯晖墓浮雕。画中女子高72厘米，头饰高髻，插三朵花。身着红色曳地长裙，内为红色抹胸。女子侧身，双眼半睁，口含簧，作吹笛状，整体造型呈优美的弓形曲线。

精致的女子用品三彩粉盒
三彩粉盒口径6厘米，高4厘米。1997年陕西省长安县大兆乡五府井砖厂出土。

女、奴仆离开，只率全家一百人赴刑。临刑前，张氏取出铁券给夏鲁奇看，说："这是皇上当年所赐，我不识字，不知上面刻的是什么？"夏鲁奇当然知道铁券上刻的是什么，只是无法回答，满面羞愧。

宋本杨倞注《荀子》书影
《荀子》是著名的儒家经典，唐代杨倞所注的《荀子》是较早较完善的《荀子》注本，得到历代研究者的重视。杨倞（生卒年不详），虢州弘农人。唐宪宗元和十三年（818）任大理评事，唐穆宗长庆三年（823）任大理司直，唐武宗会昌中任汾州刺史。

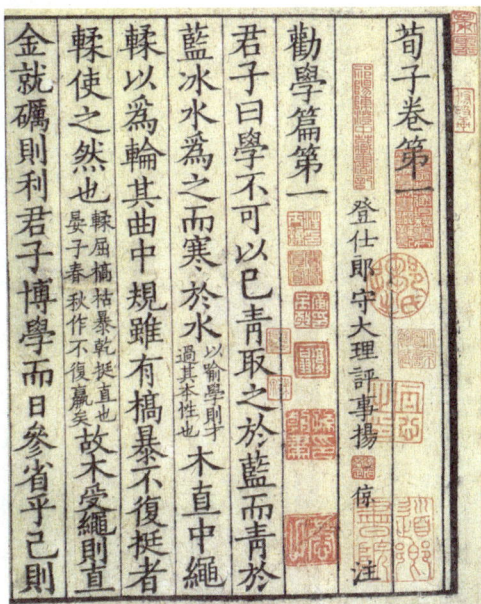

按照儒家的道德标准，做帝王的人必须守信。失信于臣或失信于民，都会引出祸乱。李存勗冤杀郭、朱后，兵变四起，最后终于导致他自己的败亡。

华美、富丽的花纹锦琵琶套
唐代的织锦在传统的图案花纹基础上又吸收了外来的装饰纹样，所以它具有清新、华美、富丽的艺术风格。丝织业繁荣，使得织品在生活中的实用比例提高。

〇一三

张居翰一字救千人

张居翰改了一个字，救了一千多人。

安分度日的张居翰

因后唐庄宗宠信宦官与伶人，宦官们便仗着主子的势力干了不少坏事，给国家和人民带来很大的灾难。只是其中有一个名叫张居翰的宦官倒是难能可贵，他没有同流合污干坏事，只是平平稳稳、安安分分地过日子，不仅如此，他还仗义救过一千多人。

为救人擅自改诏书

那一年，后唐出兵灭了前蜀。前蜀后主王衍率文武百官投降，做了后唐的俘虏。随后，王衍与家人，以及前蜀的众官员共一千多人，一起被送往京师去见庄宗。一行人由西往东，刚走到关中地区，后唐国内发生了兵变，把大将李嗣源推上了争夺帝位的道路。兵变的军队正由东向西朝京师进发。

美丽的拍板女乐手（左图）
陕西西安咸阳冯晖墓浮雕。画中女子高76厘米，头饰高髻，戴三朵花，额间饰红点，细眉杏眼，双唇红润，面容丰腴。女子双手前举，演奏六叶拍板。体形优美，动感强烈。

彩绘男吹笛浮雕（中图）
陕西西安咸阳冯晖墓浮雕。画中男子高74厘米，头戴黑色幞头，身着红色圆领袍服，足蹬尖履。男子头后仰，眼半睁，口含簧，双手执笛，正在吹奏。

儒雅的吹芦笙男子（右图）
陕西西安咸阳冯晖墓浮雕。画中男子高74厘米，头戴黑色幞头，身着红色圆领袍服，腰束黑带，双腿自然分开，足蹬尖履。男子双目微闭，口含簧，双手托芦笙于胸前，十指演奏。

公元 867 年

世界大事记

挪威海盗纳罗德发现冰岛。874年，第一批北欧移民到冰岛定居。

后唐明宗天成元年
《资治通鉴·

张居翰   善行
王衍   灵感

人物 关键词 故事来源

那时，张居翰是枢密使，诏书到了他的手中。他很是不安，认为屠杀已降的人，是一种罪过，对后唐朝廷来说也是不祥的征兆。但是庄宗诏书已下，等于泼出的水难以收回，看来王衍是难逃一死的了。他现在唯一能够做的，就是赶快想办法救其余的人，使王衍的"陪葬"者越少越好。经过一番思索，他终于想出了一个办法：把诏书中的"行"字揩掉，改成"家"字，这样，"诛衍一行"就变成了"诛衍一家"。就凭这一字之改，张居翰一次就救了随王衍而行的一千多前蜀官员。

唐代织物《在石榴中的孩子》

唐代的丝织品种类繁多，尤以织锦最著名，一般称为"唐锦"。它是用纬线起花，用二层或三层经线夹纬的织法，形成一种经畦纹组织。为区别于唐代以前汉魏六朝运用经线起花的传统"经锦"织法，称唐锦为"纬锦"。纬锦的优点是能织出复杂的装饰花纹和华丽的色彩效果。这幅《在石榴中的孩子》就是唐锦的典型代表。

专注的男腰鼓手

陕西西安咸阳晖冯墓浮雕。画中男子高74厘米，头戴黑色幞头，身着红色束袖袍服，脚穿圆头履。腰鼓置胸前，左手握槌，敲击鼓面，右手五指紧并，拍击鼓面，双腿分开前弓，上身前倾，目光前视，双唇紧闭。

情况紧急，庄宗决定东征。他先前答应过不杀王衍，但现在因为要东征，他怕西边的王衍得知消息后会生出异心重新反叛，便违背诺言下了一道诏书："诛衍一行。"

历史文化百科

〔胡贾〕

胡贾就是胡商，又称商胡、胡客、蕃商、蕃傜、海傜等。古时泛指进入内地经商的西北少数族、中亚和西亚，以及非洲东岸的各国人，还有阿拉伯和波斯人等。这些在内地生活的"胡人"，他们的饮食、服饰、家具等，都曾影响了中原的汉族。

冯道教明宗读《咏田家》

李嗣源看中节俭的冯道

李嗣源算得上是个节俭的皇帝，但面对他的得意，冯道还是说出了一番进一步体恤老百姓的大道理。

后唐明宗李嗣源是追随李克用起兵的沙陀武将，不识多少字，做了皇帝后，一应奏章都是让谋臣安重诲读给他听的。但安重诲出身北方武将之家，书也读得不多，对奏章的内容往往是一知半解。因此对李嗣源说："臣对当代事还粗略知道一些，对历史上的事则不很熟悉。能否仿效前朝，设置'侍讲'、'侍读'，和臣一起回答陛下的咨询？"李嗣源认为很有必要，便设置了端明殿学士。那么，谁来担任这个职务呢？李嗣源忽然想起一个人来，便问安重诲："先帝时有个冯道，现在干什么？"安重诲回答说是翰林学士。李嗣源立刻说："这个人我知道，可以做端明殿学士。"

冯道从小就喜欢读书，因为发奋努力，长大后成了博古通今的学者。但李嗣源之所以看中冯道，还不单单是看中他的学问。他对左右侍臣说："冯道

精美的五代瓷瓶
此瓷瓶为五代酒器，胡芦形盘圆口，束颈双耳，鼓腹，圈足未施釉，造型精美。

特别节俭，在德胜寨时，他只住一间茅屋，同底下人同吃一锅饭，同睡草铺。他父亲死后，他回家奔丧，就耕田打柴，与农夫相处在一起，一点不介意自己曾做官显贵。这才是真正的读书人呀！"原来李嗣源更看中冯道的品德。

这也不奇怪，因为李嗣源自己也算是个节俭的皇帝。他登基不久就杀了横征暴敛的孔谦，又减轻了老

唐代妇女的内衣——散乐女接腰
唐代女子喜穿"半露胸式裙装"，两肩、上胸及后背袒露，外披透明罗纱，姿态撩人。为了配合这种着装要求，内衣的质料和样式亦发生改变。质料挺括而略有弹性，手感厚实。穿时将胸下部的两根带子扎紧即可使胸上部分达到挺立的效果。

公元868年

世界大事记

阿拉伯埃及总督、突厥人将领艾哈迈德·伊本·图伦，占据埃及和叙利亚，拥兵自立，建立图伦王朝。

〔旧五代史·唐书·明宗纪〕
〔旧五代史·周书·冯道传〕

李嗣源　冯道
质朴　德政

人物　关键词　故事来源

韦应物《滁州西涧》诗意图（明·文徵明绘）

独怜幽草涧边生，上有黄鹂深树鸣。
春潮带雨晚来急，野渡无人舟自横。

百姓的不少负担。有一次广寿殿被火烧了，重修时有人提出用黄金装饰，李嗣源不同意，他说："殿烧了，不能不修，但恢复到原先那样就行了，不必太华丽。"由于节俭，在他统治时期，老百姓的日子比较好过。

历史文化百科

〔后唐、后周监狱管理状况的改善〕

后唐长兴二年（931），明宗下令在州府监狱设置病囚院，对有病的囚犯要给予治疗，并规定每隔五天，要派人为囚犯洗刷械具。病囚院的设置，在中国古代监狱史上具有重大意义。

后周时，太祖郭威曾一再下令州府加强监狱管理。他规定狱吏要经常洒扫牢狱，洗涤枷械，不要让狱中有跳蚤；要及时供应囚犯饮水饭食，不要让他们饥渴；囚犯如患病，要让他们的家人来照顾治疗，如无家属，则官府要给予治疗；周世宗继位，进一步将这些规定制度化，如在显德二年（955）规定，囚犯如无家人供应饭食的，由官府每日提供官米二升。由此，五代黑暗腐败的监狱状况开始有所改观。

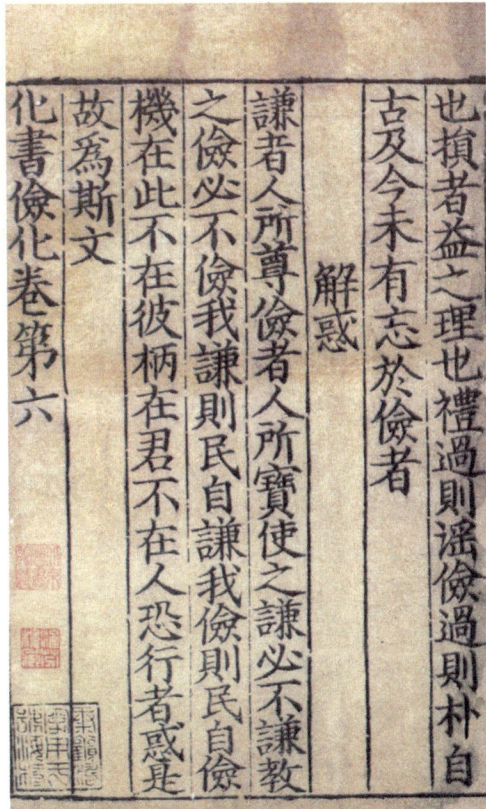

道教哲学史的重要著作——宋本《化书》书影

《化书》六卷，唐末五代谭峭撰。谭峭字景升，泉州（今属福建）人。幼读经史，属文清丽。其父训以进士业，而峭爱好黄老、诸子及《穆天子传》、《汉武帝内传》、《茅君列仙内传》等书，立志修道学仙。后辞父出游终南山、太白山、太行山、王屋山、嵩山、华山、泰山等名山而不复返。谭峭虽以学道自隐，但十分关心世道治乱，民生疾苦，因著《化书》。该书分道、术、德、仁、食、俭六化，共一百一十篇，结合道教理论与儒家思想，认为世界根源于"虚"，由虚化神，神化气，气化形，最终复归于虚，"虚"既是万物本源又是万物的归宿，虚与物是种循环转化的关系，识之就能进入"神可以不化，形可以不生"的永生境界。书中又用大量篇幅论述了社会演化，揭示动乱之因，并提出对策。该书为道教哲学史上的一部重要著作，在中国哲学史上也占有一定的地位。

061

冯道诉说农家的艰辛

一天，李嗣源和冯道说起连年丰收，颇有得意之色，冯道见状便说："我记得在先帝时，有一次出使中山，途经井陉，道路狭窄，我怕马失前蹄，拉住缰绳倍加小心，结果没有闪失；到了平坦大路后，不再担心，便信马由缰一路狂奔，结果竟从马上摔下，几乎受伤。看来，处于危险境地的人往往深谋远虑，因而得以保全，处于平安时往往因疏忽而发生祸患，这是人之常情。管理国家也是同样的道理。愿陛下不要因为太平丰收就奢侈铺张，还应兢兢业业才是。"李嗣源听了，连连点头，收起了脸上的得意之色。他又问："今年丰收，老百姓日子该过得富足了？"冯道叹口气说："粮食歉收，农民就会饿死；丰收了，粮价暴跌，农民同样会受害。不管丰收歉收都要受苦的，只有农家。我记起进士聂夷中在《咏田家》中写道：'二

清刻本《竹林寺三禅师女科三种》
浙江萧山的竹林寺自五代后晋建寺后，寺中就有善医女科病症的僧人，其后代代相传，闻名于世。然其有关女科的医学著作秘不外传，直到清代才开始有传抄的刊本面世，并被行业奉为经典。

韦庄《独鹤》诗意图（明·项圣谟绘）
夕阳滩上立裴回，红蓼风前雪翅开。
应为不知栖宿处，几回飞去又飞来。

月卖新丝，五月粜新谷；医得眼下疮，剜却心头肉。我愿君王心，化作光明烛；不照绮罗筵，偏照逃亡屋。'他说出了农家的艰辛。当君王的不能不了解这些。"李嗣源听后，觉得这首诗很好，让人把它抄录下来，以后便经常诵读。

李嗣源以后确实注意关心农民的利益和人民的甘苦。他曾下令放了专供皇帝打猎用的猎鹰，并下令以后不许再进贡。后世的人认为李嗣源是五代十国时期较少的几个"好皇帝"之一。其中的一个重要原因，是他身边有一个好老师。

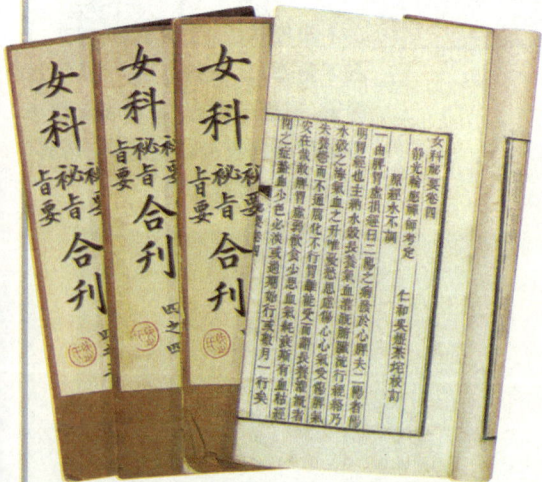

公元869年

世界大事记

阿拉伯巴士拉地区的黑奴，在阿拉伯人阿里·伊本·穆罕默德领导下举行起义，斗争十五年失败（—883）。

李从珂　杨思权　李从厚

狡诈　权术

《旧五代史·唐书·康义诚传》
《旧五代史·晋书·杨思权传》
《旧五代史·晋书·尹晖传》

人物　关键词　故事来源

〇—五

侯益有先见不愿带兵

后唐清泰元年二月，登基不久的李从厚听从大臣朱弘昭、冯赟等的建议，对高层军事将领进行大调防：把凤翔节度使、潞王李从珂调到河东替代石敬瑭；把石敬瑭调任成德节度使，替代范延光；范延光则被调往魏州任天雄节度使。这样重大的调动，朝廷也不发正式诏书，只派使节分别前往各军镇宣布。潞王李从珂本来就认为自己受朝廷猜忌，这样一来，更加疑虑，便不顾兵弱粮少，起兵反叛。他向邻近军

李从珂反叛称帝

李从珂反叛，前去平叛的朝廷军队反而投降了他。但他做了皇帝后，却无法履行先前的诺言，给官兵足够的赏赐。

镇求援，但那些军镇大多持观望态度，响应的只有一个陇州防御使相里金。

李从珂反叛的消息传到京城，朝廷派王思同率军讨伐，又派羽林都指挥使侯益随军任行营马步军都虞候。侯益推说有病，不肯接令，朱弘昭等人大怒，把他贬至距洛阳八百多里的商州做刺史。其实侯益倒是聪明人，他了解后唐的军队被朝廷纵容得骄横不法，贪得无厌，得

《敦煌壁画中的肉坊》（壁画）
这幅壁画反映了隋唐五代时的商业买卖情景。

《死刑图》（壁画）
敦煌壁画死刑图反映唐朝执行死刑的情景。

第二天再度攻城，凤翔城墙低壕沟浅，守城军装备又差，眼看要被攻破，李从珂见形势危急，便孤注一掷登上城楼，流着眼泪对讨伐军说："我还是孩童时就追随先帝东征西讨，出生入死，浑身上下到处都是刀疤枪伤，才建立今日的帝

不到好处便浮动思变。带这样的军队出征，势必难以控制。所以他推病不受。后来的事态发展，证明他果有先见之明。

平叛的军队阵前倒戈

王思同率军到达前线，集合其他军镇派出的军队，开始进攻凤翔城。第一天，城中守军伤亡惨重。

《五星二十八宿神形图》（唐·梁令瓒绘）（右图）
梁令瓒为唐代天文仪器制造家、画家，蜀（今四川）人。曾与一行共同创制"浑天铜仪"。工篆书，擅画人物。二十八宿图中每个星宿各作一图，或老人，或作女像，或作怪异形象。人物有骑牛，有执器物，面部特征也各有不同。用笔细劲委婉，粗细一致。衣褶、人体和兽身均采用晕染法，略有立体感。

历史文化百科

〔源于唐代的椅子〕

隋唐五代时，出现了高足的家具。其中尤其是绳床与椅子的出现，对后世影响很大。绳床类似现代的靠背椅，其中的一类发展成"倚床"，即"倚子"或"椅子"。椅子有木制、藤制、竹制多种，最初在寺庙中使用，后来普及到民间。从原来席地而坐改为坐高足椅，所以就出现了高足的桌子。

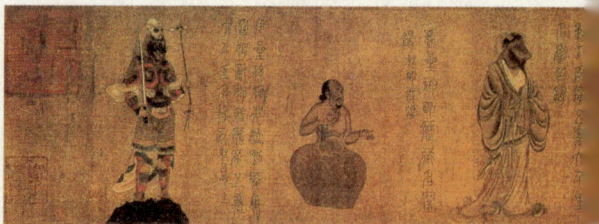

业。你们也曾是我的部下，亲眼看到过这一切。现在朝廷听信谗言，猜忌亲生骨肉，我犯何罪，竟要置我于死地？"他说着就放声痛哭起来，听的人也觉哀伤，攻势大大减缓。

可负责进攻西南城的节度使张虔钊一心想破城立功，硬逼士兵攀城。士兵大怒，调转矛头打起张虔钊来，张虔钊急忙逃走才幸免一死。有个军官叫杨思权的，本来就有归降李从珂的念头，见此情形，乘机大喊："我们拥护大相公。""大相公"就是指李从珂，因他虽是李嗣源的养子，但按年龄算还是长子，所以人称"大相公"。杨思权率领各军放下武器，从西门进入凤翔。他把一张纸递给李从珂说："大王攻克京城后，请让我当节度使。"李从珂便在纸上写"派杨思权当邠宁节度使。"交给杨思权保管。

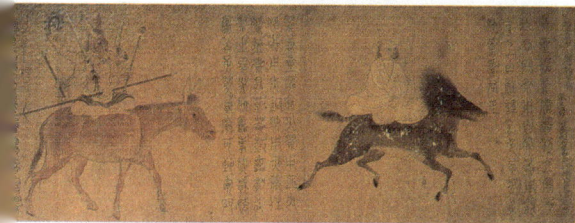

张继《华州夜宴庾侍御宅》诗意图（明·盛茂烨绘）
世故他年别，心期此夜同。
千峰孤烛外，片雨一更中。

讨伐军的元帅王思同，这时还不知道事情有变，仍督促士兵攻城。将领尹晖大声喊道："城西军已进城领赏去了。"官兵一听，纷纷解甲丢枪，全部投降了。到中午，讨伐军已完全崩溃，王思同见大势已去，只好只身逃亡。李从珂整顿军队向京城进发，他向士兵许愿，说攻入洛阳每人赏钱一百串。士兵阵前倒戈本是冲着钱来的，听说有好处，个个奋勇争先。

消息传到洛阳，朝廷大惊。李从厚只得再命康义诚率军讨伐。队伍出发前，李从厚掏尽国库，分发士兵作为赏赐，并许愿平定凤翔之乱后，每人加赏二百串，如果国库不够，定用宫里的衣物珍玩相抵。官兵得意忘形地边走边大呼小叫："到了凤翔，再领一份。"这些人一到前线，果然争先恐后地去向李从珂投降。康义诚身边最后只剩下几十个人，他也投降了。

弟子立像（右图）、普贤菩萨坐像（上图）（五代北汉）

在山西平遥县郝洞村的镇国寺内，有一座始建于五代的万佛殿，殿内宽大的佛坛上，塑有佛像十一尊，当中为如来，两侧有迦叶、阿难二弟子，向外有文殊、普贤二菩萨和胁侍、天王，佛前有供养菩萨两尊。这些塑像虽在明清两代几经妆銮，但五代风格依然如故。这幅佛像是中原地区除敦煌彩塑外仅见的五代雕塑。图为其中的迦叶弟子立像和普贤菩萨坐像。

新任皇帝赏钱不够

李从珂进入洛阳，取代李从厚当了皇帝。可到论功行赏时，发现国库里已经没有什么东西。他只得下令搜刮民财。官员用尽方法，几天下来只得到六万多串钱，可许愿需要赏赐的却要五十万。李从珂大怒，下令把缴不出钱的人统统关进监狱，日夜拷打威逼。监狱因此人满为患。被逼无奈的老百姓，有的上吊，有的投井，满城一片哭骂声。

最后，七拼八凑，连太后的衣服首饰都拿出来了，只凑了二十万，还不到所需总数的一半。李从珂一筹莫展。大学士李专美对他说："长期以来，官兵都被养娇了，一旦无法重赏，就不满、反叛。这就是陛下能够轻易夺得天下的原因。但是，就是有无穷无尽的财源，也无法满足骄兵悍将的贪欲。如今，国家的财力只有这些，只好全都拿出来平分，不一定非履行当初的诺言不可。"李从珂想，也只有这么办了。他于是下令给投降的官兵，从杨思权、尹晖起，最多的每人赏骏马两匹，骆驼一匹，钱七十串。依官阶递减，到士兵，赏钱只有每人二十串了。官兵自然不满，编出歌谣说："除去菩萨，扶立生铁。""菩萨"指李从厚，他性情温和，小字菩萨，"生铁"，指李从珂，他刚强严厉。贪得无厌的官兵有点后悔拥立"生铁"做皇帝了。

〇一六

逃亡途中遇亲人

李从厚继承父亲李嗣源的皇位不久，潞王李从珂就反叛朝廷。朝廷派出的讨伐军全都投降，手下的大臣，背叛的背叛，被杀的被杀。最后，李从厚只带着五十名骑兵逃出玄武门，准备渡黄河北上，暂时逃

石敬瑭见死不救

李从厚希望姐夫石敬瑭能带他恢复帝位，石敬瑭见他已山穷水尽，不愿做没把握的事危及自己的前途，遂见死不救。

往魏州。那天，天还没亮，李从厚一行逃到卫州（今河南卫辉市），在城东恰巧遇见来京朝见的石敬瑭。石敬瑭是李嗣源的女婿、李从厚的姐夫。李从厚在危难之中遇到他，真有绝处逢生之感，不由大喜过望。

石敬瑭见到李从厚却大吃一惊，忙问："听说康义诚率军西征，不知情况如何？陛下为何到了这里？"李从厚怆然回答说："康义诚也已叛变了。"下面的话不说，石敬瑭也明白：皇上是山穷水尽了。他低头沉思，连声长叹。李从厚催着向他讨教挽救时局的大计，他最后勉强说："卫州刺史王弘贽，是前朝老将，请允许我先去与他商量一下。"

建后晋的石敬瑭

后唐末年，明宗李嗣源的女婿、河东节度使、沙陀族人石敬瑭以晋王身份起兵晋阳，向契丹称臣，自称"儿皇帝"，割幽、蓟十六州给契丹。后唐清泰三年（936）十一月，石敬瑭在契丹人的扶持下即皇帝位，建立后晋政权。石敬瑭称帝后，又借契丹之力大破后唐军，将后唐灭亡，辽太宗耶律德光册其为大晋皇帝，国号晋。后晋天福七年（942），石敬瑭因病身亡。子石重贵即位，是为晋出帝。选自明刊本《三才图会》。

唐代乐舞壁画

唐代的乐舞图描绘了生动而复杂的唐代乐舞杂技形象，它既是杂技乐舞艺术研究的珍贵资料，也是中外文化交流的的实物见证。那种把幻术和柔术结合在一起的表演，正是中国杂技的特色。

石敬瑭不想共患难

石敬瑭于是去见王弘贽。王弘贽是很精明的人，他直截了当地说："以前逃亡的天子也很多，但他们都随身带有宰相百官、将领侍卫、国库钱财，还有国宝印信。有这四个条件，才会使手下臣服；现在他一无所有，仅五十名骑兵相随，还怎能恢复政权！你就有忠义之心，顾念近亲旧谊，又如之奈何？"石敬瑭觉得王弘贽说出了自己心里要说的话。他也觉得，帮助李从厚恢复权力已是完全没有把握的事。他不想做没有把握的事，于是回到卫州驿站，只把王弘贽的话告诉李从厚的随从、弓箭库使沙守荣等人；也不再提什么建设性的意见。

皇家侍卫奔弘进听了石敬瑭的话，很是气愤，站出来责问说："皇上是明宗的爱子，你是明宗的爱婿，富贵时共享富贵，忧患时也应该互助才对。现在天子逃亡在外，寄希望于你，你却想推卸责任，难道你想投降叛贼不成！"一旁的沙守荣抽出佩刀就要刺石敬瑭，石

《引路菩萨图》(唐·佚名)

此画发现于敦煌藏经洞。描绘菩萨为亡灵引路升天国的场面。上有"引路菩萨"题记。画面首有"引路菩萨"，后面跟随的女子为死者生前的形象，梳着典型的唐代妇女的发式。

敬瑭的卫士陈晖拔刀相护，两人厮杀起来，最后双双战死。奔弘进一气之下拔剑自刎。石敬瑭的部属刘知远带兵闯入，把李从厚的随从以及五十名骑兵统统杀死。只留下李从厚一个人，孤零零地站在那里不知所措。石敬瑭、刘知远等人直奔洛阳，投降李从珂去了。

> 历史文化百科

〔隋唐五代的雨具：油衣、油帽〕

隋唐五代的人出门要带雨具，其中最重要的雨具就是"油衣"。还有戴在头上的"油帽"。有时，也把这种遇到下雨穿的衣服，如现代人一样，称作"雨衣"。是用一种织得较紧密的薄绢，刷上油，待干后，用皂角水洗净，再上油，如此反复几次，直到用水试过不漏，才算制成。

五代十国表

朝廷	存在年代	在位国君	都城	结果
后梁	907—923	朱温、朱友珪、朱友贞	汴（今属河南）	为后唐所灭
后唐	923—936	李存勖、李嗣源、李从厚、李从珂	洛阳（今属河南）	为后晋所灭
后晋	936—946	石敬瑭、石重贵	大梁（河南开封）	为契丹所灭
后汉	947—951	刘知远、刘承祐	汴（河南开封）	为后周所灭
后周	951—960	郭威、柴荣、柴宗训	大梁（河南开封）	为北宋所灭
吴	902—937	杨行密、杨渥、杨隆演、杨溥	扬州（今属江苏）	为南唐所灭
吴越	907—978	钱镠、钱元瓘、钱佐、钱倧、钱俶	杭州（今属浙江）	为北宋所灭
前蜀	907—925	王建、王衍	成都（今属四川）	为后唐所灭
南唐	937—975	李昇、李璟、李煜	南京（今属江苏）	为北宋所灭
闽	909—945	王审知、王延翰、王鏻、王昶、王曦、王延政	长乐（今属福建）	为南唐所灭
楚	927—951	马殷、马希声、马希范、马希广、马希萼、马希崇	长沙（今属湖南）	为后唐所灭
南汉	917—971	刘龑、刘玢、刘晟、刘𬬮	广州（今属广东）	为北宋所灭
荆南（南平）	924—963	高季兴、高从诲、高保融、高保勖、高继冲	荆州（今属湖北）	为北宋所灭
后蜀	934—965	孟知祥、孟昶	成都（今属四川）	为北宋所灭
北汉	951—979	刘旻、刘钧、刘继恩、刘继元	太原（今属山西）	为北宋所灭

注：本表中前五个朝廷为五代，后十个朝廷为十国。

李从厚被杀

王弘贽把李从厚带到卫州府衙软禁起来，等候新皇帝处置。李从珂登上皇位后，派王弘贽的儿子王峦，带着毒酒去杀李从厚。李从厚问王峦的来意，他支支吾吾不肯回答。王弘贽却不断向李从厚敬酒。李从厚知道酒里有毒，怎么也不肯喝。王峦无法，只好干脆把他绞死。李从厚死时只有二十一岁。他的妻子和四个儿子，也一齐被李从珂斩首。后来石敬瑭做了后晋皇帝，才把李从厚等一起葬在徽陵。坟头据说只有数尺高，路过的人都为之感慨不已。

贾岛撰清康熙刻本《长江集》

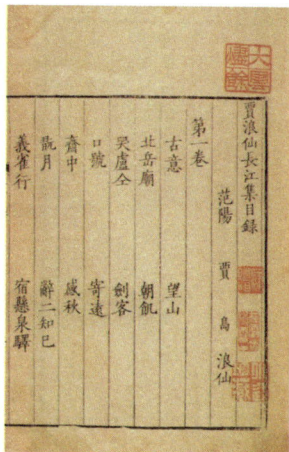

形如工艺品的盛茶滓渣斗

渣斗亦称唾盂，用来盛茶滓，常放在茶具间。以下的五代茶具，让我们了解了当时人的饮茶习惯。

○一七

"儿皇帝"石敬瑭

石敬瑭为了做皇帝，向契丹求援，把比自己年轻的耶律德光认作父亲，并割让十六州土地给契丹。

石敬瑭受猜疑

李从珂是李嗣源的养子，石敬瑭是李嗣源的女婿，但两人在李嗣源手下时却心存芥蒂，谁也不喜欢谁。李从珂夺得帝位后，命石敬瑭去做河东节度使，却又一直对他放心不下。有一次，朝廷赏赐石敬瑭军队夏季军服，并传达李从珂的诏书表示慰问，谁知官兵却向石敬瑭高呼万岁。石敬瑭十分恐慌，毅然将领头的将领李晖等三十六人斩首，向朝廷表示他并无二心。但这并没有消除李从珂的猜疑，因为李从珂自己是由兵变拥戴做皇帝的，深知官兵呼"万岁"意味着什么。石敬瑭在李从珂身边有内线，李从珂的一举一动，都有人传送消息给石敬瑭。得知李从珂猜疑日重，石敬瑭也加速另谋出路。他以补充军费为借口，派人把散在各处的财产都运往驻地晋阳。但表面上仍向朝廷表示谦恭，假惺惺地连上几个奏章，说自己健康欠佳，请求调任。

策划以割地称"儿"向契丹求援

谁知李从珂真的下了调石敬瑭离开晋阳的命令。这下石敬瑭慌了，以为李从珂要动手除掉他。左思

"制契丹、安天下"的桑维翰

桑维翰（898—947），字国侨，洛阳（今属河南）人。后唐同光三年（925）进士，为河阳节度使石敬瑭的掌书记。他曾亲自出使契丹，为石敬瑭篡唐说项，竟以割让燕云十六州、甘当儿皇帝为条件，来换取契丹对石敬瑭的支持。及石敬瑭称帝以后，任桑维翰为翰林学士、礼部侍郎、知枢密院事，又迁中书侍郎、同中书门下平章事，兼枢密使。天福四年（939），出为相州节度使，后又徙镇泰宁、晋昌。出帝即位后，欲与契丹绝盟，由是起用景延广，桑维翰主张结和，遂以"制契丹而安天下，非用维翰不可"说服出帝，拜为中书令，复为枢密使，封魏国公。桑维翰权势既盛，四方贿赂，岁积巨万，出帝忌之。开运三年（946），契丹军南下，为叛将张彦泽所杀。选自清刻本《历代画像传》。

陆龟蒙撰清刻本《重刊校正笠泽丛书》

陆龟蒙在进士考试落榜后，跟随湖州刺史张博游历，并成为张的助手。后来回到了故乡松江甫里（今江苏苏州东南甪直镇），过起了隐居生活，后人因此称他为"甫里先生"。在躬耕南亩、垂钓江湖的生活之余，他写下了许多诗、赋、杂著，并于乾符六年（879）卧病期间，自编《笠泽丛书》，其中有许多反映农事活动和农民生活的田家诗，如《放牛歌》、《刈麦歌》、《获稻歌》、《蚕赋》、《渔具》、《茶具》等佳作。

右想，觉得只有反叛一条路了，便征求大家的意见。大将刘知远说："大帅兵强马壮，又占据有利地形，如起兵反抗，号召全国，一定可成大业。"洛阳人桑维翰却说："我们离契丹部落最近，大王如能诚心诚意、委曲求全，与契丹国主取得联系，奉他为主，万一有事，早上求救，晚上援军就能抵达。还担心大业不成吗？"石敬瑭觉得桑维翰的主意最省力、也最保险。至于其他，就顾不上了。

石敬瑭反叛后，朝廷派张敬达等将领率军讨伐。石敬瑭便派密使从小路去向契丹求援。他令桑维翰起草给契丹国主耶律德光的奏章，提出要以儿子的身份事奉耶律德光。当时石敬瑭四十七岁，耶律德光只有三十七岁，年长的反认年轻的为父，简直是一大丑闻。石敬瑭还承诺事成之后，把幽、云十六州割让给契丹。条件如此优厚，连刘知远都觉得太过分了，劝说道："称臣已足够了，还要把耶律德光认作父亲，未免过分；用大量金银绸缎也足以吸引契丹出兵支援

华丽绚烂、庄严典雅的唐乐舞（局部）（上图）

了，何必再许诺割让土地！"石敬瑭哪里肯听。奏章送到契丹，耶律德光大喜，得到中原土地，正是他多年的梦想，现在，居然送上门来了。于是，高高兴兴接见石敬瑭的使节，答应到秋天草长马肥时出兵南下。

耶律德光帮助石敬瑭做了皇帝

到了秋天，耶律德光果然率五万大军，南下援救石敬瑭。那时，石敬瑭在后唐大军包围下，已经快要支持不住了。契丹军队不仅为石敬瑭解了围，反过来把后唐军包围起来。

《引路菩萨图》（五代·佚名）（左页图）

此幅设色绢本画出自五代民间画家之手，描绘了一位菩萨正在引导一个信徒的灵魂升向净土世界，画面上部三排小型宫殿便是象征净土天堂。

蔽面的"幂䍠"（右图）

"蔽面"就是用巾帕遮盖住妇女的脸面。早在周代，中国社会已存在这种风俗。隋唐妇女外出时也有蔽面之习，但所用巾帕较汉魏时大，不仅可以遮住脸面，还可以障蔽身体。由于不仅限于"蔽面"，所以不再称面衣，而称"幂"。"䍠"本来是西域的一种服饰，不分男女均可用，其目的是为了遮挡路上扬起的尘埃。传到中原，用作骑马出行之服，不过一般专用于妇女。此图中的一个妇女左手高举，正在脱卸蒙在头上的面幂。这种面幂用黑色布帛制成，长度大约至胸际，左右两边各缀一根飘带，飘带下垂至腰间。在脸面部开有一个圆形小孔，正好露出人的眼鼻，其余部分则被全部遮蔽。

这年十一月，耶律德光对石敬瑭说："我看你的相貌气度和见识胆量，确实是中原的领袖。我打算封你做皇帝。"石敬瑭不禁心花怒放，盼望多年的事终于来到眼前。假意谦虚推让一番，便半推半就地接受下来。耶律德光即时发布封石敬瑭做大晋皇帝的文书，然后，在驻地柳林筑起高台，为石敬瑭举行登基仪式。他脱下自己的衣冠袍服，要石敬瑭穿戴起来。石敬瑭就穿着一身契丹人的服装，当起了儿皇帝，就是史书上的后晋高祖。接着，石敬瑭履行诺言，割让幽、蓟等十六州给契丹，并许诺每年向契丹进贡绸缎三十万匹。

> **历史文化百科**

〔幽云十六州〕

幽（又称燕）云十六州指幽、蓟、瀛、莫、涿、檀、顺、新、妫、儒、武、云、应、寰、蔚、朔等州。后晋皇帝石敬瑭把它们割让给契丹后，长城从此失去北屏外敌作用。从后晋与契丹的新边界到大梁（今河南开封），八百公里之间，只是一望无际的平原，无险可守。自此以后，中原王朝（直至宋）在与契丹的争斗中，地理形势上就始终处于不利的地位。

石敬瑭靠割让国土，损害民族利益，出卖灵魂圆了自己的皇帝梦，却把自己永远钉在了历史的耻辱柱上。

赵德钧也想依靠契丹称帝

契丹皇帝耶律德光率军南下，为石敬瑭解围，把后唐五万大军包围在晋安寨。后唐幽州节度使、北平王赵德钧主动向李从珂提出要去援救晋安寨。其实援救是假，赵德钧的真正用心，是想利用天下大乱的机会夺取中原，建国称帝。得到批准后，赵德钧率军西征。他不急着去救晋安寨，而是一路吞并其他军队，壮大自己的力量。后又在潞州与儿子赵延寿的军队会合。赵延寿娶后唐明宗的女儿为妻，官至枢密使，他已于早些日子率二万人马到了潞州。赵德钧还想吞并范延光的军队，便滞留潞州等待时机。朝廷再三下诏催促，他才不得不率军进驻团柏谷谷口（今山西祁县东南），离晋安寨约一百多里。

这时，耶律德光已扶持石敬瑭当了儿皇帝。他对后唐军仍怀有很大戒心，所以大军虽然驻扎在柳林（今山西太原东南），但把远征军的辎重都留在虎北口，每天傍晚全军收拾行装，一旦有

体现以肥为美的唐墓壁画仕女图
唐代是中国历史上经济文化发展的鼎盛时期。唐墓壁画仕女图不仅使我们了解唐代绘画艺术，而且了解当时生活情趣与审美观念，仕女体态丰盈，面部丰满圆润，神态静穆，体现了唐代以肥为美的审美特征。壁画色彩艳丽，熟练流畅，体现了唐代乐观自信的时代风尚。

辱身求荣

赵德钧手握重兵，却只想实现野心称帝，结果竟争不过石敬瑭，又打不过契丹和石敬瑭的联军，只有投降了事。

情况即可行动。而赵德钧兵屯团柏谷，按兵不动，也想依靠契丹力量夺取中原称帝，便写了一封密函，派使节带着大批金银绸缎送给耶律德光。信中说如果能封他做皇帝，他就南下扫平洛阳，然后与契丹结成兄弟之邦。同时许诺他称帝后，石敬瑭仍可永远镇守河东。耶律德光正担忧晋安寨还未攻下，赵德钧兵力甚强，范延光又陈兵东面，生怕他们联合行动，并掐断他的退路。所以赵德钧的请求来得正是时候，耶律德光打算接受了。

桑维翰向耶律德光哭诉请求

石敬瑭得知消息大为恐慌，赶紧派桑维翰去见耶律德光。桑维翰见了耶律德光，先是奉承吹捧耶律德光，说契丹一出兵，只打一仗唐兵就瓦解了，眼看大功告成，千万要一鼓作气。然后，他一面诋毁赵德钧，说赵氏父子是不忠不信之人，一向又有野心，如今按兵不动观察变化，是想利用契丹为自己谋利；一面又再次表示忠心，说一旦晋国得到天下，必将竭尽全国的财富，事奉契丹。桑维翰甚至跪在耶律德光的帐幕前，从早到晚，哭哭啼啼。或许是因为耶律德光舍不得石敬瑭割让的那十六州土地，他最后终于被桑维翰说动了心，他把

《旧五代史·晋书·赵德钧传》
《资治通鉴·后晋高祖天福元年》

赵德钧
石敬瑭
桑维翰

愚蠢
谄媚

人物　关键词　故事来源

钱起《山斋独坐喜玄上人夕至》诗意图（明·李流芳绘）

舍下虎溪径，烟霞入暝开。
柴门兼竹静，山月与僧来。
心莹红莲水，言忘绿茗杯。
前峰曙更好，斜汉欲西回。

赵德钧的使者请来，指着帐前的一块石头对他说："我已答应石敬瑭，除非这石头烂掉才可改变。"就这样，桑维翰为石敬瑭保住了"儿皇帝"的地位。后来耶律德光对石敬瑭说："桑维翰是你创业的功臣，千万不能亏待他。"

赵氏父子的希望落空了。契丹和石敬瑭的联军进攻团柏谷，赵氏父子兵败投降。石敬瑭和耶律德光抵达潞州时，赵氏父子在石敬瑭马前叩头，问候说："别来一向平安？"石敬瑭在马上不理不睬，这是因为赵德钧差一点把他儿皇帝的位子抢去。其实在这出卖身求荣的竞争丑剧中，无论是失败者还是胜利者，同样都是可耻的。

> **历史文化百科**

〔照袋——隋唐五代的旅行袋〕

隋唐五代时期的出门旅行者，常带着用马皮做成的"照袋"，类似于今天的旅行袋。照袋是四四方方的，有盖有襻，里面放着巾、箆等日用所需之物，还有必备的药品、笔砚、笺纸等文房四宝。用途与照袋差不多的还有一种方便囊，是用较厚重的锦缎做成的。

《万壑松风图》（五代·巨然绘）

《万壑松风图》，五代巨然绘。此图画层层山峦之中云烟掩映，有瀑布飞流直下，通过山阁汇成溪流，山间松林稠密，峰巅隐约可见寺塔。溪上有一板桥，桥旁建一水榭，中有高士闲坐。观此画，仿佛有爽气从中溢出。

残暴将军张彦泽

残暴将军害死张式

石敬瑭只要保住自己的"儿皇帝"，肆意包庇凶狠残暴的张彦泽，并不顾手下官员与百姓的死活。

后晋彰义节度使张彦泽，残暴得没有人性。他的亲生儿子被他毒打得逃了出去，抓回来后张彦泽竟然要把他杀掉。张彦泽手下有个掌书记叫张式的，同宗同族，平时很得信任，他劝张彦泽不要任性，谁知这下触怒了张彦泽，顿时翻脸不认人，操起弓箭就要射死张式。张式见他如此喜怒无常，便借口生病带着妻子逃走了。张彦泽派人去追，说："张式不听话就把他杀了，将人头带回来给我。"原来张彦泽还是个好色之徒，他听人说张式的妻子很美，便想害死张式，抢夺他的妻子。张式逃到邠州。邠州节度使把张式的事奏报朝廷，石敬瑭下诏把张式贬逐到商州。张彦泽并不就此罢休，他派行军司马郑元昭到朝廷去索要张式。郑元昭警告石敬瑭说："张彦泽如果要不到张式，恐怕会有难以预测的后果。"意思是说张彦泽或许就此造反。石敬瑭不得已下诏

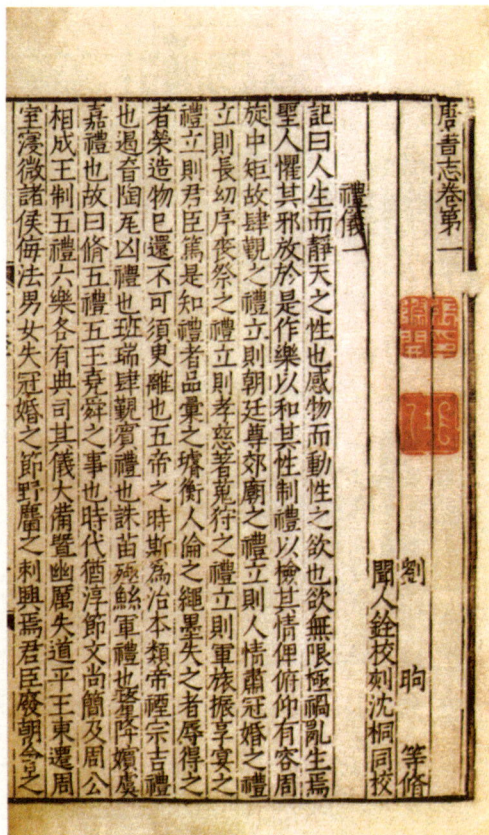

明嘉靖本《旧唐书》

《旧唐书》二百卷，五代后晋刘昫等修撰，是现存最早的系统记录唐代历史的一部史籍。原名《唐书》，宋代欧阳修、宋祁等编写的《新唐书》问世后改称《旧唐书》。后晋高祖天福六年（941），石敬瑭命修唐史，由当时的宰相赵莹负责监修。赵莹立即组成修纂班子，以后的宰相桑维翰、刘昫也相继担任监修。至出帝开运二年（945），全书修成，历时仅四年多。全书包括本纪二十卷，志三十卷，列传一百五十卷。因成书时正好是刘昫监修，所以题"刘昫撰"。《旧唐书》的作者去唐不远，有条件接触到大量的唐代史料，所以能在短短的四年多时间里完成编修。但由于成书仓促，所以对于唐代晚期史事的记述，仍显得粗糙，在材料的占有与剪裁、体例的完整、文字的简洁等方面，都存在不少缺点，以致在《新唐书》行世后，《旧唐书》在很长一段时间里几乎被人们遗忘。

> ### 历史文化百科
>
> **〔纸制品的广泛使用〕**
>
> 隋唐五代造纸术进一步发展，造纸成本大大降低，造纸业遍及南北各地，制品广泛用于民间日常生活。如唐朝中期已用纸糊灯笼，用纸记马料收支账，记过账的纸又用来糊纸棺、做纸钱等用于丧葬。当然，用纸来包装物品就更多了。阿斯塔那唐墓中，出土了用白麻纸包裹的中药药丸"萎蕤丸"，纸上还写有"每空腹服十五丸"等字。

世界大事记　英吉利王阿尔弗雷德前一年战胜丹麦人。这年，与丹麦人订立条约，把英格兰东部划分给丹麦人移居。

《新五代史·杂传：张彦泽》
《旧五代史·张晋书：张彦泽传》

冤狱　残忍　恶行

张彦泽　石敬瑭

人物　关键词　故事来源

交出张式。张式被押送回去，张彦泽派人用刀挖开张式的嘴，砍断四肢，又剖开胸膛取出心脏，把他的妻子据为己有。

石敬瑭包庇张彦泽

第二年，张式的父亲张铎进京为儿子伸冤。朝中同时有人历数张彦泽横行不法、惨无人道的事，说老百姓因害怕他的暴政，背井离乡、流离失所的达五千多户。石敬瑭一来因张彦泽曾立有战功，二来因张彦泽与握有重兵的杨光远是亲戚，怕处置了张彦泽，会

唐代贵族服饰"半臂"衫

半臂，又称"半袖"，是一种从短襦中脱胎出来的短袖类的便服，汉魏时称"半袖"，唐宋时称"半臂"。一般为短袖、对襟，衣长与腰齐，并在胸前结带。半臂的下摆，可显现在外，也可以像短襦那样束在里面。唐代制作半臂衫，主要采用织锦，当时的扬州把为半臂衫专门织造的锦作为贡品。

山西五台南禅寺正殿

南禅寺位于山西省五台县城西南二十二公里处的阳白乡李家庄附近，其正殿建于唐建中三年 (782)，是我国现存最早的木结构建筑，具有我国唐代建筑的显著特点。主殿内，梁架由立柱支撑，柱上安有雄健的斗拱承托屋檐。一眼望去，许多曲折形斗拱层层叠架，层层伸出，出檐深远高大，气势磅礴。大殿内没有立柱，梁架结构简练，举折平缓，是明显的唐代建筑风格。

引起杨光远不满，所以不闻不问。大臣郑受益上奏说："张彦泽如此凶狠残暴，陛下连一句责备的话都没有，这是善恶不分，赏罚不明。外面都传说陛下收了张彦泽一百匹马的贿赂，臣为陛下因张彦泽而得此恶名，实在感到惋惜。"石敬瑭听后，仍然若无其事，不置可否。

刑部郎中李涛对石敬瑭的态度很是不满，联合其他一些大臣一起上疏，坚决要求把张彦泽治罪。石敬瑭见已引起众怒，不得已才颁下诏书将张彦泽官位降一阶，爵位降一级。为了平息事端，又将张式的父亲和子弟任命为官。李涛认为对张彦泽的处罚太轻，又去见石敬瑭，要求把张彦泽交付有关衙门依法治罪。石敬瑭反而怪他不该揪住不放，再也不理李涛。过了些日子，居然又把张彦泽封为左龙武大将军。

不求禄仕的大学者陈抟

陈抟（871—989），字图南，亳州真源（今安徽亳州）人，一说西蜀崇龛（今四川安岳）人。少年勤奋好学，长大后读经史百家之言，一见成诵，悉无遗忘。后唐长兴中，陈抟举进士不第，遂不求禄仕，以山水为乐，过着隐居的生活。先在武当山九室岩，服气辟谷二十余年，后移居华山云观台。周世宗闻其名，召见命为谏议大夫，他辞而不受。北宋太平兴国时，太宗待之甚厚，曾三次派遣使者前往华山宣诏进京，并赐号"希夷先生"。陈抟一生于《老》《易》皆有建树，常自号"扶摇子"，以传《易》而闻名，宋人易图（包括龙图、太极图、无极图等）多传自陈抟。选自清刻本《历代画像传》。

残暴将军仍无好下场

　　到后晋出帝石重贵时，张彦泽投降了契丹。耶律德光攻下后晋京城，派张彦泽先行入城。张彦泽就带兵迫使石重贵迁出皇宫，又纵容手下军士在京城大肆抢掠。他自以为有功，日夜饮酒无度，甚至把皇子延煦的母亲、楚国夫人丁氏也抢来作乐，把与自己有仇的人尽行杀死。耶律德光进城后得知这些情况，十分恼怒，立即把张彦泽关进牢房。文武百官与老百姓都认为他罪不可恕。耶律德光于是下令将张彦泽处死。押赴刑场时，从前被张彦泽杀害的士大夫的子弟，手举木棒手杖，跟在后面边骂边打，张死后，他的尸体都被愤怒的百姓捣烂了。

钱起《题郎士元半日吴村别业兼呈李长官》诗意图
（明·王建章绘）

半日吴村带晚霞，闲门高柳乱飞鸦。
横云岭外千重树，流水声中一两家。

公元882年

<u>公 元 8 8 2 年</u>

世界大事记　诺夫哥罗德的摄政奥列格征服基辅，并以基辅城为首府，建立基辅罗斯公国。

〇二〇

机不可失　时不再来

安重荣　石敬瑭

怯懦　盲动

《新五代史·杂传·安重荣》
《旧五代史·晋书·桑维翰传》

人物　典故　关键词　故事来源

暴虐而又野心勃勃的安重荣

后晋成德节度使安重荣，是个行伍出身的武夫，性情粗鲁莽撞。他是个十足暴虐的统治者，曾怒杀部下贾章，贾章一家三十口有二十八口死于战乱，仅剩下一个年幼的女儿，既然救不了父亲，又不忍心一个人活着，遂再三请死，也被安重荣一起杀死。百姓无不诟骂安重荣的残暴，赞叹贾女的刚烈。

安重荣又野心勃勃，他见李从珂、石敬瑭都由藩镇节度使爬上皇帝宝座，便常对人说："现今的帝王，只要兵强马壮，谁不能做！"石敬瑭派他去接替秘琼的职位时，怕出意外，一再告诫他小心从事。安重荣由此认为石敬瑭怯懦，更不把这个皇帝放在眼里了，一心只想哪一天也起兵打进宫去，做几天皇帝过过瘾！因此，他招兵买马，集合亡命之徒，壮大自己力量，准备有朝一日起兵反叛。

安重荣给石敬瑭出难题

当时怀有称王称帝野心的岂止安重荣一个。安重荣比别

未圆的天子梦

安重荣指责石敬瑭对契丹卑躬屈膝，但他的目的并非向辽国雪耻，而是要取而代之做皇帝。

人更胜一筹的是，他表面是反对石敬瑭对辽国卑躬屈膝，因此颇能煽动人心。安重荣自恃作战勇敢，也确实讨厌对辽称臣，认为这是耻辱。所以他每次见到辽国的使者，都摆出一副傲慢的架势。他还不断向辽国借机寻衅，诸如扣押辽国的使节，派骑兵去抢掠已割让给辽的幽州等地等等，弄得辽国经常向石敬瑭大兴问罪之师。

这还不算，安重荣又向石敬瑭上了一道长达数千言的奏章，指责石敬瑭奉辽国皇帝为父，向贪得无厌的夷狄献媚；说辽国野心不死，正要大举南下侵犯中原，因此自己愿意集结十万人马，与朝廷一起和辽国决一雌雄；还说现在是千载难逢的良机，千万不能错过等。他还把同样内容的信分

"钿钗礼衣"——对襟大袖衫

盛唐以后，胡服的影响日渐弱化，女服的样式日趋宽大。到了中晚唐时期，这种特点更加明显，一般妇女的服装，袖宽往往在四尺以上。画像砖上的女子身着的宽袖对襟衫是中晚唐之际的贵族礼服，款式为对襟、宽袖，三件为一套，一般多在朝参、礼见及出嫁等重要场合穿着。穿着这种礼服，发上还应有金翠花钿，所以又称"钿钗礼衣"。贵族妇女以发髻上所插金翠花钗的多少来区分地位的高低。

佛光寺大殿雕塑（山西五台山）

佛光寺位于五台县城东北三十二公里的佛光新村山腰，是佛教圣地五台山中最著名的寺院之一，始建于北魏孝文帝（471—499）时，现存的大佛殿为唐宣宗大中十一年（857）重建。大殿面积677平方米，外观简朴，门、窗、墙壁、斗拱、柱、额等全部由朱色涂染。大殿顶部斗拱肥硕，结构精巧。殿内的佛坛宽达五间，坛上满布唐代佛像三十五尊。这些唐代佛像面目丰满圆润，身体比例适度，四肢塑造或伸或展，动作自如，衣纹流畅合身，线条精美别致。大殿的结构和佛像都显示了典型的唐代风格。

送给朝廷的重要官员以及其他藩镇的节度使。其实，安重荣的目标并不是辽国，而是身为皇帝的石敬瑭。他暗中派人与幽州统帅刘晞以及山南东道节度使安从进联系，打算互相呼应，一起反叛朝廷，谋取天下。

卑躬屈膝的无耻理由

石敬瑭对契丹卑躬屈膝，中原人民对此深以为耻，十分不满。因此安重荣的上书无疑给石敬瑭出了一个大难题，他不知如何是好。桑维翰当时任泰宁节度使，得到消息，又忙写信给石敬瑭出谋划策，举了七条目前不能与契丹开仗的理由，其中最主要的一条

是，如果开仗，功臣将相和藩镇节度使将会更加骄横，乘机提出种种要求，朝廷将难以控制他们。这话说到石敬瑭心里去了。于是，他听从桑维翰的建议，

一面去军事要地邺都视察，积极作军事准备；一面下诏给安重荣说："我是靠契丹创下基业的，你则靠我而有了富贵，我不敢忘，你倒忘了？而今，我统御全国，还向辽国称臣，你只有一个军镇的力量，倒要与辽国抗击，岂非不自量力！"石敬瑭大大地失算了。安重荣看了这番不知羞耻的说法，不仅不心服，反而更瞧不起石敬瑭，加大了反叛的决心。

安重荣反叛失败

后晋天福六年（941），安重荣得知安从进已经起兵进攻后晋军队，便也立即起事。石敬瑭派天平节度使杜重威率军讨伐。杜重威和安重荣在宗城（今河北威县东）西南摆开战场，开始不分胜败，后来杜重威接受部将王重胤的建议，派勇士去攻击安重荣的左右

唐代百姓穿的麻鞋
古代的穿鞋制度非常严格，只有贵族才可穿华丽的绸缎鞋、绣花鞋、皮革鞋，而平民和奴隶只能穿草鞋、麻鞋或粗布鞋，甚至赤足。这是1973年新疆吐鲁番阿斯塔那唐墓出土的带有鞋带的麻鞋，长28.5厘米，编织精细。

>历史文化百科<

〔行会的出现〕
隋唐五代时，随着商品经济的发展，城市里兴起了行会组织。这些行会有肉行、铁行、面行、米行、药行、香行、磨行、油行、炭行、果子行等，有的同一行业内，还有不同的行会，如纺织业中，就有彩帛行、丝绢行、大绢行、小绢行等。行会有行头、行首等，负责规范与监督本行"行人"的交易行为，维护合法交易秩序。

韩愈《华山女》诗意图（明·佚名）
华山女儿家奉道，欲驱异教归仙灵。
洗妆拭面着冠帔，白咽红颊长眉青。

两翼，自己则率主力直冲中军。一场激战，安重荣的军队果然大败，士兵和被纠集来的百姓被杀、被冻死的不下四万多人。安重荣被活捉后斩首，人头送到石敬瑭那里，石敬瑭命刷上油漆，装在木匣里，送到辽国去。因为辽国曾因使节被安重荣所杀而前来问罪，现在总算有了个交代。

就这样，安重荣虽然有"帝王宁有种乎"的大话，却终于没有圆上天子梦。

〇二一

"十万横磨剑"何在

石重贵登基

后晋天福七年（942），辽国责备后晋收容逃亡的吐谷浑部落，石敬瑭不知怎样才能使辽国满意，竟然忧虑成病，不到一个月便一命呜呼。宰相冯道与侍卫马步都虞候景延广商议，没有立石敬瑭的幼子继位，而是拥立石敬瑭哥哥石敬儒的儿子、齐王石重贵为后晋皇帝，他就是后晋出帝。因拥立有功景延广做了宰相。

景延广坚持不向辽国称臣

石重贵登基后，自然要向辽国皇帝耶律德光通报。在如何署名的问题上，大臣之间产生了分歧，景延广建议称"孙"不称"臣"。因为称"孙"，只表明石重贵与辽国皇帝的个人关系，称"臣"则表示整个国家都成了辽的附属国。大臣李崧反对，认为为社

景延广坚持不向辽国称臣，维护晋的尊严，是有道理的，但他并没有准备"十万横磨剑"来对付辽国发动的进攻。

稷委曲求全不算羞耻，否则辽国兴师问罪，后悔莫及。冯道则模棱两可。

最后，石重贵接受了景延广的意见，派人去向辽国送信。耶律德光接信大为不满，派人前来斥责，并责问为什么不先禀报就擅自继位。石重贵让景延广处理此事，景延广写了封

佛塔建筑的罕见杰作：九塔寺九顶塔（山东济南）

九顶塔位于山东省济南市历城区柳埠村东南九塔寺内，建于唐代，高13.3米，平面为等边八角形，塔檐叠涩向外挑出17层，檐上又叠涩收进16层，呈凹形曲线，异常柔和。主塔檐上端各角筑小方塔四座，高2.84米。在八座小塔的中央筑有中心小塔一座，高5.33米，九顶塔因之而得名。九顶塔因造型优美、构思奇特，成为中国古佛塔建筑中罕见的杰作。

美丽典雅的绢画仕女图
新疆阿斯塔那墓室顶上绢质的几幅残破而艺术性极高的绢画仕女图，描绘了一些在花园中游乐的美女，仕女脸形长圆，发束双鬟，神态文静高雅，端庄凝重。中国美术到盛唐号称极盛，这些残存的绘画虽然只是残片，仍然不失为世间绘画的范本。

公元885年

世界大事记

圣马力诺隐修院形成。（后来该隐修院形成圣马力诺城和圣马力诺共和国）

景延广 石重贵

盥动 尊严

《新五代史·晋臣传·景延广》
《旧五代史·晋书·景延广传》

人物 关键词 故事来源

人首鱼身像（五代南唐）

此件人首鱼身像于1950年出土于江苏江宁祖堂山的李昇陵中。在原始宗教与原始图腾中，人与鱼、蛇有密切关系，认为人由蛇精、鱼精演化而来，因而古代多见人首鱼身，人首蛇身的艺术形象，另《山海经·海内东经》亦记载："陵鱼，人面、手足、鱼身，在海中。"南唐帝陵中大量出土这类陶俑，可能是原始宗教观念在当时的遗风。

措词傲慢的回信，耶律德光当然更生气了。先前投降契丹的赵延寿早就想取代后晋做中原皇帝，便乘机怂恿耶律德光兴兵攻伐后晋。

景延广坚持对辽持强硬态度，打算以此巩固自己的地位。先前，赵延寿的部属，河阳牙将乔荣归降辽后，被派为回图使，来往于辽、晋之间，负责两国贸易。乔荣在都城置有房产，并藏有不少财物。景延广听说后，就说服石重贵，以为虎作伥的罪名将乔荣投入监狱，而将乔荣宅中的财物据为己有。不仅如此，景延广还鼓动石重贵下令捕杀辽国商人，没收他们的财产。

景延广的所作所为引起其他大臣的非议，纷纷表示反对。石重贵这才把乔荣释放出狱，加以安抚，送回辽国。临行前，乔荣去向景延广告别，景延广

唐代黄绢

汉唐时期，中国桑蚕业进入成熟发展阶段。丝织品种类繁多，区分极细。帛是一切丝织品的总称（汉代时又称为缯），以下又分绢、纱罗、绫绸、缎、锦等五大类。其中绢是用桑蚕丝织成的平纹或重平组织的色织或半色织花素织物，经纬一般加弱拈，质地较缎、锦薄而坚韧，细洁光滑，纨为更细密的绢，缣为双丝细绢，缟是未经染色的绢，练是白绢，绨是无花纹的丝织品，缬是有花纹的丝织品。

历史文化百科

〔炼丹术的意外收获〕

人类最早使用的火药是黑火药，中国早在一千多年前（最迟到唐宪宗元和三年，即公元808年）就发明了这种火药。火药的发明与炼丹术有关。古代的炼丹方士们为了寻求所谓的"长生药"，在长期冶炼金属的实践中，发现把木炭、硝石和硫磺混合在一起，稍不小心就会着火燃烧。人们把这种容易着火的药，叫做火药。其实，早在唐初，医学家孙思邈著的《丹经》一书中，就记载了一种配制火药的方法，称"化硫磺法"。这是现在发现的最早一个有文字记载的火药配方。

唐末五代，火药开始用于军事。但开始广泛地利用火药制造火器，则要到宋、元两代。

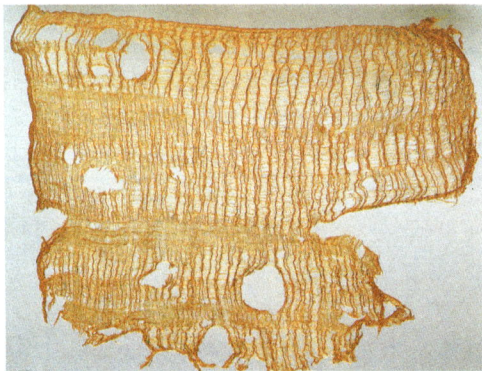

唐代的梨（仿制品）

唐代的河东绛州、河中府一带（今山西南部）出产上等好梨，经常作为朝廷贡品，而真定所产的一种紫花梨，唐时也作为贡品上献皇帝，据说这种梨还曾用于治疗唐武宗的心热之疾。

依然态度傲慢地对他说："回去告诉你的主子，先帝是辽国拥立的，所以向辽国称臣。当今皇帝是中国自己拥立的，之所以还向辽国通报，是不敢忘记先帝盟约的缘故。作为邻国，没有称'臣'的道理。辽国皇帝不要听信赵延寿的话轻举妄动，中国的军队你已亲眼看见，十万横磨剑已做好准备，当今皇帝已向辽国皇帝称'孙'，如果爷爷一意孤行，到头来被孙儿打败，让天下人耻笑，且莫后悔！"乔荣回去如实向耶律德光禀报。耶律德光怒火中烧，下定决心要进攻后晋。

靠空话没法维护尊严

景延广坚持不向辽国称臣，维护晋的尊严，不能说不对，问题是他只说言过其实的空话，并没有准备什么"十万横磨剑"。况且当时后晋国内状况很不好，石重贵生活奢侈，沉溺于享乐游玩；大臣和地方官大肆搜刮民脂民膏，百姓多有怨言。这种情形如何经得起辽国的军事进攻？因此辽国大军一到，后晋立刻恐慌万状。石重贵责怪景延广，把他赶到洛阳去做留守。景延广眼看国力不振，冷静下来才意识到国破家亡的危险，但他此时已没有救国的良策，只是整日借酒浇愁。

开运三年（946），后晋果然被辽国所灭。景延广被俘，他被押去见耶律德光。耶律德光问他道："你的

卢仝《卓女怨》诗意图（明·佚名）
姜本怀春女，春愁不自任。
迷魂随凤客，娇思入琴心。

'十万横磨剑'呢？"事到如今，景延广还有什么话说，只能跪下来用脸贴着地面，自称犯下大罪，请求处死。耶律德光下令把他押送北方。景延广自知辽国不会放过自己，留宿陈桥镇时趁着看守不备，自扼咽喉气绝身亡。

公元 887 年

世界大事记
法、德、意等地的诸侯在特累布尔集会，废黜皇帝"肥人"查理，加洛林帝国最终土崩瓦解。

赵延寿
耶律德光

人物

谋略
权术

关键词

《旧五代史·晋书·赵德钧传》
《旧五代史·晋书·赵延寿传》

故事来源

耶律德光要杀降

耶律德光出兵攻打后晋，后晋大将杜重威在中度桥投降辽国，军队全部被缴了械。耶律德光把收缴的武器存放在恒州，把几万匹战马送回辽国，然后命令杜重威率赤手空拳的后晋降军随他一起南下。走到黄河，耶律德光心想：这么多降兵降将弄不好会发生叛变，不如用骑兵把他们逼到河里淹死算了。有人劝他说这样不妥，因为尚未投降的后晋军队还有不少，如果他们得到消息，定会死命抵抗。耶律德光这才暂时打消念头，命令杜重威率军驻扎在陈桥听候处置。当时恰遇连日大雪，又

赵延寿的恻隐之心

赵延寿一心想靠辽的力量做个奴才皇帝，想留着陈桥的降军为自己所用，因此他说服耶律德光打消了屠杀的念头。

无粮食补给，降军官兵又冷又饿，无不怨恨杜重威。

赵延寿献计

耶律德光总觉得留着那些降军是个隐患，仍然准备要杀掉他们。这事被赵延寿知道了，他一直想取代后晋当中原的皇帝，心想留着这些兵或许将来对自己有用。经过一番深思熟虑，他跑去见耶律德光，先是故意问道："皇帝攻取晋国，是打算自己占领呢？还是让给别人？"耶律德光一听，怎么叫我让给别人？不由脸色大变，十分严肃地回答说："我五年身不解甲，好不容易取得胜利，怎么会让给别人？"赵延寿就向耶律德光指出，晋国的疆域长达数千里，日常总要有军队戍守；否则的话，南方的唐（南唐）、西面的蜀（后蜀），就会联合起来乘虚而入；但南方的气候潮湿闷热，不适合辽国军民居住，辽国兵是不可能留下守卫的，"这样一来，皇帝五年努力岂不是为别人辛苦吗？"一番话说得耶律德光恍然大悟，说："我没考虑到这些，依你说该怎么办？"

赵延寿乘机献计道："何不把陈桥的降兵降将，派去南方守边疆？"耶律德光沉思一会，摇头说："当年，我把唐兵都交给石敬瑭，结果他的儿子依靠这些

反映众比丘真实可信形象的壁画（上图）
此画面色彩强烈而稳重，画面人物整体感强，人物形象个性强烈，相互呼应，表现真实可信的众比丘形象。

> 历史文化百科

〔医博士〕

隋唐五代时，中央有太常寺，下属有太医署。太医署有负责医疗疾病的医正、医师、医工等；有负责种药、制药的药师、药园师；又有负责医疗教习的博士。其中有教授医术的医博士，教授针灸的针博士，教授按摩的按摩博士，教授用咒语驱邪治病的咒禁博士。

军队与我为敌。现在这些人落到我的手里，我不乘机除掉，难道再要留下后患吗？"赵延寿早已料到他会这样说，从容答道："只要把降军家属迁到恒、定、云、朔一带留作人质，官兵则每年分两批轮流到南方戍守，这样，官兵顾念留在北方的妻儿，还用担心他们有变吗！"耶律德光一听，欢喜地说："好极！就按你说的办。"就这样，陈桥的降军总算免除了被屠杀的厄运。

破灭的皇帝梦

赵延寿的父亲赵德钧，当年没有竞争过石敬瑭，兵败后忧郁而死。赵延寿仍是痴心不改，一心想依靠辽的力量入主中原做皇帝。但他的皇帝梦并没做成。因为耶律德光是个言而无信的人，他先是答应

华贵的唐代黄色印花绢
此绢的质地较坚韧，配以黄色的印花，华贵精美。

了赵延寿，待到杜重威投降后又许愿让杜重威做皇帝。最后，他既没有让赵延寿也没有让杜重威做皇帝，而是自己头戴通天冠，身穿大龙袍，登上金銮宝殿，做起中原的皇帝来。赵延寿心还不死，耶律德光死后，他声称受耶律德光遗诏，由他来管中原的军国大事。此时他还怀着几分希望，也许有朝一

日还能登上帝位呢！然而不久，他就被耶律兀欲抓了起来，家产也被分了。赵延寿被带回辽国囚禁起来，最终伤心地死在辽国。

赵延寿一心想靠异邦主子的力量做个奴才皇帝，是个可鄙的悲剧小人。只是他为了自己的利益，说动耶律德光保存了几万后晋降军的性命，比起其他卖身投靠的人来说，应该说还算做了一件好事。

海慧院明惠大师塔（山西长治）
海慧院明惠大师塔位于山西省长治市平顺县城东北三十五公里的红霓村。据塔背的石刻记载，唐乾符四年（877），明惠大师住持海慧院。一日，有人报说保广要杀大师，大师云："吾久于生死心不怖焉，若被所诛，偿宿债矣。"结果这年的正月十三日果然被杀。后由大师的弟子崇昭等捧舍利，奉潞州节度使命建塔。塔高丈余，呈方形，下为底座，上置须弥座以承塔身。塔顶为单檐五叠四注式，覆钵尖锥顶。塔身雕有天神和门窗。四边线刻缠枝花边，洗练大方，庄重美观。

〇二三

辽主三失

耶律德光做了中原皇帝

辽国皇帝耶律德光灭了后晋。后晋大臣纷纷向他投降；藩镇节度使争着向他进贡。耶律德光好不高兴。早先他曾许诺赵延寿，以后又答应杜重威，让他们做皇帝，再后来变了，觉得奋战多年，夺得中原，让别人享受岂不可惜？他打算自己坐中原皇帝的宝座了。因此他把所有降臣都召集到宫廷大殿上，对他们说："我们辽国国土广大，方圆数万里，因此有君长二十七个；中国与我们不同，只有一个皇帝，我打算选择一个人来做皇帝，你们以为如何？"他知道这些降臣，一定会拍自己的马屁，所以故意那样问。果然，他的话音刚落，降臣们就异口同声地说："天无二日，我们华夏人都愿意做你的臣民。"耶律德光学汉人的模样，假意推辞一番，接着便毫不客气地粉墨登场，在三月初一举行中原皇帝的登基大典。

耶律德光的倒行逆施

耶律德光做了中原皇帝，但并不清楚怎样统治中原。赵延寿请示给辽军分发粮食军饷，他大惑不解地

"醉胡王"伎乐面（上图）
深目、高鼻、阔口——典型生动的西域人面相。

耶律德光做了中原皇帝，但他倒行逆施，给中原人民带来很大的灾难，中原人民因而奋起反抗。

说："我们辽国没有这个习惯。"他借口牧马，纵容辽军四出抢掠，把这叫作"打草谷"。这样一来，原首都大梁（今河南开封市）以及洛阳一带，方圆数百里内，老百姓当中，年轻力壮的被杀死，年老体弱的饿死路边，财物牲畜全被抢光。辽晋打仗时，辽军就经常屠杀百姓，已引起中原人民的反感，现在战争结束了，还是这样，自然更加不得人心。

耶律德光又吩咐大臣刘昫给三十万辽军提供优厚的赏赐。可是后晋的国库早已空了，哪来财物？刘昫只好下令搜刮，连宰相、大将也不能幸免。交不出钱物的就杀，结果自然弄得怨声载道。事实上，搜刮来的财物并没有赏赐军队，而是存进了耶律德光的库房。

耶律德光还派皇家子弟和亲信去做地方节度使和刺史。这些辽人对中原的政事一无所知，汉人中的地痞无赖纷纷投到他们的门下，教他们如何在汉人中作威作福。一时间，地方州县被搞得乌烟瘴气。

中原人民奋起反抗

耶律德光的倒行逆施，终于激怒了中原人民。老百姓无路可走，只有起义反抗，在很短的时间内，宋、亳、密等州都被起义的人占领。耶律德光大惊说："我真不知道中原的人会这么难统治！"他赶紧改

用汉人来管理汉人，又把投降的一些节度使都送回原来的军镇，让他们去安抚、镇压当地的人民。这样做后，情况才稍有缓和。但耶律德光已经十分恐惧，不再觉得做中原的皇帝有什么乐趣，他准备回北方老家去了。

耶律德光决定先把收缴的后晋军武器装船运回辽国。他派宁国都虞候武行德率领一千士兵护送。船队

明确责任、保证质量的都省铜坊铜镜

此面铜镜出土于安徽省合肥市姜妹婆墓，直径17.6厘米，其背面为没有任何纹饰。上铸"都省铜坊匠人房宗"和"官"字样，意思是该铜镜是官营的手工作坊都省铜坊里的工匠房宗所铸。产品上铸刻生产者的名字，可以明确责任，保证产品质量。

〔纸钱的盛行〕

隋唐五代时期，盛行为死者焚烧纸钱。过寒食节的时候，会出现家家出城，户户烧纸的现象。据说，纸钱出现于魏晋时期。到隋唐五代，制作冥钱称"凿纸钱"，市场上有专门制作冥钱的"凿钱人"。据说，当时还把黄纸制成的冥钱称作金钱；把白纸制成的称银钱。五代时，还在冥钱上印了文字。这种风俗对后世影响很大。

西藏王出巡图

走到半路，武行德对士兵们说："我们被蛮虏控制远离家乡，人生终有一死，谁甘心去做异乡的孤鬼呢？蛮虏不可能长久留在中国，我们不如反了吧？"大家同声说好。武行德便把武器分给士兵，大家一起动手杀了辽国监军使，就此扯起了反抗辽军的大旗。

迟到的醒悟

耶律德光得到消息，万分震惊。到这时，他才意识到自己真正失策了。他情不自禁地叹息说："我犯了三个大错：派人向各军镇、州、县搜刮钱物，这是第一错；纵容辽国军队打草谷，烧杀抢掠，这是第二错；不早让各节度使回各自的军镇，这是第三错。"四面八方纷至沓来的求援警报逼得耶律德光又急，又怕，又悔，又恨，竟病倒了。耶律德光匆匆忙忙回北方。走到栾城时，他发烧后病情恶化，因不耐酷热，

只好用冰块聚积在身旁，勉强支撑到杀胡林（今河北栾城县北），便一命呜呼。这时已是四月，天气炎热，辽人剖开他的肚子，用好几斗盐填满，才使尸首不致腐烂。后晋人把这叫作"帝羓"。

《树下美人图》（唐·佚名）（右图）
此图为新疆阿斯塔那墓出土的纸本屏风画之一。画中人物的发式装束都颇具典型的唐代特征。丰颊硕体、雍容高贵的形象，是唐代仕女画审美特征的体现。

官匠宁道养残砖
这块残砖出土于陕西西安市唐长安城龙首渠西侧，残长55厘米，宽17.5厘米，厚9.4厘米。此砖面上嵌有长方形框，框内为斜方格，有阴模阳文"官匠宁道养"，当为朝廷官营的手工业机构所掌管的工匠所制造。

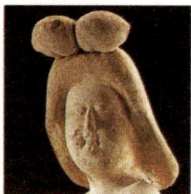

中国大事记　清海、静海节度使南平王刘隐死，他的弟弟刘岩袭位。

皇家子弟的厄运

李从益因为是皇族的身份，所以被迫做了皇帝。也正因为他的皇族身份，刘知远就一定要杀了他。

在多变的政局中长大

后唐明宗李嗣源的小儿子许王李从益，是李嗣源唯一真正出生在皇宫的皇子。他的生母是地位低下的宫女，李嗣源便让王淑妃当他的母亲。出身皇族并没有给李从益带来好运。五代十国，政局多变，小皇子从小就经历因政局变化而带来的种种灾难。他六七岁时，石敬瑭与李从珂争夺皇位，李从珂失败全家自焚。王淑妃带着他和妹妹躲藏起来，才逃过一死。

李从益长到十七岁，后晋被辽国打败，耶律德光进军中原，为宠臣赵延寿娶李从益的妹妹永安公主做继室，

建立后汉的刘知远

947年，辽灭后晋之后，原后晋河东节度使刘知远以中原无主为由在太原即皇帝位，但没有改晋国号，后改国号为汉，是为后汉高祖。刘知远称帝后，辽太宗耶律德光因中原人民反抗强烈而北归，刘知远便乘虚择兵攻入大梁（今河南开封），改国号为大汉，史称后汉，同时立魏国夫人李氏为皇后，文武百官各有安置。后汉所占区域与后晋差不多，历刘知远、刘承祐（后汉隐帝）二帝，只存四年，为五代十国期间最短命的王朝。选自明刊本《残唐五代史演义》。

最澄法师入唐"度牒"（护照）公文

天台宗传到七世祖道邃法师时，学识渊博、气度非凡的日本和尚最澄到国清寺学习天台宗要义。最澄精通天台宗经典，道邃法师将阁内珍藏的《天台法华章疏》相赠，最澄回国后，就在日本开创了天台宗。唐贞元二十年，日本高僧最澄入唐求法时的"度牒"（护照）保存下来，上有台州刺史的指示，更显得珍贵。

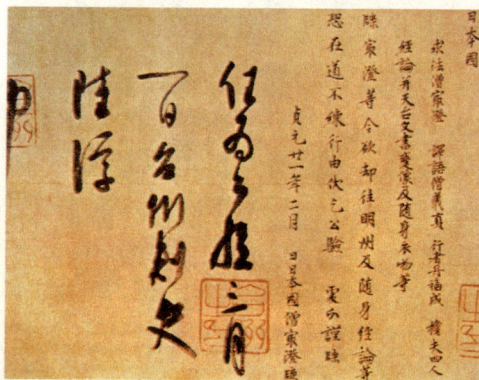

> 历史文化百科

〔寡妇再嫁很普遍〕

隋唐五代统治者提倡的婚姻伦理，强调从一而终。但或许是出于考虑到寡妇的生计由谁负责的问题，所以，事实上非但不阻止寡妇再嫁，还规定地方政府有义务帮助寡妇再嫁成家（五十岁以上、与亡夫生有子女，以及坚持守节的除外）。因此，当时社会上寡妇再嫁的现象很普遍。如后周太祖郭威，结过四次婚，娶的竟然都是再嫁的寡妇。

公元 896 年

世界大事记

匈牙利人（又称马扎尔人）迁徙至多瑙河流域。

《新五代史·唐明宗家人传》
《旧五代史·唐书·李从益传》

李从益
王淑妃
刘知远

残忍
权术

人物　关键词　故事来源

又封李从益为威信军节度使。王淑妃带着李从益兄妹，短短十几年内，经历了两代三姓的变迁，深感政局险恶，所以推说李从益太小，不去军镇就任，仍回洛阳居住。

被胁迫做了皇帝

耶律德光回北方后，留下太后哥哥的儿子萧翰掌管中原的事。耶律德光在杀胡林病死后，后汉高祖刘知远举兵南下，准备控制全国。萧翰见状也想回辽国，但又怕中原没有君主引起大乱，便伪托辽国皇帝的命令，派人去接李从益母子，要李从益出来做皇帝。李从益母子不得已来到大梁。李从益被扶上了皇位，百官去晋见王淑妃，王淑妃痛哭不已地说："我们母子孤单无依被推上高位，这是祸，不是福呀！"

萧翰临走时只留下一千多燕州兵分守汴梁各城门，保护李从益的安全。李从益知道光依靠这一千多士兵不行，派人去召唤李嗣源的旧将高行周和武行德，两人一个也不来。而此时刘知远的军队眼看却要来了。王淑妃非常害怕，又无可奈何，手里既无军队，又没有可靠的人。她只好召集大臣，对他们说："我们母子被萧翰逼迫做了皇帝，应该承担灭亡的后果。各位都是无罪的，还是早迎新君主，自谋前程吧，不要把我们母子挂在心上！"她说得如此凄切，大臣们都不忍心背叛而去。有人就建议想办法坚守一个月，等待辽的救兵。有个叫刘审交的大臣比较冷静，他觉得大势已去，说这些话只能是自我安慰，便说："事情已经到了

韩愈《桃源图》诗意图（明·杜堇绘）

神仙有无何渺茫，桃源之说诚荒唐。
流水盘回山百转，生绡数幅垂中堂。
武陵太守好事者，题封远寄南宫下。
南宫先生忻得之，波涛入笔驱文辞。

这个地步，如今汴州城是大乱之后，官府和民间财源枯竭，如果被围一个月，简直无法生存了。各位不要再多说了，就听太妃的指示吧。"于是李从益派人奉表称臣去迎接后汉高祖，母子俩同时搬出了皇宫。

因为皇族身份而被杀

刘知远到洛阳后，秘密下令派郑州防御使郭从义去大梁杀死李从益母子。王淑妃临死时哭着说："我儿子是为卫国所迫，有何罪定要处死？为什么不能留下他，让他每年寒食时盛一碗麦饭祭扫明宗陵墓呢？"原来，李嗣源共有四个儿子，大儿子李从璨，魏博兵乱后被元行钦所杀；二儿子李从荣，死于争夺权力的内乱；三儿子李从厚，继承皇位不久便被李从珂毒死，现在只剩下李从益一人可以承继香火了。王淑妃原本希望刘知远能放过她们母子，她们以后就做普通老百姓度过余生。但就这也做不到，最终还是被杀，李从益死时只有十七岁。

刘知远杀了李从益母子，而对那些投降辽国，又被辽国任命为节度使或其他官吏的后晋文官武将，却一律大赦。由此可见，给李从益带来杀身之祸的，还是他的皇族身份。

〇二五

"拔钉钱"与"捋髭钱"

赵在礼与张崇是搜刮敛财的行家，也是打击报复的能手。

赵在礼不许百姓拔钉

五代时，常用武将做地方官，赵在礼就是一名出身军队小校的武将。赵在礼的家乡是涿州（今属河北），他从后唐明宗朝开始，一直到后晋，十几年间，做过同州、襄州、宋州、许州……等好多地方的节度使。每到一地，他就不择手段地搜刮钱财，短短十几年就积财巨万。他还在京城和就任的藩镇所在地，到处设置办事场所和住处。

赵在礼在宋州（今河南商丘）的时候，由于搜刮聚敛得太厉害，老百姓深受其苦，十分怨恨。有一

唐代碱剂印花工艺的奇迹：绿地的狩猎纹印花纱纱

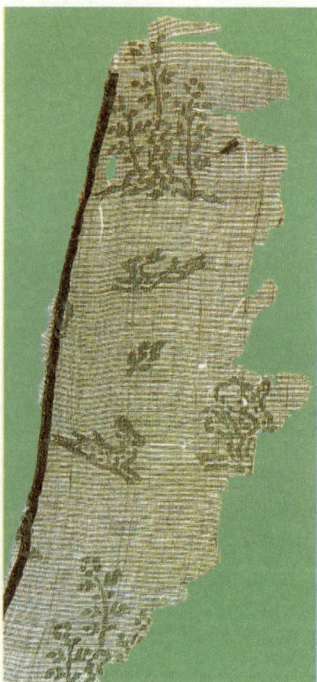

出土于新疆吐鲁番阿斯塔那105号唐墓。纱面上有骑士作弯弓欲射状，也有扬鞭策马紧追野兔。有的手持套绳从马背上居高临下，抛向猎物。穿插其中的丛林、小草、展翅翱翔的猎鹰，塑造了一幅动静对比、错落有致、张弛结合的画面，留给人以无限的遐想。这种碱剂印花工艺是唐代印染工匠们的一项创造性成果，大约发生在中晚唐。通常的工序是生丝织品先染色，图案部分再印花，印花时的浆料中加入一定量的强碱，后烘干水洗。花纹部分的丝胶被强碱作用而除去，便呈现出柔软光泽的熟丝制品的感觉。

天，突然传来消息说赵在礼要调到另一个藩镇去了，老百姓这下可高兴了，大家互相祝贺说："这个人走了，真好比从眼里拔去了钉子，这该有多痛快呀！"谁知这话传到了赵在礼的耳朵里，他非但不感到惭愧进行反省，反而大怒，认为把他比作钉子是对他的诽谤，决心要报复。于是，他立刻递上一个奏折，要求朝廷让他在宋州再留任一年。当时的朝廷，对所谓的有功之臣都是姑息宽容的，便同意了他的请求。赵在礼于是下了一道命令，凡属他管辖下的百姓，无论是谁，一律都要交纳"拔钉钱"。交不出的，就派人去鞭打、威逼。这一年，光是"拔钉钱"就让他大大地发了一笔财。

搜刮来的钱财，赵在礼除了自己享用，就是贿赂权贵，或花在烧香拜佛上，据说因为他拜佛虔诚，所以官运亨通，到后晋高祖时，已被封为卫国公。后晋出帝时，晋出帝为儿子延煦娶赵在礼的女儿为妻。这样一来赵在礼成了皇上的亲家，更是不可一世了。

张崇不许百姓捋髭

无独有偶，在南方十国中的吴国有个叫张崇的，德行与北方的赵在礼堪称一对。张崇在庐州做节度

〖历史文化百科〗

〔收继婚〕

寡居的妇女，由亡夫的亲属继娶，这样组成的婚姻称"收继婚"，又称"转房"或"挽亲"。可以是同辈继娶，如兄死，继娶寡嫂；弟死，继娶弟妇。也可以是不同辈的，如父死，继娶后母或父妾；叔伯死，继娶叔婶等。隋唐五代时期，在宫廷与民间，都存在收继婚的现象。在边疆少数民族中，也较广泛地保留着收继婚的习俗。

《旧五代史·晋书·赵在礼传》
《十国春秋·吴·张崇传》

赵在礼　张崇

眼中钉

恶行　邪恶

人物　典故　关键词　故事来源

持巾侍女图（左图）

陕西西安咸阳冯晖墓壁画。侍女头梳双鬟，身着红底黄色团花对襟宽袖女袍，内着红色抹胸，面容丰满红润，略带微笑，左手臂上搭着一件绣花叶纹的白色长巾。

使，也是大肆搜刮，贪得无厌，老百姓苦不堪言。有一回他去京城朝见君王，百姓猜想他可能要改换任所了，都相互庆幸说："渠伊不会回来了！"渠伊是当地方言，意思是"他那个人"，可是偏偏张崇又回来了，听说此事，便使出一个毒招，下令每口征收"渠伊钱"。

第二年，张崇又去京城，这下庐州人都闷声不响，谁也不敢再说话了。可是内心还是希望他能一去不回，人们就用捋嘴上胡须的动作来表示这个意愿。和上次一样，张崇这次仍然回来了，狗腿子向他报告了老百姓的动态，于是，他就征收起"捋髭钱"来。

张崇为什么能一次次返回庐州稳如泰山地做他的节度使呢？因为他用搜刮聚敛所得，给权贵政要送了厚礼，因而得到当权者的庇护。张崇在庐州做二十多年节度使，还被赐爵为清河王。

"拔钉钱"和"捋髭钱"，一北一南，互相媲美，苦的是老百姓。

唐代麻布

新疆吐鲁番阿斯塔那218号唐墓出土。出土时残存紫绢镶边。一端有墨书"梁敏都督府开元九年八月日"，和"侗"字押。

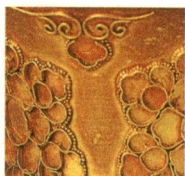

中国大事记

契丹首领耶律阿保机称帝，建契丹国。他就是辽太祖。

多财招祸

在乱世，一笔巨财，给不断变换的主人，带来的都是有血腥气的厄运。

钱财惹来杀身之祸

五代时期做节度使或刺史的人，少有不搜刮民财的，后唐的董温其也不例外。他做镇州节度使不多久，已是家财万贯。但在乱世钱多不一定是好事，被董温其一手提拔起来的部下秘琼，就看中了他的家财。秘琼趁董温其被契丹虏去之机，把他全家都杀了，挖个地洞将尸体一埋了事。董温其的万贯家财从此落入秘琼手中。

后晋高祖时，秘琼被派去做齐州防御使。他带着那笔沾有血腥气的巨财去上任，途中要经过汴州节度使范延光的地盘。范延光先前想背叛后晋曾与秘琼联络，未得回音，因而对秘琼心怀不满；又得知他带着大批金银财宝，便秘密派兵埋伏在州的边境上，等秘琼经过时，把他杀了。范延光事后谎称是因巡逻兵不认识秘琼而误杀。秘琼也因钱财而丢了性命，而那笔带有血腥气的不义之财又到了范延光的手里。

财宝又添一份血腥

范延光后来果然反叛了。后晋派杨光远当招讨使，去讨伐范延光。争战两年未分胜负，双方打得筋疲力尽。后晋高祖只好草草收场，打算赦免范延光。范延光眼看事成无望，也不想再打了，就顺着台阶而下，向朝廷投降。后晋高祖恪守前言，不仅没有杀他，还封他做了东平郡王，又赐给铁券，保证其子孙后代都享富贵。

可是，范延光从秘琼手里夺来的那批财宝实在太显眼了。他迁居河阳时，光财宝就装了好几车。杨光远看着眼红，一心盘算着要夺到自己手里来。他上奏晋高祖说，范延光反反复复，不忠不信，如不处置，终是祸患。即使不杀他，也应把他拘禁在洛阳。晋高祖因为给过范延光铁券文书，不便出尔反尔。杨光远谋财心切，便自行其事，派儿子带兵去逼迫范延光自杀。范延光当然不肯轻易就范。杨光远的儿子趁他不备，将他从浮桥上推下河去淹死。

双凤蔓草纹壁画

陕西西安咸阳冯晖墓壁画。正中以淡蓝色缠枝花草构成对称三角形图案做底纹，左右两边也以缠枝花草对称，正中主体纹饰为一白色流苏，上坠锦球。锦球图案为红色底纹的白色凤凰在云气中上下对舞，其下白色流苏形成同心结，同心结下坠一十字对称的白色花卉图案的红色锦球。白色流苏左右两边各为一红色流苏坠以白色花卉图案的红色锦球。

公元900年

公元 900 年

世界大事记　后百济建立。

《新五代史·杂传·范延光》
《新五代史·杂传·杨光远》
杨光远
范延光
李守贞
秘琼
愚蠢
狡诈

人物　关键词　故事来源

杨光远向皇帝报告说范延光是投水自尽的。晋高祖心里明知是怎么回事，因对范延光早存戒心，便乐得顺水推舟，不了了之。这样，范延光手里那笔不祥的财宝，又转入杨光远手中，只是又增添了一份血腥气。

悠然传神的对戏鸳鸯

陕西西安咸阳冯晖墓壁画。画中穹顶底部有两周白底、浅蓝色碎花组成半团花形成的倒"S"窄花纹条，中间为一周浅黄色衬底，白色鸳鸯与连环花相间的连续花纹带。鸳鸯相对而戏，悠然传神。

> **历史文化百科**
>
> 〔园林艺术的兴盛〕
>
> 中唐以后，中国的园林艺术兴盛，开始兴起赏石的风气。诗人白居易就曾特意从杭州带回两片"天竺石"，装点自家的园林。但他认为可供欣赏的奇石最好的是太湖石，天竺、罗浮石在其次，为此，他写了一篇《太湖石记》。当时喜欢赏石的人不少，牛僧孺曾在园林中收集了大量奇石，并分为甲乙丙丁四类。唐朝其他诗人亦写过大量赏石的诗篇，如刘禹锡、元结、皮日休等都有。

孟郊《游子吟》诗意图（清·钱慧安绘）

慈母手中线，游子身上衣。
临行密密缝，意恐迟迟归。
谁言寸草心，报得三春晖。

有野心的人无法守住财宝

晋出帝石重贵即位后，杨光远也阴谋叛乱了。他秘密送信给契丹说：后晋饥荒，国库空虚，契丹只要出兵定能一举消灭后晋。耶律德光未加深虑贸然出兵南犯，结果被晋将李守贞打得大败而归。杨光远因为勾结契丹被李守贞杀死。朝廷还要追查杨光远的余党，为了保命，杨光远部下有个叫宋颜的，把杨光远从范延光手中抢来的那笔巨财献给了李守贞，李守贞便把宋颜藏匿起来。

李守贞由于有战功，班师回京后，朝廷又把原属杨光远的住宅赐给了他。李守贞手里有了巨财，便赶走附近居民，大兴土木，把那所住宅改建成京城里最豪华的府第。

后汉隐帝时，李守贞也背叛了朝廷，结果失败，全家自焚而死。那笔为之死了无数人的巨额财宝，最终不知落到什么人手里了。

买官受骗

袁象先靠做官搜刮了大笔钱财，他的儿子袁正辞不愿施舍些钱财给穷人，只想花钱买官，结果却屡屡上当。

袁象先搜刮钱财

袁正辞的祖父名袁敬初，自称是唐中宗时南阳郡王袁恕己的后代。袁敬初娶了后梁太祖朱温的妹妹为妻，所以，袁正辞的父亲袁象先，就是朱温的外甥。他虽然没有立过什么战功，但因为是甥舅关系，所以很受重用，先后做过宿、洛、陈三州刺史。后来，袁象先与魏博节度使杨师厚合谋诛杀了朱友珪，为后梁末帝即位立了功。因此，又被派到宋州（今河南商丘）去做宣武军节度使，一做就是十年。那时的地方官，大多贪婪心狠，搜刮钱财，又用搜刮来的钱去结交豪门权贵，以此来保住自己的荣华富贵。袁象先是皇亲国戚，更无所顾忌，所以很快就聚集起数千万家财和四千多间房产。

音乐史研究的宝贵形象资料：《众人奏乐图》

《众人奏乐图》出自吐鲁番柏孜克里克石窟第33窟。本图所绘为外道波罗门听说佛涅槃后欢欣庆贺的场面。此画运笔奔放流畅，勾线潇洒有力，群像神态各异，造型逼真传神，充分体现了古代画工卓越的绘画技巧。画中乐器有琵琶、横笛、铙、鼓等，为研究高昌音乐史提供了宝贵的形象资料。

后唐灭梁后，袁象先带着数十万金银珠宝进京，四处贿赂后唐将相、伶人、宦官以及皇后刘夫人。于是得到庄宗特别的宠爱，赐姓名为李绍安，还将宣武军改为"归德"军，说这"归德"二字，是特地为袁象先而设的。其实，对袁象先来说，改称"归财"军也许更合适一些。

守财奴袁正辞

袁象先死时，没有把家产平分给几个儿子，而是全都留给了善于守财的长子袁正辞。这袁正辞确实是个地地道道的守财奴，他守着这笔家产，这也舍不得，那也舍不得，一心只想钱越积越多。有一阵子，家里放钱的屋子里常发出牛叫一般的怪声，家里人很害怕，认为这是有了妖怪，劝袁正辞施舍些钱财给穷人消灾。袁正辞不肯，却异想天开地说："我听说物体发声，是为了征求同类。只有积更多的钱，怪声才会停止。"听到的人都把他的高论传为笑话。

龟兹人的风俗舞写照：乐舞舍利盒

乐舞舍利盒出土于新疆库车。盒盖为尖顶，木盒为圆形，外敷麻布。盒体油漆彩绘，以朱红色为主，杂以黄色。盒高31.2厘米，直径37.3厘米。盒盖由五个圆形图案构成，以波斯联珠纹相连，中间嵌以双鹦鹉衔绶带连接。围绕中心圆为四个活泼可爱的裸体小天使：两个持琵琶，一个弹箜篌，一个吹筚篥。盒身一周则为一个浩浩荡荡的舞队。

花钱买官却无法如愿

不过，袁正辞也有一件愿意花钱的事，就是买官。开始的时候，因为父亲的关系，袁正辞做了飞龙副使。他不满足，总想做刺史。于是，后唐废帝时，袁正辞狠狠心献钱五万缗，想求个刺史的官职。当时一缗就是一千文，袁正辞花了这么些钱，结果只得了个刺史的名义，并没真的当上刺史。到后晋高祖时，他再献钱五万缗，这回讲明一定要做个真刺史才行。于是，朝廷派他去做雄州刺史。那个雄州，还在灵武以西，已临吐蕃境

白居易《问刘十九》诗意图（清·胡锡珏绘）

绿蚁新醅酒，红泥小火炉。
晚来天欲雪，能饮一杯无？

内，既偏僻又遥远，还不安全，袁正辞怎么敢去呢？但任命已下，不去又不行，只好忍痛再花钱数万，请求把这刺史免了。袁正辞思来想去，料定是上面知道他钱多，又做刺史心切，所以存心作弄他。他既心痛那些会发出响声的钱，又恨别人竟要弄他，一气之下，竟解下自己的衣带去上吊，幸亏家里人发现得早，把他救了下来。

袁正辞买官的心仍然不死，到了后晋出帝的时候，他又献出钱财三万缗、银子一万两。出帝听说他曾因此事上吊自杀，很怜悯他，答应这回一定要给他一个内地的州，让他如愿以偿。可惜的是，还没来得及任命，袁正辞却生病抱恨而死了。

▶历史文化百科◀

〔用香熏衣的隋唐人〕

隋唐五代，富贵人家普遍用名香熏衣，使衣物芳香。据说，熏衣的方法有两种。一种是用"湿香"，就是将沉香、白檀香、麝香、丁香、苏合香、甲香、熏陆香、甘松香等，用蜜和成丸，装在瓶里，埋入地底下二十天，然后拿出来熏衣；另一种是用藿香、零陵香、丁香、甘松香等，做成粉剂，装在用绢做的袋中，再放到衣箱里。

改"二十"为"五十"

苏逢吉得了李崧的家产，反而倒过来报复李崧，参与诬陷李崧兄弟。

李崧家产归了苏逢吉

李崧在后唐、后晋都做大官，因此家财颇富，除了在东京汴梁有豪宅外，在西京洛阳也有别墅。辽帝耶律德光灭后晋，李崧等后晋官员都被带往北方。后汉高祖刘知远进入汴梁后，便把李崧的家宅赐给苏逢吉。李崧家里所藏的金银财宝，以及洛阳的的别墅，也都归了苏逢吉。

李崧回归后汉后，家产未发还，仅授以太子太傅。李崧深知处境孤立，危机四伏，所以不敢有怨言，侍奉后汉当权的官员恭敬谦卑，事事小心，经常称病不出，以免招惹是非。可是他的两个弟弟李屿和李羲，却没有他老练识时务，因为与苏逢吉的子弟都在朝廷做事，一起喝酒时便趁着酒意口出怨言说："你们家夺了我们的宅第和家财。"这话同时传到苏逢吉和李崧的耳中，苏逢吉十分反感，李崧则十分恐慌。李崧赶紧把两处房产的契约献给苏逢吉，以表示自己的诚意。谁知这一献反而坏事，心胸狭窄的苏逢吉收下契约后对家里人讲："我这宅第是皇帝赏赐的，要他李崧来献什么契约！"苏逢吉越发不高兴，甚至产生了报复之心。

教唆奴仆诬告主人

李屿有个仆人叫葛延遇的，此人心术不正，替李屿做买卖，却把盈利藏进自己的腰包。此事被李屿发现，葛延遇挨了一顿打，还被迫吐出吞没的钱物，因此怀恨在心。与他相识的苏逢吉家的仆人李

《挥扇仕女图》局部"卧听南宫清漏长"（唐·周昉绘）

《挥扇仕女图》又名《纨扇仕女图》，"卧听南宫清漏长"是此画的一个局部。画卷签条由乾隆御书"唐人纨扇仕女图内府珍藏"十一字。全卷共画嫔妃、宫女等十三人，大多神情慵懒、郁闷无聊。这一部分由三个人物组成，三人同坐在毡上，宫女和侍童正在引线或绣花，另一宫女倚坐于绣案前，左手支颐，不知是心情惆怅，幽思绵绵，还是无聊之极，忧郁困倦。

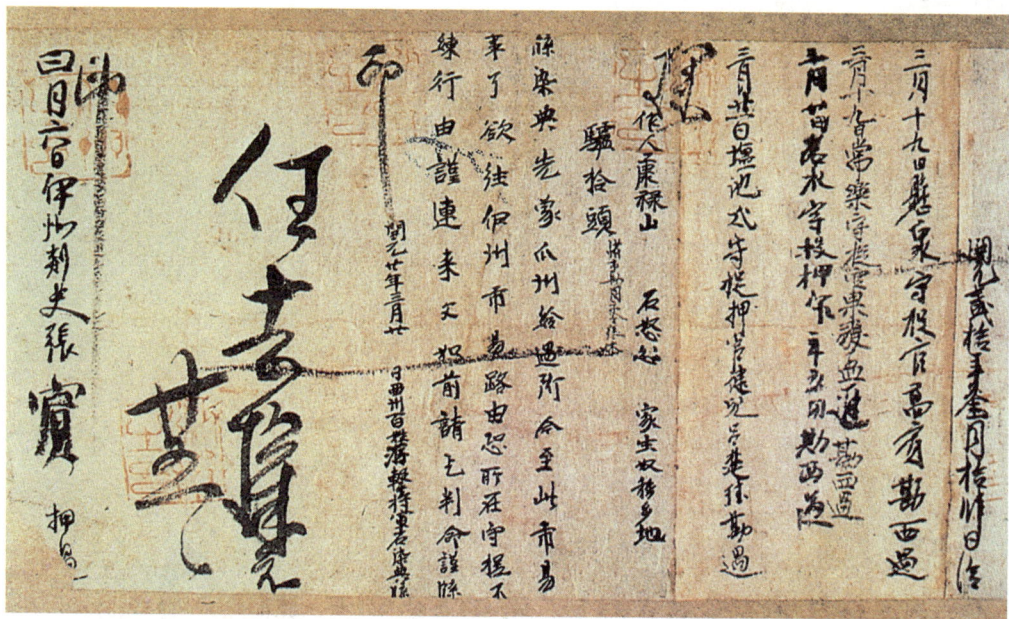

澄便教唆他去诬告李崧谋反。苏逢吉听说此事，心中暗喜。他一面诱导葛延遇去向史弘肇递状纸；一面找个借口把李崧找到自己家里，将葛延遇告发他的事一五一十地讲给他听。开始时李崧还把他当作好人，后来发现了他的伪善和阴险，就愤然说："自古以来，没有不亡的国家，也没有不死的人。我死

〉历史文化百科〈

〔蚕市与药市〕

　　唐代中期以后一直到五代，农村商业发展，在州、县城以外的水陆交通要道，或关津驿传所在的地方，渐渐形成集市，称草市。有的草市主要交易某一类商品，形成特色。如，蜀州有一种蚕市，每年的正月至三月，在州城与下属的县十五处流动开市。蚕市交易的商品主要与养蚕有关，同时也交易一些花、果、草药之类的农产品。与蚕市相似的还有益州青城山的药市。

古代通过关津的凭证：过所
过所是古代通过关津时的凭证，上面注名过关者的姓名、年龄、身份、携带物品、去向、往返路次及时间等等，比今天的通行证要详细。吐鲁番阿斯塔那墓地出土的"过所"使我们能够看到当时的历史实物，也能约略窥见当时对于过往商队的管理制度。

海棠形飞鸿图案银粉盒（及下页上图）
这只唐代银粉盒高2.2厘米、口径5.1×3.8厘米，重25.2克。似为女子化妆用品。

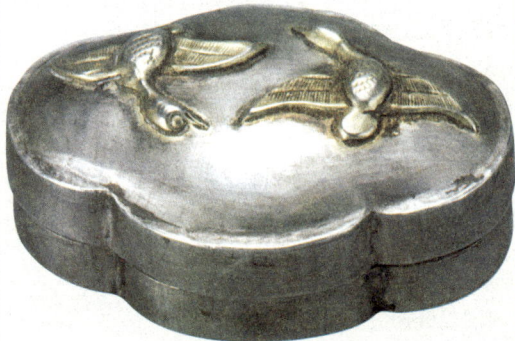

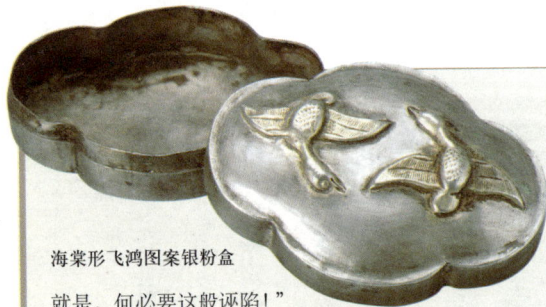

海棠形飞鸿图案银粉盒

就是，何必要这般诬陷！"

苏逢吉就这样把李崧兄弟送进了监狱。

改口供进一步诬陷

后汉的法律本来就十分严酷，史弘肇更是个酷吏，手段特别残忍。逼供时，不仅抽筋、打断腿，甚至采用用刀插入口腔搅动等惨无人道的酷刑，几乎没有一个不屈打成招的。李崧对两个弟弟说："当朝权贵要灭我家，你就是口吐莲花又有何用！不如认罪少吃点苦头。"于是李峄自诬说："我与哥哥李崧、弟弟李羲、外甥王凝以及家人僮仆二十人，阴谋在安葬刘知远的那一天暴动，纵火焚烧京城，还派人用蜡丸书信勾结李守贞，联络辽国发兵相助。"苏逢吉看了这份口供，当然知道是假的，但他怕暴动只有二十人太少，别人听了不信，反而动手将"二十"改为"五十"，然后将改了的供词奏报隐帝刘承祐。刘承祐下诏把李崧兄弟及口供上提到的人统统处以死刑，诬告主人的葛延遇反而受到赏赐。知道的人都为李崧叫屈。自此，奴仆诬告主人的事便越来越多。

诬陷者的下场

后来郭威起兵，苏逢吉随汉隐帝一起逃难。由于他干了亏心事，经常魂不守舍，甚至做梦时也梦见李崧站在他的床前。他自知死期已到，汉隐帝刘承祐死后，他也自杀。郭威进京后，就在李崧受刑的地方将苏逢吉的头割下来示众。不久，葛延遇经人揭发，也被处以极刑。

白居易《王昭君二首》之一诗意图（清·倪田绘）

满面胡沙满鬓风，眉销残黛脸销红。
愁苦辛勤憔悴尽，如今却似画图中。

公元900年

公元 900 年

世界大事记　哈罗德一世成为第一个挪威国王。

○二九

《旧五代史·汉书·赵思绾传》

恶行　残忍

赵思绾

人物　关键词　故事来源

吃人魔王赵思绾

赵思绾竟然若无其事地吃活人肝胆，真是个邪恶异常的人。

救助邪恶少年，招来无尽烦恼

退休在家的左骁卫上将军李肃家里，有一天来了个自称名叫赵思绾的少年，请求李家收留他做个奴仆。李肃见他长相凶恶，眼神邪乱，说话也不实在，不想留他，打算叫他离去。回到内堂，李肃对夫人张氏说："我看此人以后必然会成为叛贼。"张夫人点头说："我也看他其貌不善，但他既是这样性情的人，你现在拒绝他，他一定会怀恨在心，将来一旦他发迹，岂不要报复你？不如多送些财物给他，让他另处谋生，以免后患。"李肃觉得夫人言之有理，便送了赵思绾很多金银绸缎，好言安抚之后让他离去。

后来，赵思绾果然背叛后汉，占据了长安。李肃当时正闲居在长安城内，赵思绾前来拜见，叩头行礼，称他是恩公，感谢他以前接济的恩德。因有这样的关系，赵思绾

在城里烧杀抢掠，李肃家自然不会受到伤害。但李肃反而心烦意乱，怕赵思绾会拉他共同反叛，因此玷污自己的清白，惹来祸患。他一度烦恼得甚至打算以自杀来解脱。夫人劝道："与其自杀，不如想法劝劝赵思绾归降朝廷。"李肃摇头说："他现在正骑虎难下，怎么肯听投降的话？我去一说，反而招他猜忌，岂不是自招杀戮？"夫人说："但我看他必定不会长久。等官军来攻，他到了危急的时候，说不定就听得进你的劝说了。"李肃想想也对，只有静待时机。

联珠鸭纹唐锦

新疆吐鲁番阿斯塔那唐墓出土。唐锦多为用多种色纬分段换梭法织锦，锦纹丰富多变，色彩绚丽典雅。唐锦的图案纹样在继承前代传统纹锦的基础上，又吸取西域、天竺（今印度）的优秀图案，形成丰富多彩的纹饰，主要有联珠团纹、宝相花纹、瑞金锦、对称纹、散花纹、几何纹以及穿枝花、写生型团花等。

吃人魔王

赵思绾果然是个邪恶异常的人。后汉官军包围长安日子一久，城中的粮食吃完了。赵思绾竟把妇女、儿童都杀了作为军粮，每日按数发给士兵。逢到要犒劳将士举行酒宴时，竟一次屠杀几百人，像屠宰猪羊一样。他爱吃人肝，常当着众人的面挖出活人的肝，切成细丝，等到切完，人还在痛苦地呻吟。在酒席上，他还好活吞人胆，曾一面喝酒，一面对人说："吃活人胆一千个，胆量就天下无敌了。"

吃人妖魔的下场

张夫人认为，赵思绾用别人的胆来为自己壮胆，已是穷途末路，便对李肃说："现在你可以去劝说他投降了，再也不能耽搁时间。"李肃便去劝赵思绾说："而今朝廷在三处用兵，尚没取得什么成功，你如能在这个时候回心转意，归附朝廷，朝廷必定高兴，你也就可以不失去富贵荣华，比坐在这里等死要好得多！"赵思绾想想

《雪竹文禽图》（五代·黄筌绘）
此图一仍黄筌工细的花鸟笔法，先作淡墨，再用色彩渲晕，并分许多层次，于淡雅中颇见写实的功力，与画家的另一幅名作《写生珍禽图》并称双璧。

瓷托杯
陕西西安咸阳冯晖墓出土。杯高6厘米，口径8.4厘米，足径4.8厘米。通体施青釉。托盘高3厘米，口径15厘米，足径8.5厘米。通体施青釉，用以承杯。

也对，就同意了。李肃还答应为他去向朝廷表明诚意。

赵思绾向朝廷讨伐军的首领郭从义投降。后汉朝廷果然未治他的罪，反而任命他做华州留后，叫他不必朝见皇帝，直接前去上任。赵思绾为了多搜刮些财物，一直赖着不动身，行期一连改了三次。郭从义怀疑他是否又要反叛，又怕他会变卦去改降后蜀，便去向郭威请示，郭威思来想去，权衡利弊，最后决定还是处死赵思绾。这天，郭从义和王峻一起，骑马进城，在官府衙门住下，然后召唤赵思绾前来，说是要为他设宴送行，赵思绾一到，立刻被抓起来，连同他的父、兄、部下共三百多人，全都押往刑场斩首。

赵思绾占据长安前，城里约有人口十几万，待到他投降被杀时，城里只剩下了一万多人。《西游记》里常有描写吃人妖魔的，但比起赵思绾来，恐怕还要逊色三分呢！

▷历史文化百科◁

["煮茶"与"点茶"]

唐朝前期，饮茶的方法是煎茶，又称煮茶。先将茶饼用茶碾子碾成细末，然后在茶釜中烧水，待水沸腾了，放入适量的盐，用竹夹在水中旋搅，并将茶末放入，然后把茶水煮沸两次，就可以端下茶釜，向茶盏中分茶了。1987年陕西省扶风县法门寺曾出土了一套唐僖宗时代的茶具，包括有烘焙器、碾罗器、贮茶器、烹煮器、饮茶器等，为我们展示了唐人煎茶用器具的实物，可以印证上述煎茶过程。到晚唐五代，改兴"点茶"，直接将茶末放在茶盏中，调制成膏，然后注入沸水，形成茶汤，不用在茶炉上煮了。

李守贞相信"天命所归"

后汉乾祐元年（948）正月，高祖刘知远逝世。二月，十八岁的小皇子刘承祐继承皇位，即后汉隐帝。三月，小皇帝宝座还没坐热，就接到紧急军报，说护国节度使李守贞和占据永兴的赵思绾、占据凤翔的王景崇一起反叛。李守贞轻视朝廷已非一日，他见天子年少，官员大都是后进之辈，所以有恃无恐。他一面招降纳叛，扩充军队；一面派人携带蜡丸密信去与辽国联络，想勾结辽国推翻朝廷。他却不知派遣的密使已被后汉边防军查获。

李守贞急于反叛还有一个因素，原来他十分迷信，特别相信算命占卜之类的玩意儿。有一个名叫总伦的和尚知道他心怀异志，为他占卜说一定能当上天子，李守贞深信不疑。另有一个江湖术士，说是善于听声音判断一个人的命运。李守贞便召集家属，让他们隔帘发出声音，由术士听一个，评一个。起先术士讲的都是些平常套话，待李守贞的儿媳符氏发声，术士吃惊地

迷信天命的下场

李守贞怀有野心又迷信算命占卜，因此贸然行动反叛朝廷。郭威用冯道之计取得将士归心，终于平定叛乱。

说："这女子日后必定贵为皇后！"李守贞听了大喜，说："我儿媳妇以后会做皇后，我夺取天下当然成功，还有什么可疑虑的呢！"于是迫不及待地自称秦王，举兵反叛。说起来也很有趣，天下竟有如此的巧事，李守贞反叛失败后全家都死，唯独符氏不死，改嫁周世宗柴荣，果然做了皇后。这当然与江湖术士见风使舵的胡说八道无关。

郭威用冯道之计取得人和

李守贞反叛后，朝廷派枢密使郭威统一各路人马，加紧讨伐。郭威发兵前，去向太师冯道请教。冯道说："李守贞自命沙场老将，平时善施小恩小惠，尚受士兵拥护。你此行也不能吝惜财物，多赏赐士兵，这样必能摧毁他的仗恃。"郭威便照他说的去做，对士兵格外照顾，立一点小功也

铙金铜舞蹈像
陕西西安咸阳冯晖墓出土。铙金铜像高5.5厘米。舞蹈者头戴羽状高冠，冠下饰飘带。身着右衽衣裙，腰束带。双手上举，舞动长袖。右腿抬起，盘于左膝之上；左脚踏在半圆形葵边地毯之上。

有赏赐；受一点小伤便亲往探视。士兵有所陈述总是认真倾听；将士偶犯错误也不严加处罚。这样一来，将士无不归心于郭威，同仇敌忾，一心讨叛。这种情况是李守贞没有想到的，他原以为朝廷的将士曾是自己的部下，受过他的恩施，一到前线，必定会向他投降。谁知将士们在郭威的精心安抚下，早就忘了他旧日的小恩小惠。

双凤蔓草纹壁画（局部）（上图）

历史文化百科

〔南唐五代的茶税〕

唐代饮茶之风大盛，政府见有利可图，从唐德宗时起，开始征收茶税。武宗时，还对茶商住宿处加征住宿税，称"塌地钱"。唐宣宗时，因民间私茶贩运现象比较严重，盐铁使裴休立法严禁私茶，用重刑惩罚走私茶叶者，保护纳税茶商。但私茶贩运仍不能禁绝。而且，从那时起一直到唐末，由于茶价上涨，私茶贩运日益严重。五代十国时期，茶税更加制度化，后蜀、南唐还都实行了政府茶叶专卖制度。

迷信者失败自焚

众将领急于攻城，郭威不允。他认为城墙坚固，易守难攻，而李守贞又是前朝老将，擅长作战，所以决定采用长久围困的策略。于是，征调民伕二万多人连夜修筑工事，把城团团围住。郭威下令收起军旗、战鼓，只在沿黄河处设烽火台，由步兵守卫，又派水兵和舰队在黄河中巡逻。城里一有偷渡出来的，无不被抓住。这样一来，李守贞成了瓮中之鳖。

李守贞好几次突围都未成功，派人去向后蜀、辽国求援，又都被后汉巡逻兵活捉。眼看城里粮食即将吃完，饿死的人越来越多。李守贞日坐愁城，万般无奈，便唤总伦和尚来问凶吉，和尚胡扯道：

"大王肯定能当上天子，这是人力改变不了的。只是近期有灾难，等灾难到了尽头，情势最危急的时候，只剩一人一马，就是大王凌风而起的时候了。"李守贞竟然又相信了。

郭威用了近一年的时间，终于平了叛乱。迷信"天命"的李守贞走投无路，只得和妻子、儿子等纵火自焚。而郭威通过这次出征，则赢得了军心。

《龙袖骄民图》（五代·董源绘）

《龙袖骄民图》所绘江南郊野山峦圆浑峻厚，江水宽广，山麓人家彩灯高悬，水边有彩舟排列，人群歌舞，船头岸上亦有奋臂擂鼓者，当是描写南唐首都建康（今江苏南京）郊野节日欢娱的景象。

官兵如强盗

郭威率大军反叛，王峻向士兵许诺仗打胜后可以抢劫十天，结果官军攻进京城后就变成了强盗土匪。

向士兵许诺进城后可抢劫

后汉乾祐三年（950）风云突变。隐帝刘承祐在宫里砍杀权臣杨邠、史弘肇和王章，又派人携带密诏去邺都杀枢密使郭威和宣徽使王峻，不料密诏落到郭威手中。郭威属下有个叫魏仁浦的便怂恿郭威反叛，并且出主意要郭威藏起真的诏书，炮制一份假诏书，内容就说命令郭威诛杀众将，以此激怒众人一同反叛。郭威听信照办，大军果然都反叛，追随郭威一起向京城进发了。王峻并对官兵宣布说："我接到大帅指令，攻克京城后，听任大家抢劫十天！"官兵们听到有这样的好事，个个都来了劲。没几天，大军就打到京城，朝廷军队大败，将领纷纷投降，刘承祐也死在乱兵之中。郭威率军进入城内。官兵果然开始了大肆抢劫，杀人放火，无所不为，城内顿时狼烟四起。

专业的舞蹈者
陕西西安咸阳冯晖墓浮雕。图中男子高70厘米，头戴黑色软角幞头，身着红色长袖袍服，腰系黑色袴带，脚穿黑色高鞠靴。侧身，右脚半抬，左脚着地，右手平举，左手后甩，可看出手脚协调配合。鼓腹撅臀，动感明显，突目高鼻，口微张，长须，缩颈耸肩，全身心投入到舞蹈中，表情、神态以及瞬间动作刻画得惟妙惟肖。

强盗官兵也抢了贪官

官兵们闯进做过节度使的白再荣私宅，把白再荣当场活捉。这个白再荣本是个贪官。当年，耶律德光北归，留下将领麻答镇守中原。麻答凶狠残忍，用各种酷刑虐待汉人，激起众怒，被中原人民赶走。白再荣便抓了许多汉人，说他们为麻答做过事，其实他的目的是抢夺这些人的财产。老百姓对他恨之入骨，称他为"白麻答"。官兵把"白麻答"掠夺来的财物全部拿走，然后一刀把他杀了。

又有个吏部侍郎名叫张允的，家财颇丰，但生性吝啬，平时连妻子也不信任，家里所有库房的钥匙统统拴在自己的裤带上，走起路来，像戴了许多首饰玉器的女

公元907年 公元907年

世界大事记 在印度尼西亚苏门答腊岛上，建立了马打蓝国。

《旧五代史·周书·太祖纪》
《旧五代史·王峻传》
《新五代史·周太祖纪》
郭威 恶行 讽刺
王峻

人物 关键词 故事来源

陶醉在舞蹈中的男子

陕西西安咸阳冯晖墓浮雕。图中男子高60厘米，头戴尖状高冠，冠侧饰圆珠，冠额两侧飘带下垂；着红色团花圆领长袖袍服，腰束黑带，脚穿高靿靴。舞者面容圆润，低眉锁目，双唇紧闭，表情陶醉，动作协调优美。

人一样，叮叮当当作响。这天，他躲到寺庙佛殿的天花板夹层中，想逃过一劫。官兵听到风声，赶来庙里搜查。夹层里躲的人太多，薄薄的天花板承受不住，竟"轰隆"一声塌了下来。张允摔伤了，被如狼似虎

历史文化百科

〔敦煌曲子词〕

清末在敦煌发现了唐、五代词的手写本。词原指歌词，可以配乐歌唱，称曲子词。敦煌曲子词多是民间创作，也有少数文人作品。这些词大约作于唐朝中期至北宋初年（8—10世纪），内容广泛，形式多样，涉及政治、经济、军事、边疆、农民起义、医药等多方面，以及妇女、商人、渔夫、书生等多种人物。

的官兵们抓住，剥下衣裤，搜出钥匙，二话不说就赶往他家库房搬运财物。张允不顾光着身子，好不容易挪回家里，一看，一生所得一扫而空。他又气又冷，"哇"的一声，口吐鲜血，不到半日就呜呼哀哉了。

好不容易制止抢劫

官兵像一群狂吼乱叫的强盗，越抢越凶。满城的房屋住宅，几乎都遭到蹂躏，到处是火光，满城是哭声。有个名叫赵凤的大将军实在

生动传神的唐代舞蹈

陕西西安咸阳冯晖墓浮雕。图中男子高71厘米，头戴黑色幞头帽，身着红色长袖袍服，脚穿高靿靴，作舞蹈状，姿态优美，生动传神。

看不过去，挺身而出说："郭大帅进入京城，为的是肃清帝王身边的邪恶小人，安定国家安抚百姓；现在这样简直是土匪强盗，哪里是大帅的本意！"他携带弓箭，带着几个随从，搬张凳子在巷口上一坐，凡有抢劫的官兵前来，他便发箭猛射，他住的那个街区因而得以保全。

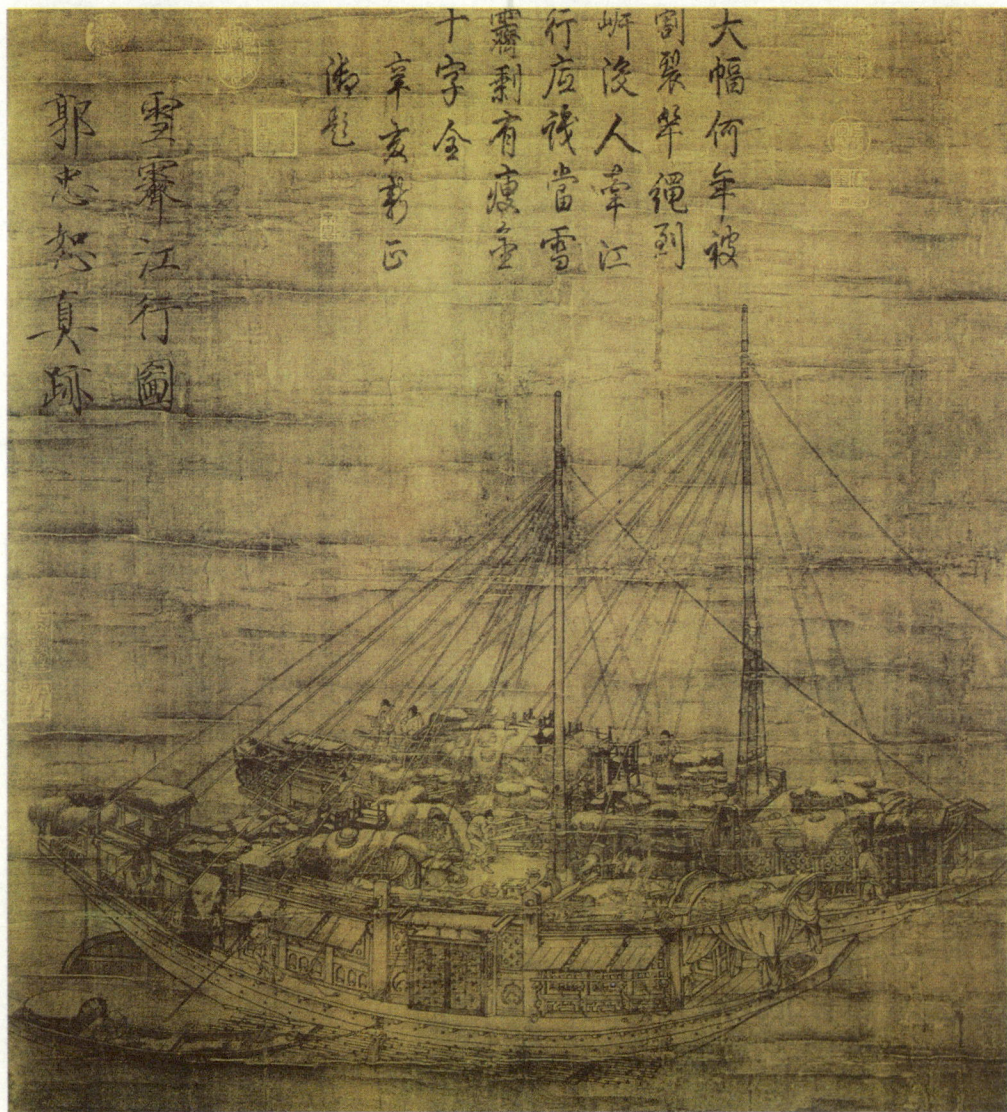

龟兹人的风俗舞写照：乐舞舍利盒（局部）

《雪霁江行图》（五代·郭忠恕绘）（左页图）

郭忠恕（？—977），字恕先，河南洛阳人。五代宋初文学家、画家。此图中的江船精致生动、逼真工细，根根桅索笔直沉实，尤其两根伸向画外的长索自然下垂，弧度恰到好处，线条劲挺有力。而在处理水波和天空时则只略勾几笔波纹，用清淡的墨色晕罩画面，呈现迷漫着寒江阴霭、水天空阔的意境。

装饰丰富、工艺精湛的伎乐纹八棱金杯

金杯1970年西安市南郊何家村出土。高6.4厘米，口径7.2厘米。喇叭形圈足，环柄，柄上饰有两个后脑相连的胡人头像。器身八棱，共饰有手拿乐器的胡人乐伎八个。杯子工艺精湛，装饰内容丰富精巧。

白居易《别柳枝》诗意图（明·仇英绘）

两枝杨柳小楼中，袅袅多年伴醉翁。
明日放归归去后，世间应不要春风。

抢到第二天，连郭威手下的将领也觉得太不像话了，有人便对郭威说："如果再不制止，到晚上京师就只剩一座空城了。"郭威这才下令禁止抢劫，又命各将领约束自己的部下，分片巡视全城。再有擅自抢劫的立刻斩首。有些士兵认为，离先前王峻许诺的十天期限还早，因此照抢不误。郭威立即下令把这些亡命之徒斩首示众，这样总算把乱哄哄的局面稳定了下来。但偌大一座京城，已是满目疮痍。

五代十国兵变频繁，骄兵悍将乘机抢劫杀人十分寻常。但像王峻那样事先许诺，明目张胆把官兵变成强盗土匪的事，却也少见。

〇三二

不听规劝执意要反

泰宁节度使慕容彦超，是后汉高祖刘知远同母异父的兄弟。郭威取代后汉，建立后周后，慕容彦超内心不服，又担心郭威不会长久容他，因此打算反叛。判官崔周度劝他说："你与朝廷并无私仇，何必猜疑多心？何况皇上不断向你慰问，你如能撤除战备，诚心诚意归附朝廷，何愁不安享太平！你执意要谋反，难道没有看见安从进、李守贞等人最后的下场吗？"

唐旅行者（壁画）
唐代对外交往繁荣，旅行者中有国家派出的友好使节，有商旅，也有纯粹的旅行者。

献财招祸

阎弘鲁因害怕藏起财物不交会被杀，便主动献出家产。谁知，慕容彦超有他的强盗逻辑，还是把阎弘鲁杀了。

三彩珍品鹰首壶
洛阳东郊塔湾村唐墓出土的鹰首壶，腹部两侧面饰浅浮雕图案，一侧为骑马射箭图，其下为一朵单瓣绿釉牡丹，花蕊略带黄、蓝色。牡丹纹是唐代三彩罐、壶、炉等器物装饰的流行纹饰。这件三色鹰首壶造型独特，着色雅致，为不可多得的珍品。

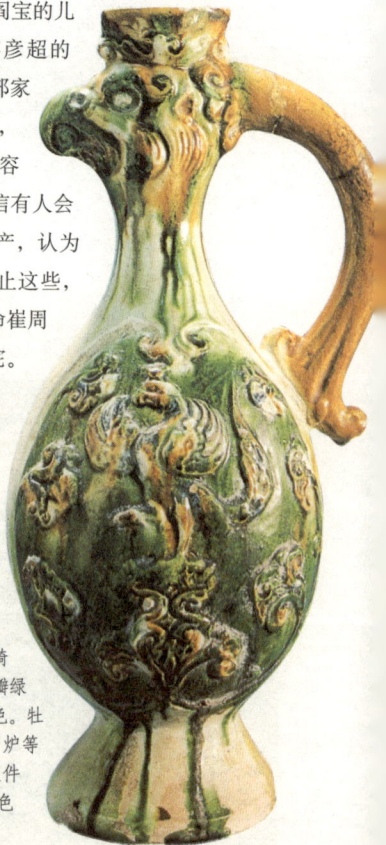

慕容彦超非但不进崔周度的劝告，而且对他产生了极坏的印象，要想找机会处置他。

主动献财，仍然难逃一死

慕容彦超终究还是反叛后周了。后周派出讨伐大军，包围了慕容彦超占据的兖州（今属山东）。慕容彦超便在城里搜刮民财，供养军队。有人把财物藏起来不交，被搜查出来后全被处死。短短的时间里，慕容彦超就杀了不少人。原后唐大臣阎宝的儿子阎弘鲁，畏惧慕容彦超的残暴，便主动献出全部家产，以求免祸。谁知，这样一来反而引起慕容彦超的怀疑，他不相信有人会老老实实交出全部财产，认为阎弘鲁的财产肯定不止这些，还有藏匿起来的，便命崔周度去搜查阎弘鲁的私宅。

崔周度无法抗拒，只得对阎弘鲁讲："还是保命要紧，就不要吝惜财物了。"阎弘鲁只好哭着恳求他的妻子和小妾说："你们如果还有财物，赶快拿出来救我一命吧？"妻妾们哭着说："实实在在都已献出来，再也没有了呀！"崔周度把这些情况去向慕容彦超汇报，慕容彦超仍不相信，下令把阎弘鲁和他的妻妾们抓起来关进监狱。

阎家有个多年的奶娘，对主人忠心耿耿。她眼看主人受难，救人心切，便在家里到处找值钱的东西。功夫不负有心人，不知怎么的，她果真从泥里扒出一条金手链来。奶娘喜出望外，立刻拿去献给慕容彦超，指望能赎回主人。哪知慕容彦超却说："我猜得果然不错，这不就是证据吗？藏起来的东西一定还很多。"于是命人苦刑拷打阎弘鲁夫妇，直至体无完肤，全身肌肉溃烂而死。慕容彦超又说崔周度包庇阎弘鲁，把他也斩首示众。

乱世百姓做人难

慕容彦超最后还是被打败了，只得与妻儿一同投井而死。后周军队进城，又大肆烧杀抢掠，城里又死了一万多人。乱世的老百姓做人真难，不肯拿出财产要被杀，主动献出也要被杀；在反叛军统治下被杀被抢，官军来了还是被杀被抢。所以，后世读史的人感叹道："民生于斯，不知如何措手足。"意思就是说：老百姓生在那个时候，简直不知道该怎么办才好。

> ▶历史文化百科◀
>
> ### 〔通婚书与答婚书〕
>
> 隋唐五代时，男女订婚后，男方要以家长的名义送通婚书给女方，女方也要回复答婚书给男方。通婚书与答婚书有标准样式，要用好纸，以楷书书写，放入特制的礼函中。通婚书要由函使、副函使送至女家，并同时送上聘礼。通婚书有法律效用。女家接受通婚书，并有答婚书的；或没有答婚书，但接受聘礼的，婚姻都有了法律效用。

《溪岸图》（五代·董源绘）

此图以立幅构图，表现山野水滨的隐居环境。上端绘崇山峻岭，耸立的山口间露出一股溪流蜿蜒而下，山间又有流泉瀑布，在山脚汇聚，山麓筑有竹篱茅舍，岸边水榭中高士闲坐。此画以墨色染出山石体面，溪水波纹以细笔画出，在传世董画中颇为少见。

○三三

开典当让钱生钱

慕容彦超做节度使时，大肆搜刮民财，财产越聚越多，他仍不满足，还想着怎样才能以钱生钱，变出更多的钱财来？有人给他出主意说，不妨开个质钱库，就是典当行，让急需用钱的人，拿物品抵押，临时借一些钱，到期付高利还钱赎回抵押品，这样利润必然很高。慕容彦超认为很好，马上

铁胎银

慕容彦超对造假者的处置不是惩罚，而是利用。他想利用造假者的"技术"来骗别人，结果却害了自己。

着手开办，果然生意兴隆。前来抵押典当的，有珍宝器玩，也有金银绸缎。

施计策抓住造假者

有一天，质钱库的库吏检查抵押品仓库，发现作抵押品的银锭中，有些只是在外面包了一层银子的铁块而已，当时人称"铁胎银"。库吏不由大惊，立刻去向慕容彦超报告。慕容彦超一听，气得七窍生烟，拍案大叫："居然有人胆敢骗到我的头上！"但转念一想，光气没用，要想法把这个骗子抓到才好。他左思右想，终于想出了一个办法。

慕容彦超布置库吏回去把库房里贵重的东西转移到其他地方，在库房墙上挖几个大洞，地上散丢一些零零星星的财物，做成被盗的样子。然后对外宣布说库房遭盗。库吏心领神会，一一照办。消息很快传遍全城，有贵重物品抵

屏风上的侍马图

这是新疆吐鲁番阿斯塔那188号唐墓出土的木框屏风，一共有八扇，每扇均绘一鞍马和一侍马人。这幅画中的侍马人身穿圆领长袍，足蹬黑靴，左手执鞭，右手牵马，紧锁双眉低首行走在草地密林之中。天空燕雀纷飞，充满生机。

《旧五代史·周书：慕容彦超传》
《新五代史·杂传：慕容彦超》

慕容彦超　谎骗　狡诈

人物　关键词　故事来源

五代钱币

图为五代各时期的铸币：后梁的开平通宝，后唐的天成通宝，后晋的天福通宝，后汉的汉元通宝和后周的周元通宝。

押在质钱库里的人，一听这个消息自然着急，纷纷打听还能不能挽回一些损失？这时，慕容彦超贴出告示说："我开这个质钱库，原本是为百姓应急典当的，不想遭到偷盗，实在不幸。唯恐百姓怀疑我会侵吞抵押品，现在规定：凡典当过的人，请在三日之内前来说明抵押品的名称，核实之后，一定给予赔偿。不来说明概不负责。"

老百姓看了告示，纷纷前来说明，获取赔偿。制造"铁胎银"的人，看了库房被盗的现场，对被盗之事信以为真，又见很多人都领到了赔偿，心想：盗贼即使发现盗去的财物中有假银锭，也不敢自投罗网。自己的行径再也不会被人发觉了。既然如此，何不也去捞点便宜？于是，他也前去索赔了。岂知慕容彦超张网等待的不是盗贼，而是造"铁胎银"的人，他才是自投罗网呢！

> ▷历史文化百科◁

〔隋唐五代的饭食：水晶饭与粗饭〕

隋唐五代时，把谷物籽粒蒸、炙而成的食品，都称为饭。稻、麦、粟等，都可做饭。但贵族官僚食用的是用晶莹白净的大米做成的"水晶饭"。而一般老百姓食用的是"粗饭"，粗饭包括蔬饭（就是掺入了蔬菜的饭）、水饭（加了水的干饭）、脱粟饭（用粗硬的粟做的饭），甚至还有"橡饭"，就是掺入了橡树籽的饭。

白居易《长恨歌》诗意图（清·袁江绘）
在天愿作比翼鸟，在地愿为连理枝。
天长地久有时尽，此恨绵绵无绝期。

想骗人结果害了自己

慕容彦超毫不费劲地抓住了造"铁胎银"的家伙，但并没有杀死他，而是把他关进一个外人不知道的处所，迫令他教十几个人日夜制造"铁胎银"，供慕容彦超自己用来骗人。

后来慕容彦超反叛后周，周太祖郭威亲临前线督战，进攻的势头锐不可当。慕容彦超眼看形势危急，为鼓舞士气，便欺骗部下将士说："我的库房里金银堆积如山，只要你们尽心尽力，能将这座城市保全，我一定把库银全部赏赐给你们。"可是，不久就有士兵私下传言说："库房里的银锭都是铁块，得了有什么用？"这话渐渐传开，慕容彦超的军队士气顿时崩溃，不久，城被后周军攻破。贪财狡诈的慕容彦超，终于自食其果，难逃死路。

节俭的后周太祖

后周太祖郭威登基之后，改革政制，注意节俭、不愿厚葬，可算是五代时期的好皇帝之一。

郭威改革后汉的法制弊端

公元951年，大将郭威夺了后汉的江山，自做皇帝，国号周，这就是五代的最后一个朝代——后周。

郭威称帝伊始，就对后汉的许多弊端加以改革。后汉时法律严酷，偷一枚钱也要处死；犯的不是谋逆等大罪也要株连全族。郭威下令改变，规定除盗窃和强奸罪行外，一般不处死刑，不是犯谋逆大罪，不得株连和没收财产。后汉对贩私盐、私酒的人，处置也十分严厉，不论数量多少，一律处死。郭威则下诏改变，规定按数量多少，分别定罪。

节俭的皇帝

郭威特别注意节俭。他把皇宫里的几十件珍宝玉器全都摔碎，说："帝王要这些东西何用？汉隐帝就是每天与宠爱的人在宫中游戏寻乐，赏玩珍宝，玩物丧志，不理国政。这事刚过去不久，应该引以为鉴！"以前，各地每年都把当地的土特产如江浙的海味，湖南的乳糖、郑州的新笋等向朝廷进贡。郭威说："我出身贫寒，又遇战乱时代，尝遍人生艰辛。如今做了帝王，怎敢为厚待自己，苦了天下百姓？这些东西送到京城，享受的只我一人，却要累及各地的百姓。从现在起，就停止此项进贡。"

死后不愿厚葬

由于郭威励精图治，所以时间不久，后周就面貌一新。南唐大臣韩熙载本来极力主张北伐统一中国，但到郭威做皇帝后的第二年，他就不再主张北伐了。他说："郭威建国时间虽短，但统治已经牢固，我们如果轻举妄动，出兵北伐，必定有害无益。"到了公元

郭威建周

郭威（904—954）字文仲，邢州尧山（今河北隆尧）人，十八岁从军。后晋末，曾协助后汉高祖刘知远建国，任枢密副使。汉隐帝时任枢密使，负责征伐之事，并平定汉中、永兴、凤翔三镇叛乱。950年，辽军攻打后汉辖地，郭威率大军前去抗辽，行到澶州时，数千名将士鼓噪起来，将黄旗被在郭威身上，拥戴郭威为皇帝。郭威接受了他们的建议。第二年正月，郭威即位（是为后周太祖），国号周，改元为广顺。后汉从此灭亡。郭威称帝后于显德元年（954）正月病逝，在位三年。选自明刊本《三才图会》。

历史文化百科

〔流行于中唐至五代的"文身"——刺青〕

刺青是指用针在人的皮肤上刺出各种图案，然后刷上石墨，等到创面痊愈，所刺的图案就再也去不掉了。中唐以后至五代，刺青流行一时。但身上刺青的大多是市井恶少或军人。

公元911年

公元 9 1 1 年 >

世界大事记

法兰西国王查理三世被迫将北部滨海地区让给诺曼人，所以此地后来称诺曼底。

《旧五代史·周书·太祖纪》
《旧五代史·周书·世宗纪》

德政　民本　革新

郭威

人物　关键词　故事来源

装帧史上的一大发展——经折装

经折装又称折子装，始于唐代末年。从外观上看，它近似于后来的册页书籍，是卷轴装向册页装过渡的中间形式。它首先用于佛经的装订。佛家弟子诵经时为便于翻阅，将长卷经文左右连续折叠起来，形成长方形的一叠，前、后粘裱厚纸板，作为护封。经折装克服了卷子装的卷舒不便的问题，是装帧史上的一大发展。

954年，郭威病重，他关照养子郭荣说："过去我西征时，看到唐王朝的十八座皇帝陵墓，没有一座不被人挖掘，究其原因，就因随葬的金银珠玉太多。我死后，只需给我穿上纸做的衣服，尸体装在瓦棺里马上入土，不要久留宫中。墓穴不用石头，砖砌即可。工匠和民夫，必须出钱雇请，不要骚扰民家。埋葬完毕，招募三十户守墓人洒扫照顾，免除他们的赋税徭役，不要修地下宫室，也不要让宫女守陵，更不要雕刻石人、石兽。只要在墓前竖一墓碑，上面写明：'周天子平生喜爱节俭，遗嘱用纸衣裳、瓦棺材，继任皇帝不敢违背。'如果不照我说的做，我地下有知绝不会保佑你。"

史书对后周太祖郭威的评说，也许有溢美之词，但郭威进行了一些有利百姓的改革，使后周的政治出现与后晋、后汉不同的局面，为后周世宗与北宋太祖的事业创造了一定的条件，这却也是事实。

《雪图》（五代·巨然绘）

此图表现奇峰积雪，画面分为三景：主峰危耸，雄岩峻险，表现出奇峰积雪霭霭幽深的北地景致；中景楼阁隐现山石间，客旅行于山径上；近景则画河岸两侧坡陀冈阜松杉萧疏。

"长乐老"冯道

冯道是五代最有争议的一个人物，他在后唐、后晋、辽国、后汉、后周五个朝代八个姓氏不同的皇帝手下当过官。

边境报警

后周显德元年（954），后周太祖郭威病重身亡，养子郭荣即位，郭荣就是后周世宗。郭荣原是郭威的外甥，本姓"柴"，所以又称周世宗柴荣。

柴荣刚登上皇帝宝座，边境就传来警报。原来北汉的刘崇听说郭威去世，认为是进攻后周的极好时机，便一面派人去与辽国联系，请求派兵相助，一面自领三万精兵，侵犯后周边境。

元刻本《五代史记》

《五代史记》即《新五代史》，北宋欧阳修撰，是唐代设馆修史以后唯一的私修正史。大约于景祐三年（1036）至皇祐五年（1053）成书。全书七十四卷，包括本纪十二卷、列传四十五卷、考三卷、世家及世家年谱十一卷、四夷附录三卷。其中的列传最有特色，采用类传的形式，设立《家人传》、《臣传》、《死节传》、《死事传》、《一行传》、《唐六臣传》、《义儿传》、《伶官传》、《宦者传》、《杂传》等名目。每类传目，内寓特定涵义，用以贯彻作者的"褒贬"义例。文辞力求"高简"，因而对史实多有忽略。不过由于多采用小说、笔记中的资料，以补旧史之缺，尚有一定的史料价值。

五朝不倒翁冯道

冯道（882—954），字可道，自号长乐老，瀛州景城（今河北沧州西）人。从小受家庭的影响，酷爱读书，文章也很有水平。张承业很欣赏他的文章，将他保举给了李存勖，做了掌书记。李存勖称帝后，先升冯道为郎中、翰林学士，灭了后梁又授户部侍郎。冯道历唐、晋、汉、周，并在政府担任要职，可谓不倒翁，卒谥文懿，追封瀛王。选自清代金古良《无双谱》。

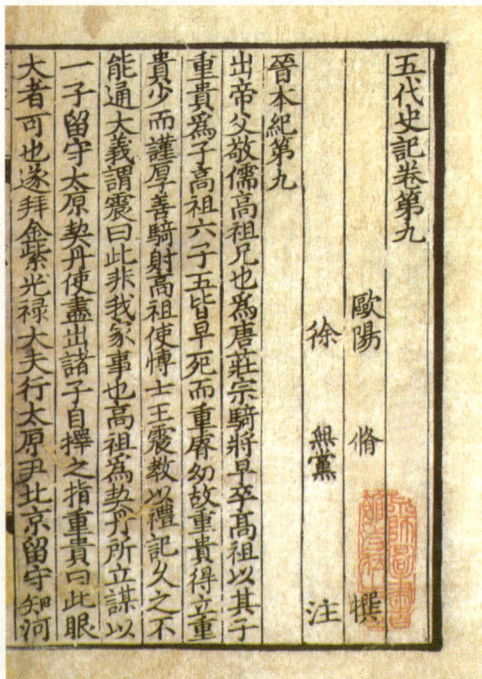

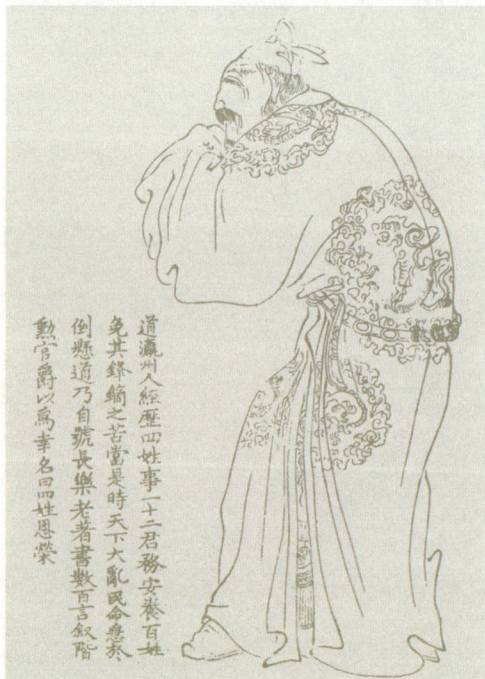

冯道顶撞周世宗

柴荣听到北汉入侵，打算御驾亲征，但遭到文武百官反对。他们认为，后周新皇帝刚刚即位，又要埋葬刚去世的老皇帝，这种时候人心容易动荡，不宜轻举妄动，最好还是派得力将领带兵迎敌。柴荣不以为然，他说："刘崇正庆幸我们遇到大丧，人心不定，又轻视我年轻，一定会亲自前来，因此我必须亲自前去迎战。"宰相冯道一再劝阻。柴荣说："昔日唐太宗平定天下，总是亲征，我怎能苟且偷安？"冯道顶道："不知陛下是否能与唐太宗相比？"柴荣说："我们兵力很强，击破刘崇就像大山压鸡蛋一样！"冯道又问："不知陛下像不像一座大山？"见冯道如此轻视自己，柴荣大不高兴，但看在前朝老臣的份上，不再与他争辩。几天后，柴荣还是率军亲征了，出发前，他派冯道为山陵使，让他护送郭威的灵柩去墓地。

长乐老的一生

冯道在郭威的墓地，慢慢冷静下来，自己也觉奇怪，那天怎么会说出那样令柴荣难堪的话来？冯道从后唐庄宗李存勖时得到提拔，官居宰相之位，事奉过后唐、后晋、辽国、后汉、后周五个朝代八个姓氏不同的皇帝。每逢改朝换代，他常是第一个迎接新君主，而对旧君主则毫无愧意。多年来他与历代君王相处得都很好，从不激烈反对君王的意见，因而始终得到重用。冯道对自己的一生颇为满意，自号"长乐老"，曾写《长乐老叙》，记叙平生行迹。然而这一次，何以竟会如此有失分寸，以致在七十三的高龄被派作山陵使。他独自思忖，不禁

《寒林重汀图》（五代·董源绘）
此图描绘的是江南水乡的风景：近处沙汀上芦荻丛生，中部坡丘上一片寒林，隐约露出村舍板桥，远处溪岸重重，延伸至画外。整幅画面与画史上所谓董源山水画"溪桥渔浦，洲渚掩映，一片江南也"的画风相印证。

有些意冷心灰。他本已年老多病，因此，郭威的丧事办完不久，冯道也就去世了。

对冯道评价的争议

其实，冯道是五代时最有争议的一个人物。北宋撰写《新五代史》的欧阳修及主编《资治通鉴》的司马光，都认为冯道是奸臣。因为他不能忠于一朝一君，大节已亏。用他们的话说就

《韭花帖》（局部）

《韭花帖》，五代杨凝式书。杨凝式（873—954），字景度，号虚白，陕西华阴人，历仕梁、唐、晋、汉、周五朝，官至太子少师，故人称"杨少师"。五代著名书法家。墨迹麻纸本，高26厘米，宽28厘米，《韭花帖》是一封信札，行书，共七行，六十三字。内容是叙述午睡醒来，腹中甚饥之时，恰逢有人馈赠韭花，非常可口，遂执笔以表示谢意。董其昌曾评此帖道："少师《韭花帖》，略带行体，萧散有致，比少师他书欹侧取态者有殊，然欹侧取态，故是少师佳处。"此帖的字体介于行书和楷书之间，布白舒朗，清秀洒脱，深得王羲之《兰亭序》的笔意，因此被誉称为天下第五行书。

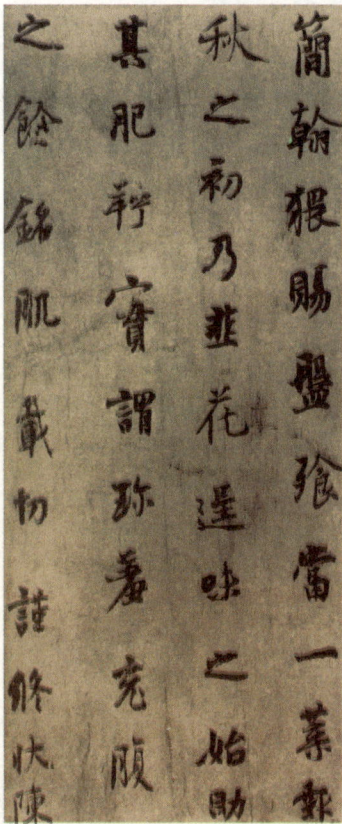

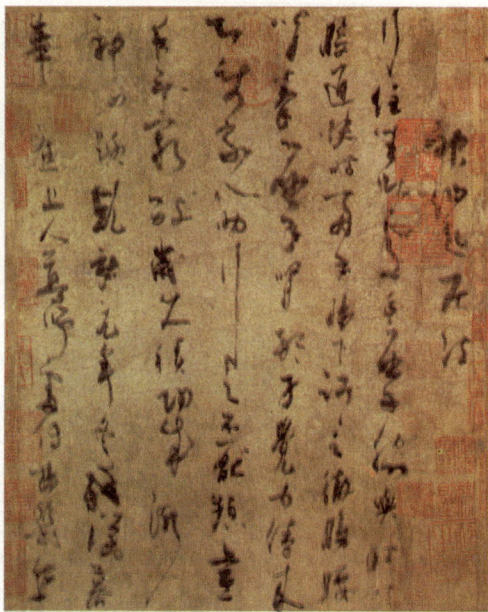

《神仙起居法帖》

《神仙起居法帖》，五代杨凝式书于后汉乾祐元年（948）。纸本，草书，八行，共八十五字。内容为道家健身按摩的方法，文体近似口诀。全文为"行住坐卧处，手摩胁与肚，心腹痛快时，两手肠下踞，踞之激膀腰，背拳摩肾部，才觉力倦来，即使家人助，行之不压频，画夜无穷数，渐入神仙路。乾祐元年冬残腊暮，华阳焦上人尊师处传。杨凝式"。此帖在草书中还夹入一些行书，后人称其为"雨夹雪"，初看似粗头乱服，其实在用笔上轻重、缓急，结体上纵横取势都十分讲究，结构紧密奇逸，运笔流畅，转折挺劲有力，是杨凝式的代表作之一。

是：把君王看作是旅舍中来往经过的旅客，早上还是仇敌，晚上就成了君王。不过后世也有不少人为冯道辩护。他们认为，一则五代短短五十三年间，中原像走马灯似的换了五个朝代，做皇帝的，长的不过十几年，短的只有几年。在这样的历史条件下要忠于一朝一君，谈何容易？除非是隐居起来洁身自好，才不会"亏了大节"；再则，冯道不论事奉哪位君王，在做官时仍能为百姓说

话。他曾劝后唐明宗关心农民疾苦。辽国耶律德光灭后晋后，召见冯道，问他："天下百姓，如何拯救？"冯道回答说："此时佛出也救不得，只有皇帝你能救得。"据说耶律德光正是听了此话，才少杀许多汉族百姓。

《夏热帖》（局部）

《夏热帖》，五代杨凝式书。纸本手卷，草书八行，共三十二字。此帖是杨凝式写的一封信札。内容大致是，因天气炎热，送给僧人消夏饮料"酥蜜水"表示问候。此帖笔势雄健纵逸，锋芒灼耀，结体富于变化而不失法度，表现出了书家丰富的艺术变化，为杨凝式书法代表作品作之一。

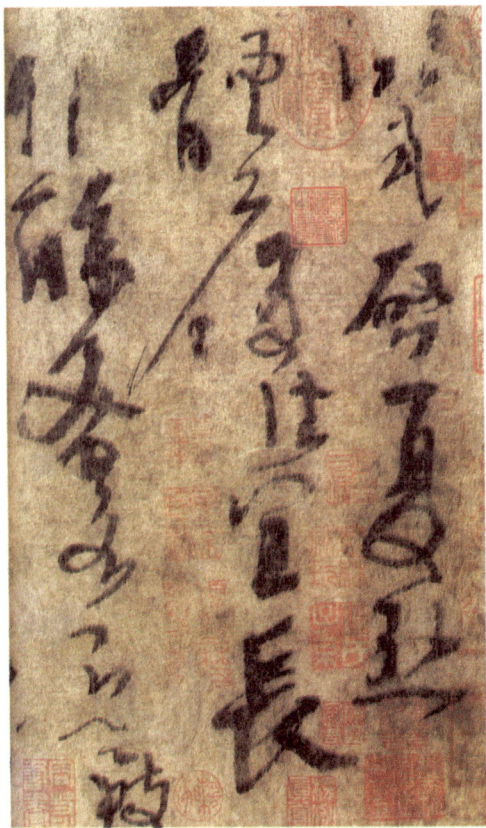

白居易《琵琶行》诗意图（明·仇英绘）

我闻琵琶已叹息，又闻此语重唧唧。
同是天涯沦落人，相逢何必曾相识。

> 历史文化百科 <

〔沧州铁狮子〕

有句俗话叙述我国北方今河北省的著名文物，叫做"沧州狮子应州塔，正定菩萨赵州桥"。这里提到的沧州的铁狮子，铸于五代后周广顺三年(953)。铁狮身长6米，高5.3米，重40吨。它背负巨盆，翘首原野，造型气势雄伟，象征着力量与信心。传说这是为镇水患而铸造的。如此巨大的铸件，需要许多铁炉一起操作才能铸造，体现了后周铸造工艺的先进水平。它的铸造比美国和法国的炼铁术早七八百年，在世界冶金史上具有里程碑的意义。

〇三六

杀骄将整弱军

高平之战中，樊爱能等骄兵悍将临阵脱逃，后周军险些战败。战后，周世宗整顿军纪，杀了那些逃跑的军官。

骄兵悍将临阵脱逃，差点误了大事

北汉的刘崇，趁周世宗柴荣登基不久，率军来攻，柴荣毅然率军亲征。两军决战于高平（今属山西）。

战幕刚刚拉开，后周右翼将领樊爱能、何徽见北汉兵力似乎强于后周，战不几回合就率骑兵先行撤退。这下后周右翼崩溃，千余名步兵投降北汉，形势顿时危急起来。柴荣不得不带领亲兵冲进敌阵厮杀。禁军将领赵匡胤见此情景，慷慨高呼："君王危险到这种地步，我们怎能不拼一死！"他身先士卒，拍马冲锋。殿前都指挥使张永德也率军拼死奋战。这才化险为夷，挽回局势，击败了北汉军的进攻。

樊爱能、何徽，率数千名骑兵南逃，一路上竟还剽掠后周向前方运送的辎重。柴荣派侍卫亲军军官

银镀金三钴杵纹臂钏（一对）
银镀金臂钏直径11.1厘米，宽2厘米，各重128克、146克。1987年法门寺塔基地宫后室出土。

追上逃兵，要他们停止逃亡，这些人根本不听，甚至把使者也杀了。他们一边逃，一边还散布"契丹大军就要来了""官军已经战败"等等流言。遇到刘词率后继部队赴前方助战，逃兵也劝阻援军不要继续前进。幸亏刘词不听，才与后周主力汇合，共同发起进攻，终于彻底打败了北汉军。樊爱能等听说后周军已告大捷，才陆续率军北归。

整顿军纪，处死逃跑的军官

自后唐以来，将领骄傲懒散，军队腐败不堪，有的不能打仗，有的不愿打仗，形势稍有不利，不是溃散逃走，就是解甲投降。历代帝王怕整肃军纪会引起叛乱，往往采取姑息的态度。因此樊爱能等回来后，并未把自己的临阵脱逃当一回事。

然而这一次不同了，周世宗的统一大业，差一点被樊爱能等人的行为毁了，他对此深恶痛绝，决定从樊爱能等人开刀，好好整肃一下军纪。于是下令逮捕樊爱能、何徽，以及他们手下的军官七十多人，柴荣

中晚唐及五代十国时期的科技发明表			
项目	证据	海外同比	意义
搜录治头痛风、补肺止咳等有显著疗效的中医验方	陆贽《今古集验方》刘禹锡《传信方》等		发现了杏仁、狼牙树叶等中药材的治病效果，促进了中医药学的发展。
水位记录	四川涪陵白鹤梁石鱼图，始于广德二年（764）	世界上历时最长	是中国也是世界上历时最长的实测水位记录。
水密隔舱	江苏如皋出土的唐代木船	约18世纪时西方人才采用	增强了船的抗沉能力，因此能把船造大。
发烛（火柴）	陶谷《清异录》	16世纪英国发明安全火柴	方便了生活。
雕版印刷术	敦煌发现咸通九年（868）印制的《金刚经》	世界上最早	使书籍的发行量大增，加速了人类文明进程。
曲辕犁			可调节翻地深度，对发展农业有利。
车船	《旧唐书·李皋传》		向实现船舶机械化迈出重要一步。
有关茶叶研究的总结	陆羽《茶经》	中古世界所独有	为种茶、制茶、饮茶提供了理论和方法。
修建五台山佛光寺	佛光寺东大殿建于大中十一年（857）		传统的木结构建筑技术已经成熟。
潮汐高低潮时推算图	窦叔蒙《海涛志》	比欧洲早四百五十年	提出了我国最早的高低潮时预报方法。
铸造大型铸件	沧州铁狮子，铸于五代后周广顺三年（953）	比美国与法国要早七八百年	世界闻名的巨大铸件。
制造火药	郑思远《真元妙道要略》		中国的四大发明之一。
火药用在军事上	路振《九国志》记载唐天祐三年（906）淮南兵"以机发火"	世界上最早	火药兵器的出现，预示军事史将发生变革。

当着全军的面斥责说："你们都是经历了几个朝代的老将，并不是不能作战，这次望风而逃，不是出于别的什么原因，只是打算把我当奇货异珍出卖给刘崇，以换取你们的荣华富贵。"事实上也确是如此，如果这一仗后周败了，樊爱能等人就会投向北汉，求得赏赐重用。柴荣把樊爱能等七十多人全部斩首。骄兵悍将们见柴荣军法如此严厉，不再对他们纵容姑息，这才开始有所畏惧。

招募勇士，整编禁军

接下来，柴荣又下令对禁军进行整编，健壮的留下，老、弱的一律淘汰。又下诏招募天下勇士，由各州、县负责送到京城，命赵匡胤挑选其中最强壮的组成殿前各路亲军。从此，中央禁军兵强马壮，战斗力之强，超过五代任何一个政府的军队。柴荣就依靠这支军队，南征南唐，北讨北汉和辽国，取得很大的成就，为后来北宋的统一，奠定了基础。

▶历史文化百科◀

【均田图】

均田图是五代时后周世宗柴荣依照唐末元稹的"均田状"制定的征税标准。唐末元稹在做同州刺史时，为减轻农民负担，打击隐瞒土地、偷逃税款的不法地主，增加政府财政。除去河碛地和无主荒地外，重新丈量州内土地。将两税税额按现有耕地加以分配。后周采用此法制定的均田图效果也比较明显。

〇三七

韩延徽献策

耶律阿保机用汉人韩延徽做谋士。韩延徽献策在契丹实行胡汉分治，这种政策对契丹的发展起了很大的作用。

阿保机任韩延徽做谋士

五代时，契丹的耶律阿保机统一了契丹八部，进攻党项、室韦，并收服四周小国，势力越来越大。后唐时，耶律阿保机便登基称帝，自号"天皇王"。

在耶律阿保机走向强盛的过程中，有一个名叫韩延徽的汉人起过很大的作用。韩延徽是幽州人，原是燕王刘守光的部下，当年被派往契丹当联络官。韩延徽恪守儒家"夷夏有别"的传统，不认阿保机为正统君主，不愿对他行跪拜礼。阿保机十分生气，将他扣留下来，让他牧马。过了些日子，皇后述律对阿保机说："韩延徽守节不屈，

于阗国王供养人像（壁画） 这是五代十国时期敦煌壁画中最大的供养人像。高达2.9米，头戴冠冕，身穿龙袍，佩长剑，登高头履，完全是中原汉族衣冠。在甬道两壁或经变下方来看，供养人像都姿态极妍，生气宛然，达到了我国古代人物画的高级水平。

说明他是个有德行的人，为什么凌辱呢？应该待之以礼，对他重用。"阿保机觉得这话有理，便把韩延徽召回。交谈之下，感到此人确实很有见识，便将韩延徽纳做了自己的谋士，许多政事，尤其是与统治汉人有关的事，都要征询他的意见。

韩延徽献胡汉分治之策

那个时期，幽州、涿州地区的汉人统治者十分暴虐，不少汉人逃到了契丹境内。韩延徽便向阿保机献策，要他建立与汉族王朝相似的官府机构来管理境内的汉人。阿保机接受了。于是，契丹国内便出现了胡汉分治的状况，即用适合于游牧生活经济状况及氏族传统的制度和机构管理契丹人；而对汉人，则另有一套适合农耕生活以及汉族文化习俗的制度和机构。到耶律德光时，他把阿保机设置的南北两院大为扩充，设

南北两面官。北面官，用"国制"，即用契丹的传统制度统治契丹人和其他少数民族；南面官仿汉制，用来统治汉人和渤海人。当时韩延徽还建议召募逃亡的汉人垦荒耕作，恢复农业生产。阿保机也接受了。逃到契丹的汉人便陆续安居下来。生产恢复发展之后，政府有了租赋收入，耶律阿保机的经济实力也增强了。这种分治的办法，对契丹的发展确实起了很大的作用。

鸿雁折枝花纹银杯
银杯口径5.2厘米，高4.5厘米，唐代酒具。

历史文化百科

〔揭开"秘色瓷"的秘密〕

　　唐朝诗人陆龟蒙描述"秘色瓷"道："九秋风露越窑开，夺得千峰翠色来。"但自宋代以来，人们一直没见过，以至有人认为它根本不存在。直到1987年，在陕西扶风法门寺地宫中出土的瓷器，据同时同地出土的碑文证实，正是"夺得千峰翠色"的"秘色瓷"。它是越窑烧制的进贡用瓷，至少从晚唐懿宗、僖宗时已开始生产，盛行于五代。

《晴峦萧寺图》（五代·李成绘）
李成（919—967），字咸熙，五代宋初画家。他原为唐宗室之后，五代末为避战乱移居营丘（今山东临淄），故后人称为"李营丘"。其画在宋时享有极高声誉，被称为"古今第一"。此画上半部二峰高叠，左右山峰低小淡远，当中一座楼阁突出。画的最下处小溪潺潺，板桥一架，亭馆数间，有人群来往。后人谓"李氏画法，墨润而笔精，烟岚轻动，如对面千里，秀气可掬"，于此图可见一斑。

123

华美精致的唐云头锦鞋

唐代是一个疆域广大，对外交流频繁的国家，西北和回纥、突厥，西南与吐蕃、南诏，东北和渤海诸少数民族都有密切往来，这双出土于新疆阿斯塔那墓群的唐朝云头锦鞋，华美精致，锦鞋前装一块很高的履头，是用来钩住长裙的下摆的，说明唐装在该地也曾风行，见证了唐代与回纥交往的频繁。

回乡探母的经历

　　韩延徽身在契丹虽受礼遇，但时时思念中原故乡及年迈的母亲。同时，作为一个汉族士大夫，为胡族君主服务总觉得不是滋味。于是，他找个机会逃出契丹，回到中原。李存勖本想任用他，手下一个叫王缄的却说："此人反复无常，不可靠。"韩延徽得知这情况，便请求李存勖允许他回乡探母。其实他是因投奔故国遭人怀疑想重返契丹。了解他的朋友不免为他担心，说："你从契丹叛逃，现在又回去，岂不是自寻死路？"韩延徽颇有把握地说："阿保机自我离开，就好像丧失了双目和手足；如今我回去，他的手足和双目完好如初，高兴犹不及，岂肯害我？"

　　耶律阿保机见韩延徽回来，果然喜出望外，抚着韩延徽的背问："你是到哪里去了呀？"韩延徽只是回答："因为思念母亲，想回去看看，怕你不答应，所以私自回去了。"阿保机便不再追究，仍然让他做"政事令"，就是宰相，契丹人称韩延徽为"崇文相公"。后来韩延徽写信给李存勖，说自己北归是害怕王缄的谗言，托李存勖照顾母亲，还保证说："只要我在这里，契丹一定不会南侵。"其实，韩延徽哪能保证得了契丹不南侵？李存勖当后唐皇帝后，契丹就曾出兵进攻后唐的大将周德威。

柳宗元《江雪》诗意图（明·宋旭绘）

千山鸟飞绝，万径人踪灭。
孤舟蓑笠翁，独钓寒江雪。

○三八

刚守寡的皇后想出绝招

公元926年，五十五岁的契丹国皇帝"天皇王"耶律阿保机逝世。皇后述律氏又是伤心，又是发愁：丈夫活着的时候，能用强有力的手段控制住那些部落酋长和带兵的将领；现

太后断臂

述律太后为了巩固儿子的统治，杀了很多人做耶律阿保机的殉葬者，她自己也为此付出了代价。

在，他不在了，继位的儿子年轻、稚嫩，那些有权势的酋长和将领，会服从小皇帝的统治吗？述律皇后经过一番深思熟虑之后，终于在阿保机的灵前想出了一个令人不寒而栗的绝招。

用殉葬做借口杀人

第二天，述律皇后调集最亲近的部下，按照预料布置一番后，就召集高级将领和酋长夫妇一同参加耶律阿保机的葬礼。临下葬时，她哭着问那些将领和酋长："你们想不想念先帝？"众人自然都回答："我们都身受先帝大恩，怎能不想念？"述律皇后说："如果真的想念，就应该去找他！"话刚落音，她一跺脚，早已做好准备的武装侍卫一拥而上，把那些毫无防备的

《四天王木函彩画》（五代·佚名）

此四幅四天王彩画分别绘于一函的四个面上，该木函是于1978年4月在苏州瑞光寺塔第三层"塔宫"中发现的。四天王是佛教的护法天神，为东方持国天王多罗吒，西方广目天王毗留博义，南方增长天王毗琉璃，北方多闻天王毗沙门。四天王足踩地鬼，神态威武，衣带飘举，虬须飞动，形神俱备，颇有吴道子之画风。内墨书"大中祥符六年（1013）四月十八日记"等字样，为施主供养入塔时所写的年号，从其画风格来看，当为此年以前的五代之物。

酋长与将领拉到阿保机墓前，手起刀落，让他们全都做了殉葬者。那些被杀者的妻子一时都惊呆了，待回过神来，自己的丈夫都已成了刀下之鬼，墓地上顿时响起一片哭声。述律皇后低声喝道："不许再哭了，我如今成了寡妇，你们也应该跟我一样！"那些妇人到了此时哪里还敢违抗，只得抽泣着回去。

镶嵌宝石的梅花纹金耳坠
纯金制作，一式两件，形制相同。坠身似橄榄，上有小环。中饰一周联珠，上下饰梅花，其间镶满各色宝石，坠钩成U字形。造型典雅，装饰豪华。

▶历史文化百科◀

〔少数民族行政区划——羁縻府州〕

为了统治内附的周边少数民族，唐朝从太宗时开始设置一种特殊的行政区划——羁縻府州，又称蕃州。唐朝在内附的周边少数民族地区设置羁縻府州：在行政管辖方面，任命各族原部落首领（包括国王、可汗等各种名称的君长）为都督或刺史，统率原来的部众；在行政上保持半独立状态，在政治上保留各族原有自治权。羁縻府州虽有较大的自治权力，但都督、刺史却必须由中央任命，由朝廷发给印信，并取消原有的"可汗"等称号。

耶律阿保机的二儿子耶律德光登上宝座，他尊述律为皇太后，军国大事都由她决定。太后对下属官员，只要她认为是比较狡猾或者看不顺眼的，就对他们说："替我传句话给先帝。"然后就下令把他们押到耶律阿保机的墓前杀掉。述律太后就用这种手段，为儿子的统治剪除了她认为会成为障碍的人，前后被杀的数以百计。

断臂以堵人之口

有个名叫赵思温的大将，原是汉人，因有才干而又勇敢，曾深得耶律阿保机的宠信。有一天，赵思温做了件不合太后心意的事，述律太后非常生气，也要他去"传话给先帝"。赵思温抗旨不去。太后说："你是先帝的宠臣，为什么不肯去？"赵思温大声回答说："先帝最亲近的是太后，太后如去，我随后就到。"在赵思温之前，被杀的那些人，其实临死前都想到过这句话，只是没有人敢说。赵思温心想：不说，是死；说了，大不了也是一死。所以他就大着胆子说了。

述律太后心里也十分清楚，她知道总有一天会有人这样说的。没想到的是，死了这么多人后才听到这话。她定了定神，从容开口说道："我并不是不愿追随先帝于地下，只因继位的儿子年纪还小；一国不能无主，一时不能脱身。"话音刚落，她就拿起一把剑来，手起剑落，把自己的左臂膀砍了下来。然后，忍着剧痛，用微弱的声音下令把这条臂膀放到阿保机的墓中去，代表她殉葬。这一着也是她早已准备好，用来堵住质问她的人之口的。不过，赵思温却因此逃了一条命。

二十多年之后，耶律德光死了。他哥哥的儿子耶律兀欲自立为契丹国皇帝。述律太后坚决反对，她要立耶律德光的儿子为帝。那些二十多年中成长起来的新酋长与将领们，怕旧戏重演，纷纷倒向兀欲。述律太后最终被孙子兀欲囚禁在阿保机的墓中，直至死去。

世界大事记

克罗地亚的大公托米斯拉夫被宣布为国王，承认西方基督教为国教。

杨行密　朱延寿　　韬晦　逆境　　《资治通鉴·唐昭宗天复二年》《十国春秋·吴·太祖世家》《十国春秋·吴·朱延寿传》

人物　关键词　故事来源

〇三九

杨行密被封为吴王

唐朝后期，藩镇割据愈演愈烈。不少草莽英雄只要掌握一支武装，占据一块地盘，便称王称霸起来。吴王杨行密就是其中之一。他出身贫寒农家，做过盗贼。虽然生得高大，只手能举百斤，但武艺却极平常。不过，他颇有智谋，善于用人，渐渐地就聚起了三十六英雄，拉

装瞎除异己

杨行密煞费苦心，用超常的毅力在怀有异心的妻子面前装瞎，最后终于铲除了异己，平定了反叛。

起一支队伍，经过十几年的努力，终于平定江淮一带。唐天复二年（902）三月，被唐王朝封为吴王。追随他的将领纷纷加官晋爵，他的妻弟朱延寿也做了奉国军节度使。

用装瞎之计

杨行密功成名就，日子却似乎过得并不舒心。近两年他忽然患了眼疾，经常向夫人朱氏抱怨，说视力越来越差，几乎什么都看不清了，手下人有事求见，他常把张三错认为李四，有时甚至把狗错看成猫，闹出不少笑话。朱氏对此将信将疑，她一边仔细观察，一边故意做些丑事，看他会不会发火。但每次杨行密都茫然不知，毫无反应。朱氏这才相信，他的眼睛真的快要瞎了。朱氏夫人，就是朱延寿的姐姐。她把这些情况都悄悄地告诉弟弟。朱延寿听了大喜。朱延寿早已心怀异志，准备一有机会就背叛杨行密。现在听姐姐一说，觉得机会来了。

其实，朱氏姐弟上当了。原来杨行密平定江淮之后，并未安心。他深知手下有几个悍将很难控制，像

柴再用林中夺马

柴再用（？—935），汝阳（今属河南）人。他是杨行密手下的一员虎将，率兵作战，所向披靡。唐昭宗乾宁二年（895）擢光州刺史。天祐初，朱温攻淮南，经过光州，柴再用英勇抵抗，斩获甚多。杨行密建立吴国后，拜柴再用为左龙武统军，后历任武昌军节度使等职。选自清代马骀《马骀画宝》。

> ### 〉历史文化百科
>
> 〔鼓楼〕
> 鼓楼即专门放置鼓的楼。晚唐时开始在城镇集市中修建，主要用于城市的报时和警戒，还有一定的景观作用。此后历朝历代的市镇中大都有专门的鼓楼。

《山溪待渡图》（五代·关仝绘）
《山溪待渡图》画中峻峰高耸，瀑布飞泻，冈峦自近及远盘礴而上，楼阁掩映，远山迷蒙，气势宏大，意境幽深。全图用勾染和皴法的技巧来表现，笔力坚挺，用墨厚重有分，染晕层次甚多，具有鲜明的北方特色。

同乡田頵、沙陀人安仁义。尤其是妻弟朱延寿，还有姐姐作内应，说不定哪天就会谋反。但又找不出理由把他们除掉，只有时时多加防备。谋臣徐温献上门客严可求的妙计，要杨行密用装瞎来迷惑人，引诱心怀鬼胎的人暴露，以便抓住把柄下手剪除。这个计策被杨行密采纳了，然而却也很苦，试想每日在朱氏的监视下装瞎，不能有一时一刻的懈怠，一装就是几年，除了心机，还要有超常的毅力才行。

时机成熟，铲除异己

唐昭宗天复三年（903），田頵和安仁义果然都反了。田頵派了两个使者，带着密信，伪装成商人去与朱延寿联络。谁知这两个使者被杨行密手下的大将尚幺遁抓住，杀了一个，另一个吓得全盘供出。尚幺遁立即报告杨行密，田頵还不知道，他又派杜荀鹤去联络，朱延寿一口答应。但这时，杨行密布下多时的网也要收了。

这一天，当着朱氏的面，他仍然假装看不见，一头撞上大柱子，倒在地上昏了过去。朱氏赶紧过来扶起，过了好久杨行密才苏醒过来，哭着对朱氏说："我事业虽成却瞎了眼睛，看来是上天要废我呀！几个儿子年幼又无才能，军国大事只有交给延寿我才放心，你快去召他前来。"朱氏信以为真，连忙派亲信去给朱延寿送信。朱延寿急急忙忙赶来。在这之前，杨行密早已让徐温在正厅埋伏下兵力。他见朱延寿到来，马上迎到门口，睁开眼睛对朱延寿说："几年没见大舅哥，今天果然相见了。"朱延寿见杨行密忽然不瞎了，知道大事不好，回身想走，早被埋伏的武士抓住。杨行密立即下令把他杀了，朱氏也被废弃。不久，杨行密又平定了田頵和安仁义的反叛。

越窑青瓷罍
此件越窑青瓷罍出土于浙江余姚唐墓，高30.5厘米，黄釉，腹上刻有"大中四年"（861）字样。越窑是唐代六大青瓷产地之一，在越州境内（今浙江余姚上林湖滨地区），所产青瓷最为精致，器形繁多，胎质细密，釉色均匀，青翠润泽，并多有外销。

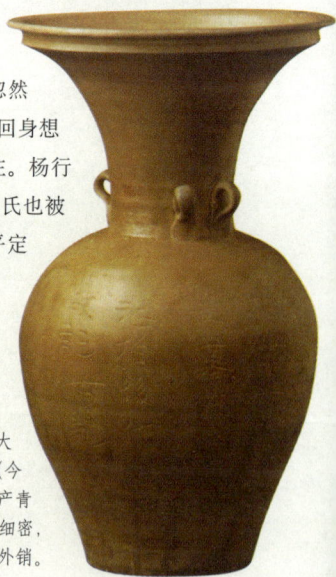

徐温罢战

吴国大将徐温忧虑战争给军队、老百姓带来的苦难，毅然在胜利之际罢战，以此换得与吴越的和解。

战场上的思考

后梁贞明五年（919）七月，南吴境内的无锡（今属江苏），有两支大军正要举行大会战。进攻的一方是吴越军，指挥官是吴越王钱镠的儿子钱传瓘。早在四月，钱传瓘曾在狼山脚下的长江上，率吴越舰队把吴军打得大败。现在，他率领三万大军又摆开阵势，打算在陆地上再次打败吴军。防守一方的吴军左翼大营里，大丞相、东海郡王徐温身披甲胄，正部署吴军迎战。吴越军开始进攻了，他们的主攻矛头正对着吴军左翼大营。吴军在主帅徐温的指挥下奋力抵抗，不过这位主帅不是真徐温，真徐温此时正躺在指挥官营帐中休息。原来在这两军交战的关键时刻，徐温生了病，头昏脑胀，不能指挥作战。手下的节度判官陈彦谦急中生智，选了一名相貌酷似徐温的小头目，冒充徐温坐镇中军大帐。这样，既可让徐温休息治疗，又可迷惑敌人，还能稳定军心，真可谓一举三得。

在杀声连天的战场上，要真正安下心来休息谈何容易！徐温躺在床上，脑子里尽想着打仗的事。四月的狼山之战，吴兵被杀一千多，七十多名将领被俘，大将彭彦章身负几十处创伤后自杀；十一年前，吴越的张仁保入寇东洲，吴兵也死伤近万。如是进攻城市，往往围困到城中粮绝，连百姓也跟着遭殃。这样的战乱不知要延续到哪年哪月？

用火攻取胜

然而，容不得徐温多想，眼前的战斗正迫在眉睫。吴刚建国，吴越王钱镠就声称奉梁王朝的诏令出兵征讨。吴的水军已在狼山战败，如果这一仗还不能取胜，势必威胁到生存。徐温顾不得再多想过去的事，病势稍有好转，就急忙亲自去指挥作战。

徐温仔细观察双方形势。忽然，他有了主意。原来因长期干旱，战场上草

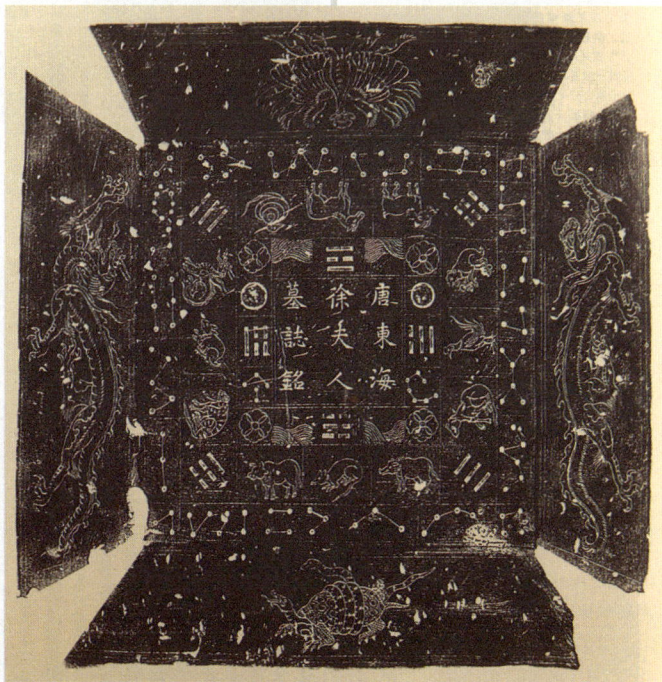

南唐墓志上的十二生肖

十二生肖是我国传统的记岁方法，每一生肖以一种动物来象征。江苏南通出土南唐徐氏墓志的志盖中部刻十二生肖图形，次序与我们今天使用的完全相同。这是目前发现的比较完整的十二生肖文物。

129

木枯黄，一点就着，风又是吹向吴越军方向的，这不正可以采用火攻吗？徐温当机立断，令吴军乘着风势纵火，火随风势，风疾火猛，吴越军顿时大乱，四下溃逃，伤亡无数，好多将领或被杀死，或被烧死，只有钱传瓘在乱军中逃走。

罢战不再追击

吴军大胜，徐温下令收兵。徐温的养子徐知诰站出来请求给他二千步兵追杀吴越残兵败将，一举夺取苏州。徐温此时脑中又想到先前在病床上想起的那些事，摇摇头说："敌人已经战败，我们何必穷追不舍！我现在只希望休战安民。"其他将领大多附和徐知诰的意见，认为吴越军全靠船舰。现在天下大旱，水道枯干，正应集中步骑力量乘胜进兵，一举把他们歼灭！徐温仍然摇头叹息说："长期战乱，民不聊生。如今我们取胜，不再穷追猛打，吴越一定很感激。如能就此达成和解，让两国人民安居乐业，君王臣属高枕无忧，岂不比你死我伤，争斗不已更有意义！"众将领听他这么说，就不再坚持。

《秋山晚翠图》（五代·关仝绘）
《秋山晚翠图》画中山峰峭拔，山间寒林秋树丛生，涧水悬瀑曲折而下，气势壮伟。所呈现的风格是绵密深厚，山石坚实，自然而有气韵，笼罩着一片关、陕山水之大气。

>历史文化百科<

〔五朝皇太后〕

唐名将郭子仪的孙女郭氏嫁于宗室李纯，即后来的唐宪宗，后被封为贵妃。她出身将门，端庄贤惠，母仪天下。宪宗死后，先后有穆宗、敬宗、文宗、武宗和宣宗都尊郭氏为皇太后。她都能谦逊有礼，表率后宫。各朝君主也对她敬重有加，但宣宗对她却比较冷淡，后暴卒身亡。因其五朝皆贵为皇太后，亦称之为五朝皇太后。

李贺《苏小小墓》诗意图（明·佚名）

幽兰露，如啼眼。
无物结同心，烟花不堪剪。
草如茵，松如盖。
风为裳，水为珮。
油壁车，夕相待。
冷翠烛，劳光彩。
西陵下，风吹雨。

与吴越和解，实行休战安民政策

过了些日子，徐温派使节携带吴王杨隆演的书信去见吴越王钱镠，并送还无锡之役的战俘。吴越王钱镠也派使节向吴请求和解。从此，吴国休兵安民，所属三十余州的军民，安居乐业长达二十余年。

据说徐温早年追随杨行密，打败赵锽后，其他将领都去抢夺金银财帛，他却去占了几个谷仓，用仓中存米熬粥，救济因战乱而饥饿的百姓，因而深得吴人之心。吴王杨隆演即位，徐温独掌吴国的实权，他还是一如既往，不穷兵黩武，经常体谅百姓、军队的疾苦。所以无锡罢战，也就不是奇怪的事了。

中国著名的斜塔：云岩寺塔

云岩寺塔俗称虎丘塔，位于江苏苏州市阊门外的虎丘山上，始建于五代后周显德六年 (959)，北宋建隆二年 (961) 建成。云岩寺塔为八角七层仿木结构楼阁式砖塔，塔身残高47.5米，由外壁、回廊、塔心三部分组成。外壁每层转角处砌成圆形角柱，每面用间柱划分三间，当中一间是塔门，左右两间是砖砌直棂窗。柱顶横额上置斗拱承托塔檐。廊内是塔心，呈八角形，东南西北四面开门。塔身早期即向东北倾斜，成为我国著名的斜塔。

○四一

为求发展广招人才

吴王杨隆演在位时，镇海节度使徐温大权独揽。吴天祐十二年，即后梁贞明元年（915），徐温留长子徐知训在首都扬州管理政事，自己率军驻扎在润州（今江苏镇江），进行遥控。

徐温的养子徐知诰，则做了昇州（今江苏南京）刺史。他提倡廉洁，发展农业，为求发展又广招人才。他自己生活节俭，但对来投奔的宾客却乐善好

密室画灰

徐知诰用宋齐丘做谋士，但为了避免引起徐温的猜忌，两人躲在密室中，用在炉灰上写字的方式来密谋策划。

施。因此，不少人都慕名而来。其中有个叫宋齐丘的，出身微贱，年幼丧父，穷愁潦倒，曾不得不靠娼家魏氏资助糊口。但他十分好学，胸怀大志，总认为自己将来能成大事，也颇为自负。后来，在一次偶然的机会中，徐知诰与之交谈之后，觉得他有奇才大略，立即引入府中，当作重要谋士。

用韬晦之计骗过徐温

有一次，徐温在徐知诰府中见宋齐丘谈古论今，雄心勃勃，心中有些不悦。因为徐知诰是养子，如得富有雄心的谋士相助，就会威胁到自己亲生儿子的地位。于是派人打听宋齐丘的底细，得知他寄住在自己相识的石头大师的寺院内，便去对石头大师说："姓宋的穷小子在我儿子门下，我担心他不教我儿子致力于忠孝之道，请大师留心观察他的所作所为。"宋齐丘此时也觉察到了徐温的用心。便每天早出晚归，回来时必定喝得酩酊大醉。又常拿些花街柳巷的淫词俚曲给石头大师看。过了些日子，石头大师就对徐温说：

宋齐丘

宋齐丘，字子嵩，一字超回，庐陵（今江西吉安）人，晚年隐居九华山。吴时，累官右仆射、平章事。李昇代吴，以齐丘为丞相、同平章事，寻出为镇南军节度。李璟嗣位，召为中书令。显德末，放归，缢死。选自明刊本《元曲选》。

> 历史文化百科 <

《通典》

《通典》是唐朝杜佑撰写的中国第一部典制体史书。始于传说中的唐虞时期，止于唐天宝末，全书略古详今，分列食货、选举、职官、礼、乐、兵、刑、州郡、边防九典，各典皆取材广泛，究典制之原本，考其得失，对后世史书编撰影响很大，与宋朝的《通志》、《文献通考》，统称为三通。

保存完整的古天文文物：南唐墓志二十八宿

二十八宿星是古人作为观测日、月、五星运动的一种坐标。江苏邗江出土的南唐王氏墓志，其盖顶部内刻日、月、华盖（杠）和陈宿星、八卦，中部刻十二生肖，外刻二十八宿。这是保存非常完整的古天文文物。

"姓宋的小子原是个酒色狂徒，不值得忧虑。"这样一来，徐温就不大注意宋齐丘了。

画灰定计在密室

徐知诰治理昇州卓有成效，整修了城墙，还建造了十分壮观的官衙房舍。后来，徐温来视察，发现昇州富庶繁华，决定把自己的总部迁来昇州，将徐知诰调任润州的团练使。徐知诰心里不愿，派人去请宋齐丘来商量。二人在顶楼密室相会。这间密室在楼的最高一层，室中的屏风全部撤去，以防有人躲藏偷看。屋正中放一只大火炉，二人平时密商时默默相对，不说一句话，只用拨火棍在炭灰上写字，写完就随手抹去。这天，宋齐丘了解了徐知诰的苦恼后，就在灰上画了幅有润州、扬州的简略地图，在扬州旁注上"徐知训"，又写上几个字。徐知诰看着地图思索了一会，

备受学术界瞩目的栖霞寺舍利塔

江苏省南京市栖霞寺内的舍利塔始建于隋仁寿元年（601），五代南唐时由大臣高越、林仁肇重建。该塔为密檐式石塔，呈八角形，五层出檐，高约十八米。每层塔身下均施宝装莲瓣一道，每面塔身均辟二龛，内刻佛像一尊，上部覆八角形石盘承托塔檐。整座塔虽然体量小巧，但其比例匀称，造型精美，细部雕饰繁简得当，具有很高的艺术水平。加之唐塔多为方形，绝少八角形，因此该塔成为我国建筑史上的重要实例，备受学术界瞩目。

终于笑了。第二天他就爽爽快快地启程去润州就职。

原来，宋齐丘提醒徐知诰的是：徐知训骄傲放纵，胡作非为，所以随时都会出事，而润州和扬州只一江之

133

形神兼备的三彩马

134

伊朗的西部和西南部被突厥酋长白益占有，形成国家，这是白益王朝的开始（—1055）。

元稹《道行》诗意图（明·李流芳绘）
犬吠穿篱出，鸥眠起水惊。
愁君明月夜，独自入山行。

友谊的坐标：东罗马金币（下图）

金币为纯金制作。直径2厘米，重4.1克。1988年咸阳国际机场贺若氏墓出土。正面为王者的前半身像，头戴皇冠。右手持矛头王杖，斜扛于肩。铭文为 DNIVS-TINVSPPAVG，背面为一女神像，头戴盔，身着花袍，肩附双翼，右手持杖，左手托一地球。地球上有一"十"字架，周围铭文为 VICTORIAAVGGGB 和 CONOB。此币是东罗马查斯丁尼二世（568—578）在君士坦丁堡所铸，币上双孔系传入中国后钻成，出土时置于墓主的口中。

隔，扬州一出事，身在润州的徐知诰就可以快速采取行动，争取主动。所以，调任润州，倒是个极好的机会。

按计策行动获得成功

后来，徐知训果然被朱瑾杀了。徐知诰得到消息，立即率军渡江去扬州，稳定民心，恢复秩序。待徐温得到消息后赶来，徐知诰已经站稳脚跟；又因其他儿子都还年幼力弱，徐温只好承认既成事实，命徐知诰代替徐知训接管首都的政事。

宋齐丘以后就成为徐知诰的首席智囊。但因为徐温仍讨厌宋齐丘，所以宋齐丘官始终做不大，只是个殿直军判官。

形神兼备的三彩马（左页图）
三彩马高58.7厘米，身长57厘米。黄鬃白马，鞍鞯俱全，四蹄直立于回字形底板之上，引颈昂首，作嘶鸣状。此马比例准确，形神兼备。

135

○四二

荒淫无道惹风波

荒淫跋扈埋下祸根

徐知训骄横跋扈，多行不义，终于激怒了朱瑾。朱瑾杀了徐知训，却是为徐知诰扫清了夺得大权的道路。

吴王杨隆演是个忠厚谨慎的人。徐温父子专权，他从来没有不悦的言语和脸色。徐温因此很安心，平时倒也恪守君臣之礼，对吴王表示尊重。他的长子徐知训就截然不同了，仗着父亲大权在握，骄横跋扈，全不把吴王放在眼里。有一次竟逼着杨隆演和他一起演戏，他自己扮主角参军，让杨隆演扮配角家奴，把头发扎在头顶，身穿破衣，跟随在后。又有一次到禅智寺赏花，徐知训借酒装疯，诟骂杨隆演。杨隆演十分恐惧，不禁哭起来。侍从们看不下去，就扶杨隆演上船快速离去。徐知训乘小舟追赶，没赶上就暴跳如雷，用铁锤当场打死侍从。文武百官对他的所作所为十分不满，却没人敢去告诉徐温。

朱瑾是吴国有名的将领，当初率劲骑投奔杨行密，吴军因此声势大振。杨行密曾解下自佩的玉带相赠。徐知训早年曾随朱瑾学过兵法，所以两家是世交。

莲瓣纹镏金三足银盒
三足银盒高3.6厘米，直径5.3厘米。1989年陕西西安东郊出土。盒由盖、器两部分组成。盒为敞口，底近平，腹分十二瓣，中有突棱，下具三蹄足。盖上有圈足捉手。银质镏金，錾花，鱼子纹填地。盖面饰相对的桃形莲瓣，瓣内錾刻花草图案，捉手内饰鸾鸟和蔓草。器腹饰萱草和鸾鸟纹。鸾鸟或振翅欲飞，或展翅飞翔，或回首观望。

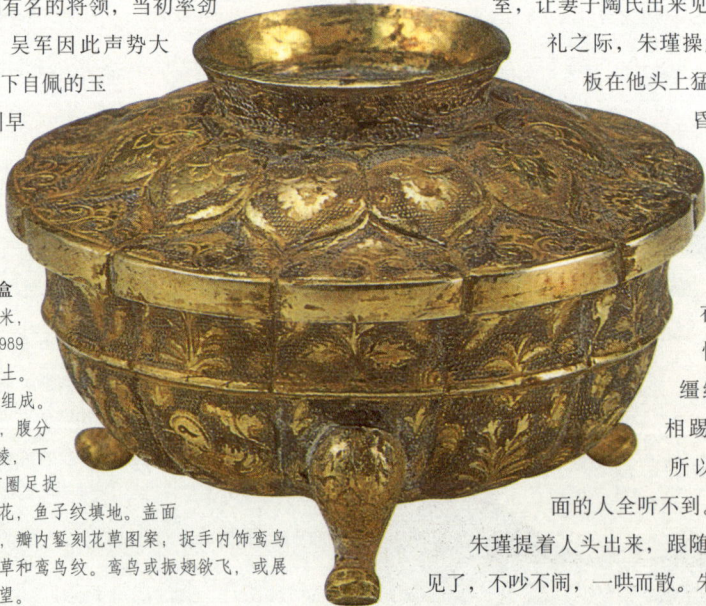

朱瑾常派人去向徐家问安。这回派去的婢女有些姿色，徐知训本是个到处追逐女色的酒色之徒，见到此女竟要施行强暴，婢女好不容易逃回朱府。污辱婢女就是不尊重主人，因此朱瑾很不高兴。徐知训非但不反省自己行为不当，反而恼羞成怒，要将朱瑾贬往外地。

笏板之下徐知训丧命

朱瑾得知外调的消息，对徐知训更加痛恨，但他不动声色。离京赴任前，朱瑾请徐知训到家里来话别。摆上丰盛的宴席，亲自为徐知训斟酒，又唤出心爱的女郎唱歌，并把心爱的马赠送给徐知训，徐知训大为高兴。酒足饭饱后，朱瑾又请他到内室，让妻子陶氏出来见礼，趁徐知训还礼之际，朱瑾操起早准备好的笏板在他头上猛然一击，将他打昏在地，埋伏在门里的勇士立刻砍下徐知训的人头。行事之前，朱瑾在廊下拴了两匹悍马，密令放开缰绳，两匹马便互相踢咬，大声嘶叫，所以室内的声音外面的人全听不到。

朱瑾提着人头出来，跟随徐知训来的卫士见了，不吵不闹，一哄而散。朱瑾直奔王府，把

公元935年 公元935年

世界大事记 高丽的王建灭新罗。

徐知训 朱瑾 杨隆演

荒淫 怯懦

《十国春秋·吴·徐知训传》
《十国春秋·吴·朱瑾传》

人物 关键词 故事来源

《秋山问道图》（五代·巨然绘）

巨然（生卒年不详），江宁（今江苏南京）人。南唐亡，至开封（今属河南），为开元寺僧。工画山水，师法董源，后世并称"董巨"，为南方山水画派之祖。其时禅宗盛行，南方山水画派崇尚"平淡天真"。此图画面中山峦重重叠起，然无坚凝、雄强之势，但见柔婉，下部溪水清澈，密林丛丛，曲折小路通向山中，山坳处三二茅舍坐于其中，屋中有二人对坐，境界清幽。前人谓巨然的山水画"岚气清润，布景得天真多"，可谓不谬。

人头捧到杨隆演面前，说："我替大王除去一个大害。"杨隆演吓得魂不附体，慌忙用衣袖遮住脸，连连说："我什么都不知道，这事你自己担当。"说着，竟逃回内宫去了。气得朱瑾骂道："你这个婊子养的，不能成大事！"他把徐知训的头摔在柱子上，拔剑欲出。但府门已关，内城警卫已赶来搜捕。朱瑾从后院翻墙而出，不料落地时脚踝摔伤。他知道逃不脱了，便回头对卫兵说："我为万人除害，后果一身承当。"说罢，就挺剑刎颈自杀了。

风波终于平息

徐温听到噩耗赶来扬州，本来怀疑在京将领都参与了朱瑾的阴谋，打算大开杀戒，为儿子报仇。后来听了徐知诰、严可求等的报告，知道徐知训完全是咎由自取，怒气才稍稍化解。他先是把朱瑾的尸首沉到雷塘池中，并灭了他的全族。后来，大约是考虑到毕竟是自己儿子先有不是，所以又下令用鱼网把尸体打捞上来，另行安葬。

> **历史文化百科**

《二十四诗品》

《二十四诗品》是唐朝司空图撰写的一部诗歌评论专著。它以四言韵语十二句描写诗歌的风格，并将诗歌分为二十四个等级。但评论中有超脱现实的虚幻思想。

吴国的这场风波终于平息。徐知训的死，最得益的是徐温养子徐知诰。他用宋齐丘的计策，抢先进京稳定局势，后来就接替了徐知训的位子。

公 元 9 4 5 年

〇四三

白袍和黄袍

徐知诰给徐温送白袍，劝说徐温不披黄袍，是为了他自己要披黄袍。不过，披上黄袍的李昪，还是颇有政绩的。

徐知诰对徐温十分孝顺

吴大丞相徐温喜欢穿白袍，过生日的那天，他收到的第一份礼物就是一件用料上乘、做工精细的白袍子。今年这件袍子还用银线绣了图案，更显高贵典雅。徐温十分高兴，不用问，肯定又是养子徐知诰送的。这个养子，比亲生儿子还要孝顺。

徐知诰的孝顺，不仅仅表现在每年生日送白袍上。平时，他对徐温总是殷勤侍奉。有一次，徐温住在徐知诰的府中，吃过晚饭觉得身体不适，早早上床睡了。半

瓷画《五子夺魁》
五代后周时期的窦禹钧，字燕山，蓟州渔阳（今天津蓟县）人，官至右谏议大夫，以词学名世。窦禹钧生有五子仪、俨、侃、偁、僖，因其教子有方，并聘请文行之士为师授业，结果五子相继登科取仕，时称"窦氏五龙"。《三字经》载"窦燕山，有义方，教五子，名俱扬"，即言此，后世民间所谓"五子登科"、"五子夺魁"亦源于此。

夜醒来，觉得有人侍奉在床前，就问是谁，答说："是知诰。"徐温要他去休息。第二次醒来看到他还在床前，就说："你自己有政事，不应该这样，废弃了公事。"徐知诰这才退下。不料再次睡醒，又见有一个女子侍立在床前，问是谁，回说是知诰媳妇。徐温慰劳她几句，把她打发走了。这样一来，徐温越来越喜欢徐知诰，曾对

其他几个亲生儿子说："你们几个都不如他，以后要好好地待他。"可是几个亲生儿子，没有一个想到给他送白袍子。

徐温终生未披黄袍

徐温生日那天，贺客盈门。客人们都称赞白袍子漂亮。有个善于巴结的客人说："可惜白袍不如黄袍好。"此话一出，满座皆惊。那个时代黄色是帝王专用的颜色，想穿黄袍就意味着想称王称帝，所以，这话岂是能随便说的？徐知诰当即就发火了，厉声斥责说这话的人"不可胡言"。他对徐温说："父亲的忠孝美德，受到朝野人士的仰慕，万一诣佞小人的话被朝廷内外听到，岂不玷污显赫的名声？父亲千万不能听信他的邪说。"其实徐知诰担心的是，如徐温急于夺位，自己不是亲生儿子，黄袍今后不一定由自己继承。不过徐温听了这番话，倒是点头称是。

徐温终其一生，果然没有披过黄袍。吴王杨隆演病危，徐温进京商讨王位继承的事。有人乘机提醒他，刘备托孤时曾对诸葛亮说过继承人如果没有才干，你可以取而

南唐陶男舞俑
南唐二陵是五代南唐先主中主两代帝王的陵墓，陵中出土文物六百多件，大多是男女陶俑和各种陶制神怪、动物形象，陶俑形象有宫廷内侍、宦官、宿卫、伶人、舞姬。这件文物即是当时的舞俑。

世界大事记　阿拔斯王朝总督伊赫希德占据埃及独立，建立伊赫希德王朝（—969）。

《十国春秋·南唐·烈祖纪》
《十国春秋·南唐·冯延巳传》

徐知诰　徐温
虚伪　谋略

人物　关键词　故事来源

杜牧《金谷园》诗意图（清·华嵒绘）

繁华事散逐香尘，流水无情草自春。
日暮东风怨啼鸟，落花犹似坠楼人。

代之的话，徐温厉色说：“我如果真有那样的意思，早在诛杀张颢的时候就做了，怎会等到今天！现在即令杨家只有女儿，我也要拥她登基称王。谁敢胡说八道，一律斩首！”后来，他就拥立丹阳公杨溥登上吴国国王宝座。

披上黄袍的李昪颇有政绩

徐温死后，徐知诰接替了他的位子，独掌吴国的实权。十几年之后，杨溥身上的黄袍终于披到了徐知诰的身上，徐知诰摇身一变成了南唐开国君主李昪。

李昪在位数年颇有政绩。他广招人才，对来投靠的知识分子态度谦卑，待遇优厚。当时中原纷乱，南唐却和平安定，北方一些贤士和有声望的文人也纷纷南下，南唐因此发展很快。

收兵息战的“田舍翁”

李昪披上黄袍后，大臣们都劝他出兵开拓疆土，宣扬国威。李昪觉得自己取代吴国不久，政权还不稳固，不能轻举妄动，就对大臣们说：“老百姓被战乱害得够苦的了，人人都是父母生养，为什么要争城扩地，害得他们血染荒野呢？”所以在位七年，他从不妄动兵戈。喜欢鼓动他打仗的大臣冯延巳，直到李昪的儿子李璟即位后才得到重用。他竟当着李璟的面讥笑李昪收兵息战，说：“丧失数千兵士就要吃饭不香，叹息多日，完全像个田舍翁，哪能成天下大事！今上有数万军队长期在外打仗，照常宴乐玩球，这才是真英雄！”

冯延巳的话，事实上道出了开国君主与继承现成王位的第二代之间的区别。如果要老百姓在两者之间选择的话，恐怕多数人是宁要“田舍翁”的。

> 历史文化百科 <

［带汁诸葛亮］

后蜀王昭远自比诸葛亮，深受皇帝宠爱，并被封为节度使。此人好读兵书，但缺乏谋略，在与宋交战时，起先意气风发，等到听说剑门失守，便惊恐万状，丢盔弃甲，哀叹着泪流满面，双目红肿，被宋军俘虏。后人便将他讥讽为带汁（泪）诸葛亮。

申渐高替饮毒酒

徐知询因庸碌无能，被徐知诰夺了兵权贬了官。但徐知诰用来毒死徐知询的酒，却被吹三孔笛的乐师申渐高喝了。

徐知诰与徐知询行事不同

自徐知训被朱瑾杀死后，在吴国中央辅政的是徐温的养子徐知诰。有人多次建议徐温用亲子换下养子，徐温不觉动心，正想采取措施，用亲生儿子徐知询替下徐知诰，不料自己突然病死。

徐温死后，徐知询做了镇海、宁国节度使兼侍中，坐在老爹据以起家的位子上。他自以为手握重兵，踞长江上游的有利地形，所以十分轻视徐知诰，不断和他发生摩擦。但徐知询年纪太轻，庸碌无能，又不会笼络人心，连对自己的几个亲弟弟都薄情寡恩，以致三弟徐知海、四弟徐知谏，反而倒向徐知诰一边。在政治上，他同样也很不成熟，吴越王钱镠故意送给他金玉镶嵌的马鞍、马勒和日用器皿，上面雕饰的全是只有帝王才可使用的龙凤图案，他竟全然无知，照单全收，丝毫不避嫌疑。

徐知诰则完全不同，他自从代替徐知训在京城辅政，就厉行节俭，政策宽松，经常视察民间，怜贫济弱。又以优厚的待遇广招人才，因而深得人心。

申渐高代替徐家兄弟饮了毒酒

徐知诰定下了对付徐知询的计策，把徐知询诱入京城，然后夺取兵权，又贬了他的官。

徐知诰把徐知询强留在京城，不便公然杀害，但总是不放心。这一天，徐知诰宴请徐知询。他用金杯斟满一杯酒，递给徐知询说："愿老弟活一千岁。"徐知询此时突然多了个心眼，他怀疑酒中有毒，接过酒杯不喝，却另拿一只金杯，把酒匀出一

现存最古老的木结构建筑之一的镇国寺万佛殿

万佛殿为山西平遥镇国寺内主体建筑，建于五代北汉天会七年（963），是我国现存最古老的木结构建筑之一。万佛殿面阔进深各三间，单檐歇山顶，为了保护屋檐下的木结构不被雨水冲毁，所以在这里就采用了特大的出檐，又运用了"屋顶举折，屋角反翘"的结构，使整个沉重而庞大的屋顶，坡度平缓，显得非常轻松活泼，整座殿内没有一根柱子，主要依靠斗拱和柱头来支撑、散力。万佛殿的斗拱保留和继承了唐代的硕大雄壮、分布疏朗、风格朴实的风格，使建筑轮廓更加秀丽，气势壮观。所以说万佛殿在建筑功能和结构艺术方面达到了统一。

公元930年 公元 9 3 0 年

世界大事记

高丽的王建灭后百济，重新统一朝鲜。

《十国春秋·吴·申渐高传》
《十国春秋·南唐·烈祖纪》

申渐高　勇敢　正直
徐知诰　徐知询

人物　关键词　故事来源

半，然后一杯拿在自己手中，一杯跪献给徐知诰说："愿与哥哥各活五百岁。"徐知诰没想到他居然也会来这一套，脸色顿时变了，左顾右盼，就是不肯接受。徐知询便跪在那里，手举酒杯，不肯起来。左右侍从一时都惊呆了，不知道怎么办才好。这时，歌舞助兴的伶人中，有个吹三孔笛的乐师名叫申渐高的，擅自走上前来，一边嘴里说着轻松幽默的话，一边抢过两只酒杯，把酒斟到一起，仰脖一饮而尽，

有较高建筑和艺术价值的石雕

南唐李昪的钦陵依山为陵，前、中两室及其所附四间侧室均是砖结构，后室及其所附六间侧室是石结构。中、后室的壁面上用石雕成梁、桥、柱子和斗拱，再用石青、石绿、储石和丹粉等矿物质颜料在其上绘以鲜艳的彩画。这是目前国内现存最早的附属在柱枋部分的彩画遗迹，在建筑史和艺术史上都具有很高的价值。

> **历史文化百科**

〔烟雨楼〕

烟雨楼位于今浙江嘉兴南湖湖心岛上，是中国八大名楼之一。五代时吴越王钱镠之子广陵王钱元璙为观光湖中美景，在南湖湖滨始建，取意唐杜牧诗"南朝四百八十寺，多少楼台烟雨中"，后几遭兵燹，南宋时重建于湖心岛上，并正式定名。烟雨楼造型美观庄重，隔水远眺，迷茫缥缈，如在烟雨之中，极具神韵。清乾隆六下江南，八登烟雨楼。四周有鉴亭、御碑亭、苏东坡《马券帖石》及南湖红船等珍贵景点和遗址。

随手把金杯揣在怀里，大笑着扬长而去。待徐知诰清醒过来，秘密派人赶快送去解药，却已太晚，申渐高毒性发作而死。

徐知诰从此不用毒酒方

申渐高是个有见识的人，不同于一般优伶。他替饮毒酒，是在用自己的生命向徐知诰进谏，希望不要再有兄弟相残的事发生。以后，徐知询果然没有再遭毒手，而是被派出去做节度使，赐爵东海郡王。他终日宴饮，几年后死在任上。徐知诰后来做了南唐皇帝，改名李昪。称帝的第二年，有人向他进献毒酒方，他说："犯法自有常刑处置，何必用这种东西！"因而禁止不用。也许这时他想起了申渐高饮毒酒身亡的往事吧？

杜牧《寄扬州韩绰判官》诗意图（清·钱慧安绘）
青山隐隐水迢迢，秋尽江南草未凋。
二十四桥明月夜，玉人何处教吹箫。

141

中国大事记

刘知远在太原称帝。后恢复定都开封，国号汉，史称"后汉"。刘知远就是后汉高祖。

〇四五

五代十国时国君大多出身微贱

唐王朝后期天下大乱。各种各样出身的人，都在纷乱中结帮拉伙，露出头角来。正像北宋文学家欧阳修在《新五代史》中说的："黥髡盗贩，衮冕峨巍。"意思是出身微贱，甚至犯过罪受过刑的人，也都称王称霸，冠冕堂皇地当起君主来。五代时南方各国的国君就大多如此。像吴太祖杨行密出身农家，做过江淮强盗，被官军捕获后，才当了州兵。前蜀高祖王建，以屠牛、偷驴、贩私盐为生，乡里人称"贼王八"。吴越开国君主钱镠，少年时是个

《重屏会棋图》（五代·周文矩绘）（及右页左图）

周文矩，金陵句容人，南唐李煜时为翰林待诏。擅长画人物、山水、车马楼台。此图人物造型颇具生活气息，着红衣者右手搭在前人肩上，悠闲而自然，人物重叠合理，用笔在铁线与游丝之间，与人物所处环境气氛极其融洽。

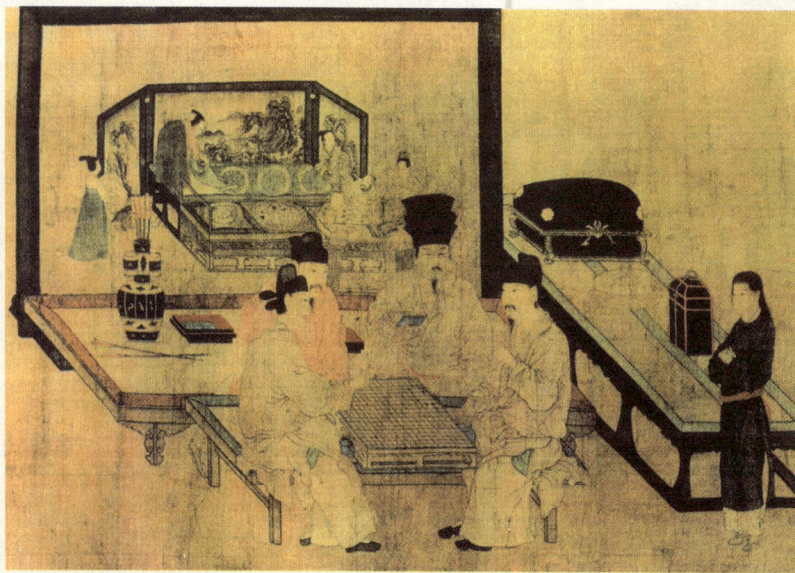

李昇假造身世

李昇出身微贱，做皇帝后却声称自己是唐朝皇帝的后代，并在唐皇族宗室中为自己认了一个祖宗，编出一套家世。

无赖，后以贩私盐为生。南平开国君主高季兴，少年时是富人的家僮。

李昇声称是唐王朝的后代

南唐烈祖李昇，也是出身微贱，六岁时父母就在兵荒马乱中去世，后来做了徐温的养子，到登上皇帝宝座后才恢复姓李。李昇想为自己编造一个辉煌的家世，以便听起来更像一个正统的皇帝。在恢复姓李后，就改国号为"大唐"，声称自己是唐王朝的后代。在祖庙里，他把唐高祖李渊的牌位放在最尊贵的地位，然后是唐太宗李世民。放在第三位的是他的养父徐温，被尊为"义祖"。文武大臣上疏说："义祖只是诸侯的地位，不应与高祖、太宗同享祭祀。"李昇说："我从小托身义祖，不是义祖在吴立下大功，我怎能使唐王朝中兴！"这是李昇的聪明之处，他知道得势后如不承认义祖，必会落个薄情寡义的罪名，那样对他是不利的。

编造出来的辉煌家世

要编家世，必须首先编造一整套皇族世系。李昇本来打算认唐太宗李世民的儿子、吴王李恪为始祖。可有人指出，李恪是被国法制裁而死的，不如认高祖李渊的儿子、郑王李元懿为好。李昇犹豫不

决,下令有关官员再考察一下李恪和李元懿后代的表现。官员发现,若论子孙,还是李恪一脉较有出息。李恪的孙子李祎,唐玄宗时戍边有功,被封为信安王。其子李岘做过唐肃宗的宰相。于是,李昪决定认吴王李恪为始祖。随后便编出从李岘到李昪的世系:

李昪哀册（右图）

李昪哀册于1950年出土于江苏江宁祖堂山的李昪钦陵中。所谓哀册,是古代帝王、皇后埋葬时所作的祭文。此哀册用青田玉制成,计完整的十三片,残缺的三十片,贮于一石函中。每片玉片的正面刻字三行,楷体,填以金粉,故极为鲜亮夺目,背面则刻每片的序号。册文中叙述了李昪的生平事迹和埋葬情况。

历史文化百科

〔李廷珪墨〕

李廷珪本姓奚，属南唐人。五代时由河北易县迁往安徽歙州。世代以制墨为业，所制之墨坚硬如玉，闻名当世，时人称之为廷珪墨，与澄心堂纸、龙尾砚并称为文房三宝，自宋以后，更是闻名遐迩，堪称墨中之精品。

李岘生曾祖父李超，李超生祖父李志，李志生父亲李荣。这些祖宗的名字都是官员们造出来的，曾祖父李超、祖父李志，竟与徐温的曾祖父、祖父同名。

可李昇还有个疑问：算来唐王朝历时近三百年，历任的皇帝有十九个，而从李渊算到自己，却只隔十代，是不是太少了呢？要不要再多造几代呢？主管此事的官员解释说："三十年称一代，陛下生于文德，即唐僖宗的年号，已经五十年了。"李昇这才放心。就这样，李昇为自己编造出一个源远流长，出身高贵的假家世。其实这在当时，也只不过为祖庙多增些牌位而已，很少有人会真的去相信的。

怡然自信的唐舞女
五代南唐先主中主二陵（位于现江苏省江宁县）曾出土大量文物，其中陶俑最多，这件陶女舞俑着装风格沿袭盛唐习俗，高髻广裙，神态怡然，舞蹈动作自然舒展，颇有唐代人自信自由的遗风。

铜雀春深锁二乔　著庵县元画册幸秦　吡杨费丹旭

杜牧《赤壁》诗意图（清·费丹旭绘）
东风不与周郎便，铜雀春深锁二乔。

《十国春秋·南唐·韩熙载传》《十国春秋·南唐·顾闳中传》 故事来源

韩熙载 顾闳中 人物

善思 机遇 关键词

〇四六

韩熙载意气风发去江南

南唐有个善画人物的画家，叫顾闳中。他的传世之作虽只有一幅，但有人评价说，单凭这一幅画，就可以压倒五代所有的画家。这幅画就是有名的《韩熙载夜宴图》。顾闳中怎么会想到去画韩熙载的夜宴？韩熙载的夜宴又有什么特别的地方？这还得从韩熙载的南奔说起。

韩熙载原是中原人，年轻时已颇负盛名。后唐明宗时父亲出了事，他为了避祸，只得逃奔江南。此人一向自视甚高，即使亡命天涯与好朋友李谷话别时，仍口吐狂言说："江南如果用我做宰相，我一定长驱直入，平定中原。"李谷也说："中原朝廷如用我做宰相，我夺取江南就如囊中取物一样容易。"两人说罢，相对大笑。韩熙载就是这样意气风发去江南的。

乱世英才韩熙载

韩熙载是个才子，但政治上并不得意，便将才华发挥在其他方面。《韩熙载夜宴图》中留下了他风流潇洒的形象。

南唐两代皇帝都未重用韩熙载

韩熙载来到吴国时，当时掌吴国实权的是徐知诰。徐知诰虽广交人才，不少中原士子

《韩熙载夜宴图》（五代·顾闳中绘）（局部）

五代南唐画家顾闳中所作《韩熙载夜宴图》，用劲健优美、柔中带刚的线条勾勒人物，服饰细入毫发，衣纹简练脱略，代表了五代时期人物画创作的最高成就，是稀有珍品。顾闳中，江南人，五代南唐画家，南唐后主时期（943—975）在南唐画院任待诏，擅长人物画。韩熙载是出身豪门的北方人，在后唐为官时遭李后主的猜疑，无奈便沉于声色，以避不测。李后主想了解他的真实生活状况，命顾闳中夜入其宅，暗中观察。正遇韩熙载家宴，顾闳中目识心记，创作了这幅纪实的人物画作品。这幅画以连环画形式表现了五个互相联系又相对独立的情节，展示了夜宴活动的内容，即听乐、观舞、休息、清吹、送别。这为研究中国古代音乐史、舞蹈史、服装史、工艺史、风俗史等提供了重要的写实资料。

《韩熙载夜宴图》（五代·顾闳中绘）（局部）

都得到他的赏识，但不知为什么，对韩熙载却并未重用，只让他去做个地方上的小官。过了几年，徐知诰成了南唐皇帝李昪，才将韩熙载任命为秘书郎，让他辅佐太子。他对韩熙载说："我是怕你出名太早，阅历不够，所以派你去经历州县小官的辛劳。希望你能严格要求自己，好好辅佐太子。"韩熙载看出李昪并不真信任他，所以在太子宫里终日闲谈说笑，并不议论朝政。

南唐元宗李璟继位后，韩熙载才开始提出一些政治主张。但是，他的主张总是不被采纳。契丹灭后晋时，韩熙载上疏朝廷，希望抓住这一北伐中原的大

好时机。但这个建议同样未被采纳。韩熙载看到宋齐丘等人在朝中结党营私，几次上疏指出这种状况将会给国家带来祸害。结果，不仅建议未被采纳，他还因此遭到宋齐丘等人的排挤。后来，中原成了后周的天下，南唐很多人开始主张北伐，韩熙载却有不同看法，他认为后周郭威虽立国不久，国境已安定，南唐轻举妄动必然无功而返。然而朝廷仍然未听他的，贸然出兵，果然被后周打败。

> **历史文化百科**

> **〔薛涛笺〕**
>
> 薛涛，唐朝时女诗人，交际花，幼时随父入蜀，父死后，沦为乐伎。薛涛通晓音律，善于作诗，当时的西川节度使韦皋召令其侍酒赋诗，以后便出入幕府，先后侍奉十一镇节度使。晚年善以松花小笺写诗，因书法笔力劲健，颇有王羲之之遗风，人们便把她所用的松花小笺称为薛涛笺。

基辅大公伊戈尔进攻君士坦丁堡，但他的舰队被有爆炸力，能在水上燃烧的"希腊火"烧毁，远征失败。

高傲而又潇洒的才子

韩熙载政治上不得意，便将才华发挥在其他方面。他经常与朋友出外冶游，穿着自己设计的时髦衣服。他设计的一种轻纱帽，南唐人人仿效，称之为"韩君帽"。他的碑碣写得极好，远近闻名，其他国的人常千里迢迢携重金来求。但韩熙载生性高傲，从不为金钱权势所屈。严可求的儿子严续请他撰写父亲的神道碑，送上价值巨万的珍宝，但韩熙载对严可求其人评价不高，所以在碑文中只简单叙述了严可求的生平，没有歌功颂德。严续看了不满意，把文章封好还给韩熙载，意思是让他修改。韩熙载接到后，立刻把礼物还给严续，并不重写。宋齐丘自己起草了碑碣，求韩熙载书写。韩熙载竟用东西塞住鼻子说："这文章臭不可闻！"

韩熙载的夜宴

南唐后主李煜当政时，倒是想重用韩熙载，谁知此时韩熙载越发风流，在家里养了四十多个歌伎舞女。凡客人来，就让姬妾们接待，这些女人与客人混杂在一起，胡闹玩乐，做出超越习俗的事，韩熙载毫不介意。有时他自己也做出十分荒唐的事来：他有个忘年交的朋友叫

杜牧《清明》诗意图（清·钱慧安绘）
清明时节雨纷纷，路上行人欲断魂。
借问酒家何处有，牧童遥指杏花村。

舒雅，韩熙载常与他穿起打补丁的衣服，背个破筐，去歌伎舞女们的院中乞讨，以此为乐。其实，他这样做是有目的的，他悄悄地对亲友们说："我这是以此自污，回避做宰相呀！"他已经看到南唐国势日益衰落，自己又没有挽救局势的良策，一旦做了宰相，决不会有好下场。

李煜对他的行事十分恼火，便把他贬官，要赶他到南都去。朝令一下，韩熙载把家里的女人们都驱散了。李煜得知消息，又下令留他在首都，官复原职。谁知韩熙载又把那些女人都召了回来。这一番折腾，弄得李煜哭笑不得。他对韩熙载在家纵情声色的情形十分不解，不知他究竟搞些什么玩意，就命顾闳中晚上去偷偷窥视，看在眼里记在心底，回来后再把它们画成图画。也亏得是顾闳中，不愧是高明至极的画家，《韩熙载夜宴图》就这样画出来了。韩熙载没有因丰功伟绩而名垂青史，但他那风流潇洒的形象，却因《韩熙载夜宴图》而流传千古了。

《高逸图》（唐·孙位绘）
《高逸图》为"竹林七贤"写影传神的《竹林七贤图》的残卷。画家抓住了人物个性特征精心描摹，四人动作情态各具神采，尤其对人物眼神精心刻画，山涛豁达、王戎任率、刘伶贪杯、阮籍悠然跃然纸上。《高逸图》虽为残卷，却为我们精彩再现了竹林七贤的风神所在。

中国大事记

郭威在开封称帝，国号周，史称"后周"。郭威就是后周太祖。

大小周后

被李煜先后封后的两位女子都姓周，是相差十几岁的姐妹。李煜在大周后还没去世时，就瞒着她与小周后幽会了。

李煜写词记幽会

"花明月暗笼轻雾，今宵好向郎边去。刬袜步香阶，手提金缕鞋。

画堂南畔见，一向偎人颤。奴为出来难，教君恣意怜。"这是南唐后主李煜有名的一首《菩萨蛮》。词中描写一个女子偷跑出去与情人幽会，怕人听见，把鞋子提在手中穿堂过阶，见了情人，又惊又喜，情不自禁向心上人撒娇。词写得清新自然。李煜这里写的其实就是他与小周后的幽会。

貌美多才的大周后

原来先后被李煜封后的两位女子都姓周，是年龄相差十几岁的姐妹俩。大周后小字娥皇，十九岁进宫，是个多才多艺的美人。她既通书史，又善歌舞，还弹得一手好琵琶。曾为公公、元宗李璟演奏，李璟十分赞赏，把珍藏的一把烧槽琵琶赐给了她。盛唐时的《霓裳羽衣曲》经唐末战乱失传，大周后从民间得到残谱，用琵琶弹奏，使这首天宝年间的名曲又得以流传。大周后又很善于打扮。她梳起高高的发髻，插上翘起的首饰，在鬓间簪上鲜艳美丽的花朵，很多人都跟着仿效，成为一种时髦。她还穿起与宽大的裙子反差很大的紧身下服，衬托出身段之美，又开了服饰的新时尚。

大周后虽比李煜大一岁，却得到李煜的专宠。李煜做国君时，南唐已沦落到年年要向宋称臣纳贡，苟安于一隅之地。但他仍过着笙歌达旦的生活，想以此忘掉兴国无策的苦恼。

大周后美貌多才，寿命却不长，二十九岁那年就生了大病，卧床不起。恰在此时，她四岁的爱子因受惊吓暴病身亡。大周后悲痛欲绝，病势转危，没过几天就死去了。李煜既失爱子，又丧爱妻，真是悲恨交加。他自称"鳏夫煜"，亲自写了一篇数千言的诔，把它刻在石头上，与大周后所喜爱的烧槽琵琶一起做了陪葬品。

李煜与小周后幽会

其实，李煜对大周后并不是特别忠实的，前面那首词中写到的他与小周后的幽会，就发生在大周

杜牧《杜秋娘诗》诗意图（元·周朗绘）
京江水清滑，生女白如脂。
其间杜秋者，不劳朱粉施。

《江行初雪图》一（五代·赵幹绘）

赵幹，江宁人，南唐李后主在位时的画院学生，善画山水林木，长于布景，常以江南景物为主题。本画为一长卷，描写长江沿岸渔村初雪情景，以江水串联起整幅画面。本局部描绘了两个旅人冒雪骑驴远行，旅人瘦弱，缩颈，眉头皱起，眼神无奈，江边的野草随风飘动，从而使人物与景色互相映衬，刻画出冬日长江两岸的萧瑟风景。

后生病卧床的时候。小周后怎么会在大周后生病时进宫，进了宫又不先去看望姐姐，却去与姐夫幽会呢？有一种说法是说周氏家族为了在政治上一直有靠山，以保住家族的荣华富贵，所以在大周后病重时，让小周后进宫去"继承"姐姐的位置。在封建时代的宫廷中，哪有纯真的爱情。李煜当年才二十八

《江行初雪图》三（五代·赵幹绘）

本局部描写渔人工作的情景，寒风袭人，渔夫还是撑船撒网，赤足涉水，为生计劳动，他们瑟缩着身体，试图减少寒风之苦。画家以细挺的线条勾出层层水波，细劲流利的江水与渔夫瑟缩的身体映出了冬日的长江景色。

《江行初雪图》二（五代·赵幹绘）

本局部刻画了渔家在冬日长江上的情景，寒冷的江风吹得渔人缩起了脖颈，两条船上的渔家都收网坐着，只有一人还试图在江中打捞到些什么，画家用干笔勾画出树石的枯硬，野草则富有弹性。江面上飘舞的雪花增加了画面的清冷。

岁，又是个地位尊贵的君王，自然决不会满足于对一个女人的忠诚。再说，小周后也是个聪明美丽的女子，而且比大周后更有青春魅力，所以对李煜更有诱惑力。因此，出现"手提金缕鞋"这样的事，一点也不奇怪。小周后进宫多日，直到大周后病危之时才去探望姐姐。大周后见到她吃惊不小，马上心生疑窦，问道："你什么时候进宫来的？"小周后毕竟年轻，不会撒谎，就老老实实回答说已来好几天了。大周后一听，当然明白是怎么回事了。从此之后，她一直脸朝着床里，到死再不看李煜一眼。李

> **历史文化百科**

〔澄心堂纸——南唐名纸〕

澄心堂最初是南唐烈祖李昪阅览奏章、读书的闲居之地。后主李煜时，设官名"澄心堂承旨"。此官直接听从和发布后主的命令，澄心堂因此成为南唐执掌机要事务的中枢机构。李煜并下令制造一种专供御用的纸，号"澄心堂纸"。这种纸"细薄光润"，是当时出产的最好的纸，产地在今安徽歙州地区，它是隋唐五代出产的许多名纸之一。

煜心里感到内疚有愧，这才在大周后死后，又写诔，又自称"鳏夫"，以此来掩饰自己的不忠。

命运可悲的小周后

后来，小周后自然而然地成了正式的国后。李煜对她的宠爱超过了大周后。他在花园的群花丛中造了一个小巧华丽的亭子，仅能容两人在内，他就与小周后终日在亭中宴饮作乐。但小周后的命运不如大周后，她进宫后没几年南唐就亡国了，她随亡国之君李煜一起被迫去了北方，在北宋都城过着半是俘虏、半

是寓公的生活。她经常被召进宫去，侍奉宋帝宴乐，一进去就是几天才能出来。每次回到家里总是大哭不止，李煜也无可奈何，不知如何安慰她才好。两年以后，李煜被宋帝毒死，小周后悲不自胜，不几日，也追随李煜去了。

烈焰奔马
奔马高38厘米，长52厘米。陕西西安西郊出土。唐代三彩骑马腾空俑。唐三彩实际上是唐代彩色釉陶的总称，由于它烧制于唐代，所烧作品用得最多的色彩是黄、绿、白三种颜色，所以称为唐三彩。唐三彩腾空马，是唐三彩的珍品之一。

《十国春秋·南唐·后主本纪》
《新五代史·南唐世家》

李煜　潘佑

浮华　怨愤
不堪回首

人物　典故　关键词　故事来源

李煜的悲剧

李煜的才气主要表现在文学艺术方面，他是五代最有成就的词人，但他最好的词，却是写于成为亡国之君之后。

李煜成了阶下囚

"问君能有几多愁，恰似一江春水向东流。"这是南唐后主李煜著名的词《虞美人》中的两句。李煜写这首词时已是北宋的阶下囚。北宋开宝八年（975），北宋军队进入南唐都城，李煜投降，南唐宣告亡国。李煜被北宋封为违命侯，在宋京过着被软禁的生活。

南唐后主李煜

李煜（937—978）是李璟之子，建隆二年（961）继位，史称南唐后主。三十八岁时，宋军大军渡江，围攻金陵，第二年城陷降宋，后被宋太宗赵光义毒死。李煜在政治上是昏庸无能的皇帝，在艺术方面却具有多方面的才能，如书法、绘画、诗文等，其中词的成就尤高，对后世文人创作亦有影响。选自明刊本《历代帝贤像》。

其实，李煜即位时，南唐国力已衰弱不堪。后周世宗出兵南征，打败南唐，李煜的父亲李璟只得去帝号改称国主，并改用后周的年号，表示臣服。到李煜继位，南唐已成为北宋的附属国。

擅长填词的一国之主

身为国主的李煜，实在缺乏治理国家的政治才能，他的才气主要表现在文学艺术方面。他通晓音律、绘画，书法也不错，尤其擅长填词。五代十国时，位于长江中下游的南唐战乱较少，环境较安定，经济状况也比较好，所以聚集起许多文人，过着安定优雅的生活。当时的首都金陵（今江苏南京市），文

明刻本《南唐二主词》书影

《南唐二主词》，李璟、李煜词合集，李璟、李煜撰。李璟（916—961），南唐中主，李煜（937—978），南唐后主，故后称李后主。二主皆为五代著名词人，尤以李煜词开词坛新局面。李煜降宋后，其词一改以前的柔靡艳情，多抒发亡国哀痛及囚徒生活之愁苦，情调极为伤感；艺术上善用白描手法，生动而形象地抒写真情实感，因此在题材和意境上都打破了五代花间词的窠臼，使词从音乐的附庸转变为一种全新的艺术手段。王国维云："词至李后主，眼界始大，感慨遂深，遂变伶工之词而为士大夫之词。"

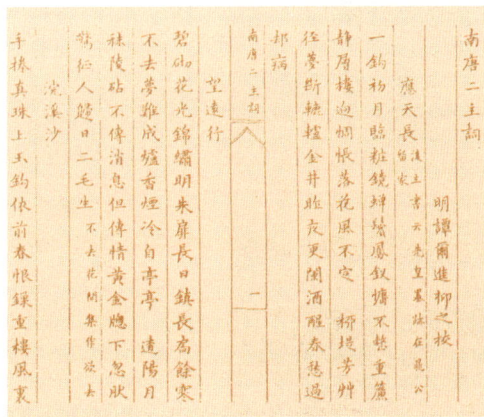

历史文化百科

〔妇女缠足起始南唐宫女窅娘〕

据称，南唐李后主的宫中，有个宫女叫窅娘，生得纤小秀丽，善于跳舞。李后主命人制作了高六尺的金莲花，花上装饰珠宝、缨络、细带。窅娘用帛缠足，使得它"纤小屈上如新月"，然后，穿上素袜，在金莲花中起舞。当时人争相仿效，还因此出现了纤小的弓鞋。这可能是中国妇女缠足习俗的开始。

文学士经常聚会，饮酒赏乐，作诗填词。有了新词，就让歌女当庭演唱。而"词"这种用于弹奏演唱的艺术形式，就在南唐发展起来。当时最出色的词人就是李璟父子，尤其是后主李煜，可以说是五代最有成就的词人。

浮华奢侈的宫廷生活

不过李煜最好的词，还是写在当了亡国之君以后。亡国以前，他虽臣服北宋，可在富庶的南唐仍是一国之主。他从小在优裕的环境中长大，过惯了浮华奢侈的生活，做了国主更是如

唐代鹿草木夹结页屏风
屏风在唐代属于常用的家具，在室内起着避风挡寒、分割空间的作用。不少官宦人家、士大夫和佛寺道观，都喜欢用屏风。唐代的屏风，以立地屏风为多，大都是以木为骨架，上面糊纸或锦，然后在纸上或锦上描绘出山水花草，有的也在屏风上书写古圣今贤的名言，以为座右铭。

此。他曾下令用绸缎装饰墙壁，农历七月初七，还用红白绸缎连接成月宫天河的样子，一百多匹绸缎用一天就不要了。李煜又笃信佛教，经常给寺院许多赏赐；每年还要向北宋朝廷进贡财物，所以，南唐虽富足，百姓却很苦。李煜对这些视若罔闻，终日沉湎在歌舞、宴饮、填词的宫廷生活中。而这个时期所填的词也大都是些歌舞宴饮、吟风弄月的内容。这种状况，也曾引起南唐有识之士的忧愤。有个叫潘佑的大臣，饱学多才，写得一手好文章，深得李煜赞赏，称他为"潘卿"。他就多次对李煜进行劝谏，李煜毫不理睬。潘佑愤激之下，上疏说再如此下去，比古时的亡国之君夏桀、

《江堤晚景》（五代·董源绘）
董源，五代南唐画家，开创平淡淳朴的江南画派，最有独创性而且成就最高的是水墨山水，对宋元两代士大夫文人山水画的发展起了重要作用，后世将其与巨然合称"董巨"。

商纣都不如。李煜大怒，要杀潘佑。潘佑得到消息便自杀了。国内很多人为潘佑的死流下了眼泪，但这并未使李煜有所醒悟。

亡国之君思故国

潘佑死后的第二年，南唐就亡国了。李煜被带到北宋京城，开始过着半是俘虏、半是寓公的生活。这时，他有了切身的亡国之痛，才真正清醒过来，感到悔恨、绝望。想起再也见不到的故国山河，便日日"以泪洗面"。李煜把他的孤寂、愁苦、悔恨的真情和对江南故国的思念，都填进了他的词里。比如在《浪淘沙》中，他写道："无限江山，别时容易见时难。落花流水春去也，天上人间。"在《虞美人》中，他写道："春花秋月何时了，往事知多少？小楼昨夜又东风，故国不堪回首月明中。"这些词写出了他发自内心的、从未有人写过的亡国之君的故国之思，李煜词作的艺术水平达到新的境地，奠定了他在词发展史上的地位。

可是，这些词句传到宋帝耳中，便引起猜忌。宋帝又听说李煜后悔当初错杀潘佑，遂觉得此人的怨恨很深，不想再留他，便派人用"牵机药"把他毒死。这种药毒，使人浑身抽搐，手和脚蜷在一起，要发作几十次才会死去。李煜死于亡国后两年多，当时年仅四十二岁。

《山鹧棘雀图》（五代·黄居寀绘）
黄居寀（933—993以后），字伯鸾，四川成都人。五代花鸟名家黄筌之子。此图野水坡石，竹草棘枝，衬出神采各异的鸟雀。画中鹧、雀或谛听、或顾盼、或飞鸣、或栖止，形态各异，真实生动。从此画中可以看出黄居寀继承了其父双钩填彩的风格。

〇四九

"酒囊饭袋" 杀功臣

高郁为楚国的发展出过不少好主意，而马殷的后代尽是些"酒囊饭袋"，他们中了对手的反间计，把高郁杀了。

马殷为高郁冤死而悲

楚武穆王马殷七十八岁高龄时，体弱多病，精力大不如前。他便把政事交给儿子马希声去管，准许儿子"先斩后奏"，有什么事，可以先处理了再向他汇报。作了如此安排，马殷便"退居二线"，每日只在宫中休息静养。一日，他在宫院赏花，忽然起雾，那雾越来越浓，几步之外就看不清人影。马殷心

经折装写经佛说无量大慈教经和最妙定圣经

这件五代的写经是经折装的方式装订的。所谓经折装，又称梵夹装、折子装，是将书籍长卷按一定的宽度左右折叠起来，加上书衣，使之成为可以随时展读的册子。历代刊行的佛经道藏多采用这种装订形式。

中顿感不安，对左右侍候的人说："以前我随孙儒打仗时，他每次杀了无辜的人，天气必会突变，今天好端端的天突然起雾，难道又有了冤死的人？"事情果然被他说中了，那天，马希声以谋叛的罪名杀了大臣高郁，还株连其族党。马殷得知后，捶胸顿足大哭不止说："我真是老了，有功老臣冤死竟不知道，真是可悲呀！看来我也活不长了。"果然，第二年马殷就死了。

高郁对楚国有功

马殷为什么对高郁的死这么伤心？又为什么认定高郁是冤死的呢？原来，高郁是马殷的得力谋臣，

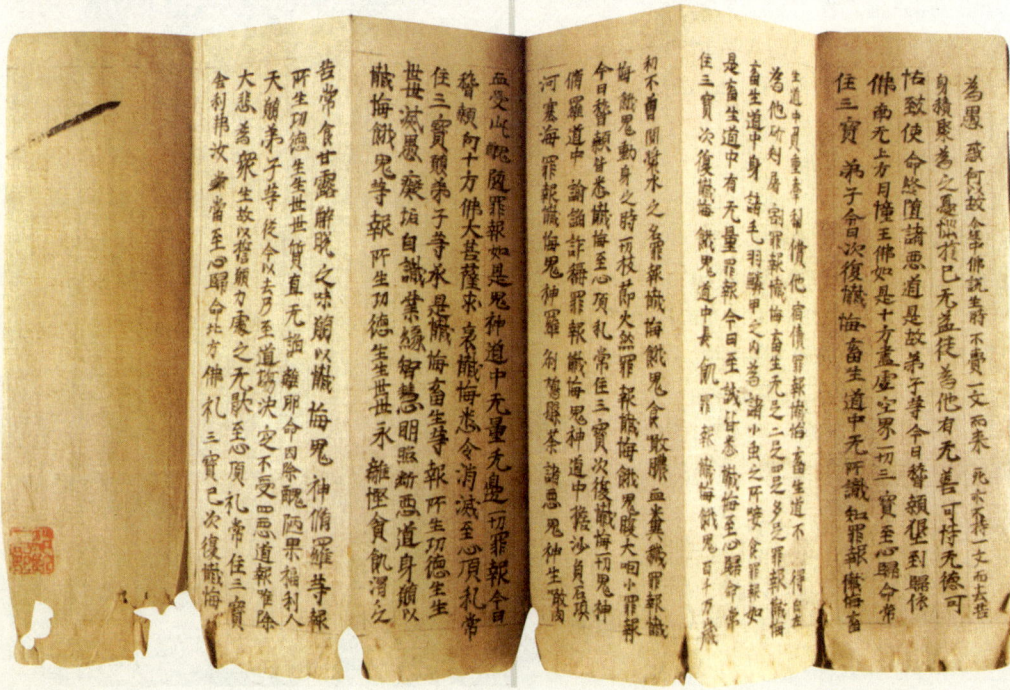

公元944年

世界大事记

基辅大公伊戈尔第二次入侵东罗马帝国，双方订立商约。

《新五代史·楚世家》
《十国春秋·楚·楚世家》
《旧五代史·世袭传·马殷》

马希声 高郁
马希范 马殷

浅薄 谗言

人物 关键词 故事来源

在马殷创业的过程中出过不少良策妙算。比如，有一阵子马殷担心邻国会来骚扰边境，打算用金银绸缎去讨好他们。高郁反对，他认为，力量弱小的邻国不足畏惧，不必用钱去讨好；强大的邻国，即使万两黄金也无济于事，何必花此冤枉钱？他主张将这些财物另作他用，一半进贡中原王朝，使楚有靠山可倚，一半用来安抚百姓，训练军队。做好了这些事，还怕什么邻国呢？马殷听从了他的建议，果然，边境太平，国家也发展了。高郁还出点子发展经济，帮马殷聚财，使楚国日益富强，马殷因而成为巨富。当然，高郁自己也得了不少好处，生活得很奢侈。连家里的水井沿，都贴上一圈银片，谓之"拓里"，说是可以保证水无毒。

"酒囊饭袋"中了反间计

楚国富强起来，引起其他各国的警惕和嫉妒，为楚国富强出谋划策的高郁就成了他们的眼中钉。有一次，马殷派儿子马希范去见后唐庄宗李存勖。李存勖故意拍着他的肩膀说："都说湖南将来要落入高郁之手，我看未必，马家有你这样的儿子，高郁再有本事又有何惧？"马希范本是个浅薄公子，哪里品得出李存勖的真正用心，一回楚地就将这事告诉父亲。马殷没听完就大笑说："高郁帮我成就霸业，他李存勖当然心怀妒嫉，我如怀疑高郁，岂不正中他的反间之计！"但马希范对父亲的判断半信半疑，就去说给哥哥马希

贾岛《题李凝幽居》诗意图（明·盛茂烨绘）
闲居少邻并，草径入荒园。
鸟宿池边树，僧敲月下门。

声听。马希声早就听到不少诽谤高郁的话，此时便觉得对此人不能不多加防范。

嫉恨高郁的不仅仅是后唐庄宗，南平王高季兴也一心想除掉高郁，以削弱楚国。他知道马殷不会上当，就在马希声身上下功夫。当时社会上对马殷的后代议论颇多，说他们不学无术，尽是些"酒囊饭袋"。高季兴凭借这一点，就给"酒囊饭袋"之一的马希声写了封信，信中说对高郁十分敬佩，因为同姓，打算与他结为兄弟等等。马希声看了这信慌了，立刻去见马殷，说高郁必反，应该立刻处死。马殷坚决反对，高郁才逃过一难，但在马希声一再要求下，高郁的兵权被夺去了。

高郁对马家兄弟的所作所为，并未引起怀疑，只是觉得寒心。想想马家能有今天，自己出力不少，现在却无端遭到猜忌，不禁口吐怨言："犬子长大，要发疯咬人了！"谁知这话传到马希声耳中，觉得此人再不能留，终于背着马殷杀了高郁。

> 历史文化百科

〔庐山国学〕
庐山国学亦即白鹿洞书院，唐朝李渤、李涉兄弟在庐山五老峰下隐居读书，后文人多有隐居于此修身养性。五代南唐时朝廷在原址建学馆，给田产，以为诸生求学之所。时称庐山国学。宋朝时也称白鹿洞书庠，或称白鹿洞书院，是南宋四大书院之一。

155

中国大事记

后周世宗下令废佛寺三万余所，僧尼改为编户，并销毁铜佛像，铸成钱币。

○五○

闽王王审知

王审知采取宽松政策治理闽地，又保持节俭的生活作风。在他统治之下，闽国经济发展，生活也比较安定。

"白马三郎"王审知

王审知兄弟三人，大哥王潮，二哥王审邦。三兄弟中最有出息的当数排行老三的王审知。大哥王潮原是县佐史，率兄弟一起随王绪起兵，后来除去王绪，自己做了首领。到唐昭宗乾宁初年（894），王潮占领了福州、建州等闽地五州，成为割据一方的统治者，被唐昭宗任

闽王王审知

王审知（862—925），字信通，号白马三郎。光州固始（今属河南）人，家中世代为农。后梁时，他被封为中书令，闽王。后立国，定都闽州（今福建省福州市），用后梁年号。925年十二月王审知病死于闽州，死后被追谥为太祖。选自明刊本《历代帝贤像》。

命为威武军节度使。王潮发迹后，曾让算卦的人为他们兄弟三人相面，算卦的人说："一人胜过一人。"当时王审知正在王潮身边，听到这话，吓出了一身冷汗，就不声不响地退了出去。这王审知长得方口高鼻，身材高大，经常骑一匹白马，军中人称"白马三郎"。王潮死后，王审知跳过二哥当了继承者，后被后梁封为闽王。

治国有方

王审知统治闽地，采取的是宽松的措施，他召集流亡，减免税赋，发展农业生产。又办了四门义学，凡是闽地的优秀人才都可以入学。当时中原战乱频繁，闽地相对比较安定，原来唐王朝的一些公卿大臣和读书人，也有不少到闽来生活。比如晚唐诗人韩渥，就合族搬到福建南安安居。王审知还招来海外商人，在泉州等地进行贸易。闽国因此渐渐富足，老百姓的日子也一天比一天好过。

生活节俭

王审知身为闽王，却仍然保持着节俭的生活作风。他居住的地方很简陋，也不常整修。一直穿用

>历史文化百科

〔始于隋唐五代的水墨山水画〕

据古书记载，我国山水画的水墨画法，开始于唐代的诗人兼画家王维。1995年，在五代的古墓中，发现两幅与彩色壁画风格迥异的墨色山水画，这应是流传至今年代最早的水墨山水画了。画中所表现的构图、笔法，已透露出日趋成熟的画风和技法，可见并非此类画的最初形式。据此可断，水墨山水画的初创应该在晚唐五代之前。

公元945年

公元 9 4 5 年

世界大事记

基辅大公伊戈尔被杀，他的儿子斯维雅托斯拉夫即位，母亲奥丽加摄政。

《十国春秋·闽·太祖世家》
《新五代史·闽世家》

民本
谨慎

王审知

人物　关键词　故事来源

刘长卿《寻南溪常山道人隐居》诗意图（明·李流芳绘）

一路经行处，莓苔见履痕。
白云依静渚，春草闭闲门。
过雨看松色，随山到水源。
溪花与禅意，相对亦忘言。

麻制的鞋，粗绸做的衣服。有一次裤子破了，他用酒库里的袋子缝补上就算了。曾经有个出使南方的人回来，带回一个造型奇特、色彩艳丽的玻璃瓶献给王审知。王审知爱不释手地玩赏了很久，然后突然扔在地上，将瓶子摔得粉碎。左右侍从都感到十分可惜，王审知却说："喜欢崇尚奇异的东西，这是奢侈的根源。现在我破坏了它，是为了使子孙后代不浸染上奢侈的作风。"这种思想品德，在当时身居王位的人中是不多见的，不过遗憾的是，他的后代并没继承下他的俭朴作风。

据说，福建现在还保存有"闽王庙"，就是纪念王审知的。

《高士图》（五代·卫贤绘）

《高士图》又名《梁伯鸾图》，五代卫贤绘。卫贤（生卒年不详），长安（今陕西西安）人。南唐后主时为内供奉。尤善界画，既能"折算无差"，又无庸俗匠气，被称为唐以来第一能手。此画描绘的是汉代隐士梁鸿和其妻孟光"相敬如宾，举案齐眉"的故事。整幅以人物活动为中心，画中梁鸿端坐榻前，孟光则恭敬地双足跪地，举着盘盏，递向案上。画的上部是远山峻峰，平远山岭，下部则竹树相杂，溪水环绕。全幅结构繁复，但景物设置都错落有致，独具匠心。

○五一

徐寅赋出是非

徐寅的赋因触犯忌讳而得罪了朱温。他重写一篇赋补过，却又顾此失彼，得罪了李克用，以致埋下隐患。

徐寅才学出众

五代十国时有个文人叫徐寅，是闽国莆田人，才学出众，写的赋更是脍炙人口，据说他写的《斩蛇剑赋》、《御

《白衣观音图》（五代·佚名）

手持柳条的水月观音的形象是在唐末五代时出现的，张彦远的《历代名画记》提到过唐代著名画家周昉在长安圣光寺画过一幅水月观音像，为画水月观音的第一人。周昉的画现在虽已失传，但很可能成为后人绘画水月观音的蓝本。此幅《白衣观音图》发现于甘肃敦煌藏经洞中。画面中观音菩萨居左，以"如意坐"的姿势坐在莲花座上，右手手持柳枝，供奉之人则跪于右侧，形态虔诚。全画线条细劲，用笔飘逸熟练，色彩和谐，富有表现力。

水沟赋》、《人生几何赋》等作品，不少读书识字的人家都抄录下来，制成烫金字的屏风，陈列在厅堂里。由此可见当时人对徐寅的赋是非常珍重的。可是，徐寅的赋，也曾给他带来过不小的麻烦。

得罪朱温，写赋补过

当年，徐寅曾去后梁，带着他的赋去见后梁太祖朱温，想求得赏识。他没有想到呈给朱温看的赋中，有触犯忌讳的地方。朱温看着看着脸色就变了，虽然没有当场就把徐寅治罪，却是非常生气地把那些锦绣华章摔在了地上。徐寅狼狈地退出殿去。他心知闯了大祸，想赶快逃离后梁，可是又怕朱温不会轻易放过他。他左思右想：既然是在赋上得罪了朱温，只有再从赋上想办法来挽回。于是，决定再写一篇颂扬朱温的赋来补救。

徐寅集中心思，搜肠刮肚，写了一篇《过大梁赋》再去献给朱温。赋中有这样的句子："千金汉将，感精魄以神交；一眼伧夫，望英风而胆落。"前半句，

公元948年 公元 948 年

世界大事记

军队为其领主作战，每年不超过四十日，成为惯例，这年已见于记载。较大封建主已经逐渐采用雇佣兵制。

〈十国春秋·闽·徐寅传〉
〈十国春秋·闽·王延彬传〉

徐寅 王延彬

灵感 敏捷

徐寅 王延彬

人物 关键词 故事来源

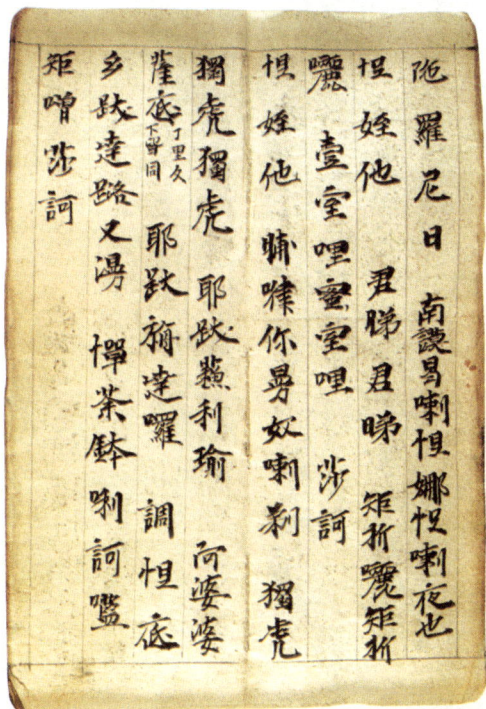

书籍装订方法的一大创举——双面写经的平装本写经

通常敦煌石室所出的写经多为单面书写，少数双面书写的也是后人在纸的背面补写。而这件属于五代的双面写经平装本写经与众不同，它竟然和大多数现代的书籍一样，采用双面书写，而装订则是先将四张麻纸对折中缝的地方，用麻线穿联成一叠，共三叠，再将这三叠对齐，用麻绳穿在一起，所以全册共二十四页。这种类似于后来西方传入我国的书籍平装的装订方法实为一大创举，十分难得。

〔十八罗汉〕

十八罗汉是由佛教中十六尊者发展而来的，唐末张玄和贯休两高僧始画十八罗汉像，宋苏东坡为其题赞词。后便在民间广为流传。虽对所加两位尊者说法不一，但一般认为是增加了"降龙"罗汉和"伏虎"罗汉。而在藏传佛教中一般仍供奉十六罗汉。

指的是朱温曾说自己梦见过汉淮阴侯韩信为他讲授兵法的事；后半句的望风胆落，指的是晋王李克用，有人说他是"独眼"，也有人说他一只眼大，一只眼小。反正徐寅用了"一眼伧夫"带有贬义的句子来形容他，并用来反衬朱温的伟大。朱温读了这篇赋大喜，也就原谅了徐寅先前的冒犯，还赏给他上好的双丝细绢五百匹。徐寅这才得以从后梁脱身，返回家乡。但他也是顾此失彼，这篇赋讨好了朱温，却得罪了李克用，以致留下隐患。

过了几年快活日子

徐寅回到闽国后，与闽太祖王审知的侄子、人称"招宝侍郎"的泉州刺史王延彬过往甚密。"招宝侍郎"广招人才，专门设立了招贤院，不少中原的文人都来闽安身，以避北方的战乱。徐寅便和他们经常郊游宴饮，赋诗作文为乐，倒是过了几年的快活日子。

李存勖要算旧账

后唐庄宗李存勖做皇帝后，灭了后梁。闽太祖王审知派使者前往祝贺。李存勖在与闽使交谈之中，忽然想起徐寅，问道："徐寅还活着吗？"闽使如实回答。李存勖就说："回去告诉你的主人，父母之仇，是不共戴天的大仇。徐寅诟骂先帝，你们国家居然还容忍他。"李存勖所说的不共戴天的大仇，就是"一眼伧夫"的旧账。闽使回国，向王审知汇报了此事。当时，后唐的势力很盛，闽是南方小国，得罪不起，所以王审知说："这么说来，李存勖是想杀徐寅了，我现在只有不用他了。"于是关照下去，不再接见徐寅。徐寅得知消息，拂袖而去说："只有很浅的水，又前有坡，后有堰的，怎能容得下能装万斛粮的大船！"他就回老家隐居去了，后来就死在隐居之地。

薛文杰自造囚车

薛文杰贪婪狠毒，多行不义，结果激反了吴光，激出了兵变。最后他自己也终于坐上了自己设计的特制囚车。

特制囚车装上了它的设计者

后唐应顺元年（934）是闽国龙启二年。这年正月，刚过完上元节，从南都（今福建福州）的长乐府到建州（今福建建瓯）的大路上，士兵押送着一辆囚车日夜赶路。这辆囚车与传统的囚车不同，车内的空间特别小，像个仅能容得一人的小木柜；铁栏杆特别多，而且装有许多尖朝内的铁钉。囚车在崎岖不平的路面上稍有颠簸，车内犯人的头脸、身体便会撞到铁钉上，刺得头破血流。这辆特别的囚车造好后，还是首次派用场，运送的犯人竟就是它的设计者！

薛文杰聚敛钱财贪婪狠毒

囚车的设计者是闽国总管钱粮的国计使薛文杰。这位国计使是个见风使舵又精于奉承拍马的人。闽帝王鏻喜欢奢侈豪华，薛文杰便迎合他，采用巧取豪夺的手段为他搜刮钱财，取得王鏻的信任，当上了国计使，被引为心腹。他聚敛钱财的手段既贪婪又狠毒。他经常暗中调查有钱人的隐私或罪行，然后把人抓来严刑拷打，逼他们招供。先用铁锤打人的胸部和后背，再不招，就用烧红的铜熨斗灼烫。受刑者不堪折磨，最后屈打成招，于是，定罪，没收财产。不少人甚至被残害致死。

利用迷信制造冤案

闽帝王鏻迷信鬼神，宠信巫师盛韬等人。薛文杰因此又想出一个害人的办法。他对王鏻说："陛下左右有不少人心怀鬼胎，图谋不轨，普通人无法识别，只有鬼神方能指点。盛韬能见到鬼神，可以让他去调查这类事情。"王鏻竟点头同意。

枢密使吴勖深得王鏻信任，被委以重任，薛文杰对他十分嫉恨，一心想把他除掉。这时，吴勖正长时间卧病在家，薛文杰前去探望，假作关心的样子对他说："皇帝因你长期患病，打算免你的职，是我再三说你不过有点头痛，很快就会痊愈了，这才保住了你的官位。万一皇上派人前来探问，你千万不能说害的是别的病呀！"吴勖非常感谢他的关心，自然点头会意。

镏金菩萨像
像高5.7厘米，制作工艺极高，通体镏金。1998年陕西长安县韦区镇塔坡清凉寺出土。

第二天，薛文杰教盛韬去对王鏻说："近日，看见北庙崇顺王审讯吴勖谋反，用铜钉钉他的脑，用金锤猛击他的头，可怕之极。"王鏻把盛韬这话又告诉薛文杰。薛文杰先故意摇头说："这种话不可深信。"转而又说："不妨派人去看看。"王鏻便派人去吴勖家探视，吴勖果然对去的人说自己患的是头痛。这不证实了吴勖确实因企图谋反受鬼神拷打了吗？王鏻二话不说，立即下令逮捕吴勖，把他交给薛文杰严刑审问。吴勖受刑不过，只得供认自己有罪，于是和妻子一起惨遭杀害。吴勖过去曾主持军务，深得士兵爱戴，所以一听到他冤死的消息，闽人大哗，无不对薛文杰恨之入骨。

士兵哗变，薛文杰被杀

薛文杰贪得无厌。有个名叫吴光的建州土豪来朝廷觐见皇上，薛文杰贪觊他的家产，又想如法炮制把他逮捕起来进行勒索。吴光听到风声连夜逃回建州，召集全族近一万人叛闽，投奔吴国。他一到吴国，便请求吴国出兵伐闽。吴国信州刺史蒋延徽不等朝廷命令，就亲自带兵进攻闽国。王鏻得到军报，只得一面向吴越求救，一面派张彦柔、王延宗等率领一万多人前去迎敌。谁知未到前线，就发生兵变，士兵纷纷提出："不抓薛文杰决不作战。"王延宗只得派人飞速回报。起初，王鏻舍不得把薛文杰交给士兵处置，太后和儿子王继鹏都哭着劝说："薛文杰盗用国家权力，残害无辜，上上下下都对他恨之入骨。如今兵临城下，士兵哗变，国家一旦覆灭，留薛文杰何用？"薛文杰见大势已去，慌忙溜出宫去，没想到王继鹏已有伏兵安排在启圣门外，一见薛文杰，就把他击倒在地，火速装进他自己设计的新囚车，押送前方。

薛文杰懂得卜卦，他在囚车里为自己卜了一卦，自言自语说："只要过了三天，就会转危为安了。"谁知这话被押送的人听见了，他们便放弃休息，日夜兼程地不停赶路，只两日便赶到军营。官兵们看到囚车来到，个个欢呼雀跃，围上去争着要割薛文杰的肉。到第三日，王鏻果然派人带着赦免令赶来，但薛文杰早已被千刀万剐，一命呜呼了。

十国钱币

图为五代十国时期南方各国的铸币：南唐的大唐通宝，南汉的乾亨通宝，前蜀的天汉通宝，后蜀的广政通宝，楚的天策府宝，闽的永隆通宝。

>历史文化百科<

[五代山水画的南北流派]

五代十国各地分裂割据，艺术发展因此具有明显的地区性。五代的山水画家用不同的技法，再现自己所见到的自然环境的特色，形成了不同的地域流派。在北方，以荆浩、关仝为代表，善于描写雄伟壮美的北方山水，形成北方画派。荆浩还创造了山水画的理论，被认为是奠定山水画崇高地位的关键人物。在江南，以董源、巨然为代表，则长于表现平淡天真的江南景色，形成江南画派。这四位画家，被后人合称为"荆关"和"董巨"。四大家的出现，成为中国山水画发展史的里程碑事件，他们可以说是后来的南、北宗的鼻祖。

奉旨卖官与借贷充数

蔡守蒙奉旨卖官

在闽国做大臣，有的要奉旨卖官，有的要靠借贷充数来满足皇帝的需要。

闽康宗王昶听说，有人夜里在郊外螺峰上看见白龙出现，便下令大兴土木，要在山上建一座白龙寺。当时国库本来已很空虚，这样一来，钱更显得不够用了。他便动脑筋弄钱，居然给他想到一个主意。他把吏部侍郎、主管财政的蔡守蒙召来问道："听说有用人

富丽堂皇的鸳鸯莲瓣纹金碗

金碗高5.5厘米，口径13.7厘米，足径6.7厘米。上层莲瓣内各錾刻一个唐人喜爱的动物，如鹿、兔、獐、狐、鸳鸯等，动静各异，栩栩如生。下层莲瓣内一律饰以忍冬花草，网底为鱼子纹，象征多子多福，兴旺发达。金碗造型典雅，装饰华丽，是目前已知唐代金碗中最富丽堂皇的一件。

权的高层官员用人时都接受贿赂，可有这事？"蔡守蒙一听，连连摇头说："没有根据的谣言，陛下不可相信。"蔡守蒙一贯廉洁奉公，对王昶的问题觉得不可思议。他心想，皇上这样问，说不定是要派自己去追查受贿的情况，这倒是件无从下手的事。谁知王昶接着作出的指示，却令他大吃一惊。王昶对他说："受贿的事，我已知道很久，与其让他们捞钱，不如由我获利。从今天起，我把用人大权交给你，你选择贤明能干的人，给以官职。但对那些不肖之徒或无能之辈，凡要做官的，也不要拒绝，只要他们肯出钱，就把他们的姓名登记下来奏报给我。"蔡守蒙是

个老实人，认为这么做万万
不可，但是圣命难违，只好
遵命行事。

自此之后，任命官员
只看贿赂多少，不问有没
有才能。王昶觉得钱还来得
不够，干脆把空着姓名的官
员委任状，交给比较能领会
他意思的御医陈究，命他拿
到外面去公开出卖，谁出的
钱多，填上谁的姓名，就算
是做了官了。除了卖官捞钱
外，王昶还下诏：水果、蔬
菜、鸡鸭、鱼肉，一律征收
重税，弄得老百姓叫苦连
天。后来，连重遇起兵，抓
住了蔡守蒙，以卖官的罪名
把他杀了。他却不知道，蔡
守蒙实在是冤枉的，他是奉
旨卖官的呀！

增税敛财与借贷充数

继康宗做闽帝的是王
曦，也是一个荒淫奢侈的昏
君，他嫌国库的钱不够用。
就向国计使陈匡范问计。陈
匡范为了升官，就保证说有
办法可以每天提供一万钱。
王曦大为高兴，立即加授陈
匡范礼部侍郎的官衔。陈
匡范的办法就是把商人的税收
增加好几倍。果然从此开

始，他每日给王曦送上一万
钱。王曦非常满意，也不问
如此增税，会引起什么后
果。他举行宴会招待文武百
官，席间，亲自向陈匡范敬
酒说："明珠和美玉，只要
用心找总能找到，像匡范那
样的人中之宝，是找也找不
到的。"可是好景不长，没
过多久，陈匡范发现即使增
加几倍税收，也难以凑足
每日一万钱了。他只好挪用
其他方面的钱来充数，但又
怕事情暴露，在劳神、焦虑
和恐惧的折磨下，竟积忧成
疾，不治身死。王曦痛惜不
已，给以厚葬。

还是靠卖官

但是葬礼刚过，各部门
主管的官员，纷纷拿着陈匡
范的借款条来索取债款了，
他们奏报王曦，于是真相大
白。王曦大怒，下令把陈匡
范的棺材挖出来，将他的尸

《关山行旅图》（五代·关仝绘）
此图上画峰峦高耸，气势雄伟，
中画深谷坛林，隐现古刹，近写
板桥茅店，旅客往来，商贾停骖，
点缀以驴骡鸡犬，富有生活气息。
关仝为五代后梁画家，生卒年不
详，长安（今陕西西安）人。精工
山水，从师荆浩，与其师同为北方
山水画派创始者，并称"荆关"。

163

体砍成几段，丢入水中。他任黄绍颇代理国计使。黄绍颇提了个建议说："朝廷不妨规定：除了因父祖有功子孙得以补官外，凡想做官的人，愿意出钱就可授官。官位的价格按职位高低和州县户口的多少来定，从一百缗到一千缗，任人选择。"王曦只要有钱就行，便下令黄绍颇照此办理。

王昶与王曦这一对父子，在卖官敛财这一点上居然也子承父业。由这样的父子来统治，闽国的政治与老百姓的日子，也就可想而知了。

戴褐釉幞头的宦官

唐宦官俑高 31 厘米。这两个宦官俑的出土，对我们了解唐代宦官的着装有很大的帮助。

刘长卿《自夏口至鹦鹉洲夕望岳阳寄源中丞》诗意图
（清·康岱绘）

汀洲无浪复无烟，楚客相思益渺然。
汉口夕阳斜渡鸟，洞庭秋水远连天。

> ▶历史文化百科◀

〔夹寨夫人〕

公元907年，后梁朱温派兵攻打后晋的潞州，晋王李克用遂派军队前往救援，但梁军在潞州城西筑建了双重城墙，称之为夹寨，与李克用的军队相持达一年之久。李克用死后，其子李存勖出奇兵攻破夹寨，掳获寨中符道昭的妻子侯氏。因侯氏年轻貌美，深得晋王李存勖的宠爱，行军打仗也带在身边，人称夹寨夫人。宋元后人们将山寨头领之妻称为压寨夫人或押寨夫人，可能是夹寨夫人的讹传。

〇五四

《十国春秋·闽·景宗纪》

王曦 酒有别肠 昏庸 愚蠢

人物　典故　关键词　故事来源

烂醉如泥的皇帝要乱杀人

闽国皇帝王曦是五代十国时期著名的酒鬼皇帝，普通人喝醉了酒，最多是出出洋相，发发酒疯，或者做错点什么事，皇帝可不同了，他喝醉了酒，竟然要乱杀人。

王曦即位后，经常整夜放量狂饮，还要强迫大臣们一起喝。不管大臣们会不会喝酒，也不管酒量大小，都得陪着他一醉方休。王曦令工匠用银叶锻打成酒杯，赏赐给群臣饮酒。银叶很柔软，这种酒杯斟满酒后就不能放下来，一定要喝光了才能放下。因此起名叫"醉如泥"。有的大臣就因为拒绝用这种酒杯喝酒，被王曦杀了。不敢抗拒的人，便免不了"醉如泥"的下场，往往被同样"醉如泥"的王曦糊里糊涂地杀掉。

也有因醉逃生的

不过，也有因醉逃生的。有一天晚上，王曦喝得大醉，无端地又发起怒来，下令把宰相李准拉出去杀了。这时李准也喝得大醉，正躺

酒鬼皇帝王曦

酒鬼皇帝王曦喝醉酒要乱杀人。做他手下的大臣，会喝不会喝的，喝醉没喝醉的，都有可能被他糊里糊涂地杀掉。

在街上，高声呼唤他的婢女，根本不知大祸已经临头。监斩官看这模样，竟不敢下手，就把他暂时关进大牢。第二天，王曦酒醒上朝，一迭连声地要召见李准。左右侍从就把他夜间的命令向他报告，王曦早已记不得了，听说李准没死，就下令赶紧把他召来，仍然恢复他的职位。

这天晚上又开宴会，翰林学士周维岳不知怎么一来惹恼了喝得大醉的王曦，王曦又下令把他杀了。侍从依样画葫芦，将周维岳关进监狱，并让狱吏为他打扫好床榻，对他说："周尚书无须忧虑，昨天晚上宰相正是睡在这里，今天你也会安然无恙的。"第二天王曦酒醒，果然下令放了周维岳，一点没有处罚他。

玲珑精致的镏金卧龟莲花纹五足朵带银熏炉

熏炉由炉盖和炉体组成，下为炉台所托。炉盖为覆钵形，盖钮作火焰形，由仰莲托起，下环饰一周镂空莲瓣。盖面忍冬纹枝蔓环绕，形成五个单元，其中心由枝叶托起一朵莲花，上卧一龟，口衔瑞草。炉身似盆状，外壁饰满流云纹，并铆接五个独角兽形足。玲珑精致，可作工艺品观赏。

《匡庐图》（五代·荆浩绘）

此幅《匡庐图》传为五代后梁画家荆浩的名作。荆浩字浩然，生卒年不详，河内沁水（今属山西）人。工诗文，通经史，唐末避乱隐居太行山洪谷，自号洪谷子。荆浩擅写山水，注重师法自然。此图绘庐山及附近一带景色，以全景勾画庐山峻拔的山峦和水边村居的清幽景色，结构严密，气势宏大。

会喝酒的也要被杀

过了些日子，王曦又大宴群臣。喝到半夜，大臣们不胜酒力，见王曦已经大醉，乘机纷纷逃席，只有周维岳还在一旁相陪。王曦醉眼蒙胧地看着周维岳，笑着说："维岳身子矮小，怎么酒能喝下那么多？"左右说："酒有别肠，所以不必高大。"王曦一听，兴致来了，立刻下令把周维岳揪下殿去，当场剖腹看看是否真有别肠。周维岳吓得面无人色，幸亏有人忙劝王曦说："如果杀了周维岳，还有谁能侍候陛下这样狂饮呢？"王曦这才罢手，饶了周维岳一命。

不久，王曦就被朱文进杀了。王氏所建的闽政权，也就进入尾声了。

罕见的掐丝团花金杯

金杯高5.9厘米，口径6.8厘米。1970年西安何家村出土。杯腹部有四朵团花，均是金丝编成焊接于腹壁。中心圆形花蕊原曾镶有珠宝，现已脱落。

历史文化百科

〔唐代四大望族〕

魏晋至隋唐时，每郡中显贵的大族，常以郡名与姓氏合称，称为郡望，又称地望。意即世代居住该郡而为当地所仰望。如韩愈因为韩氏的郡望是昌黎（今辽宁义县），就以"昌黎"自称。唐代四大望族是清河崔氏、范阳卢氏、赵郡李氏、荥阳郑氏，称为四姓。或者加上太原王氏，称五姓。

○五五

《十国春秋·闽·章仔钧传》
《十国春秋·闽·练寯传》

勇敢　仁爱
练寯

人物　关键词　故事来源

练夫人救了两个军校

练夫人义救全城

练夫人临危不惧，以仁爱之心劝阻了一场屠城的暴行。

练夫人名寯，是闽浦城（今福建浦城）人章仔钧的妻子。她知书明礼，见识过人，平日端庄严肃，从不随意说笑。

章仔钧在闽太祖王审知执政时，曾任刺史，受命驻守浦城西岩山。有一天，南唐的军队忽来进攻。章仔钧坚守不出，派出两个军校去请求增援。那两个军校耽误了时间，直到南唐退兵，也没完成任务。章仔钧就要把他们斩首，以整肃军纪。练夫人知道后，急忙阻止说："现在时势艰难，天下不太平，你为什么要杀壮士？"章仔钧说："他们延误军机不受惩罚，岂不坏了军法？"练夫人说："军法当然不能废，但壮士得之不易。你不如先不急于处置，让他们自己逃走算了。"章仔钧被妻子说动，就暂且不去处置两人。练夫人立刻派儿子去对他俩说："赶快逃走吧，不然要被处死刑的。"还送给他们一些旅费。两个军校感动得痛哭流涕，对天发誓说："夫人的恩德如果不报，天地不容。"说罢逃到南唐去了。后来这两人都做了南唐的大将。

《写生珍禽图》（五代·黄筌绘）

黄筌（？—965），字要叔，成都（今属四川）人。历仕前蜀、后蜀，官至检校兼御史大夫，入宋后任太子左赞善大夫。黄筌的作品多描绘宫廷中的异卉珍禽，最擅长用勾勒法作画，即以细淡的墨线勾画出所画花鸟的轮廓，然后填以色彩，以着色为主，给人以富丽工巧的感觉，同时他爱画名花异草、珍禽奇鸟，寓有富贵吉祥的含义。此图描绘了鹡鸰、麻雀、鸠、龟、昆虫、龟介二十余种，各自独立存在，并无构图上的组织，是一幅写生作品。画中禽虫刻画精细逼真，重视形似与质感。根据款识可知这是黄筌让儿子习画的范本。

练夫人阻止了屠城

　　章仔钧死后，练夫人率全家居住在建州城里。闽（殷）天德三年（945），也就是后晋开运二年，建州城被南唐军队攻破。练夫人曾经救过的那两个军校，正在攻城的南唐军队中，其中的一个已做了行军招讨使。这两人想起练夫人当年的救命之恩，认为现在正

清代年画《黄崇嘏》
黄崇嘏是五代前蜀时期临邛县（今四川邛崃）人，自幼丧父，家境贫寒，但天资聪慧，好学上进。为了维持家中生计，奉养老母，她被迫女扮男装，白天种地，夜晚点"井火"（即天然气火）以苦读。一晚夜读时，由于一时疏忽而酿成火灾，将四邻房舍和财产化为乌有。结果以纵火罪重判。黄崇嘏感到十分冤屈，写了一首七言诗呈送给临邛县的成都知府周庠："偶离幽隐任临邛，行止坚贞比润松。何事政清如水镜，绊他野鹤向深笼？"周庠被这首格调高雅的诗所感动，十分赏识其才气，令知县查清案情后，予以释放，并推荐她到成都的学府深造。后来，周庠升任丞相，委黄崇嘏为司房参军，佐谋蜀中军政大事，并欲将女儿嫁给她。黄崇嘏只得作诗以表自己乃女儿之身。此为清代年画。

〔文盲皇帝〕
　　文盲皇帝指五代十国前蜀高祖王建。王建出身贫寒，好习武，以屠牛贩盐为生。后参军并得以升迁，在唐亡那年，建立前蜀。他目不识丁，但登基后却厚待唐末名臣士族，敬重文人雅士，他还口述文词来告诫太子。因此，很多文士纷至蜀中避难，这些使前蜀大有唐朝文风的气象。

琵琶行图轴（明·郭诩绘）
郭诩（1456—1532）江西泰和人，字仁弘，擅长山水、人物，兼粗放与工细两种风格。这幅取自白居易《琵琶行》诗意的人物画，笔法细致，若隐若无，似秋日水边芦苇，无任何背景，琵琶女了然一人，与诗中情景十分吻合。

是回报的时候了。就派人带了金银财帛去送给练夫人，又交给她一面白旗，说："我们即将屠城，夫人赶快把这面旗子插在门口，我们已严厉训诫士兵，看到旗子不可侵犯。"练夫人不肯接受金银，同时把白

旗子也还给他们,恳切地说:"你们两位为了报恩,单单让我们一家活命,这哪里称得上是仁义的行为呢?建州全城十万百姓,未必人人有罪。你们如真记得往日之恩,但愿能保住全城人的性命,不再屠城。如果一定要屠城,我家和全城人一定共生死,决不单独活着。"两人被夫人的话感动了,说:"夫人的仁爱,使鬼也能变成人。"于是决定不屠城了。

练夫人先前出于仁爱之心救人一命,危急关头又能不顾自己危险,以仁爱之心救了全城人,真是难能可贵。

华贵的金头饰
1988年陕西咸阳贺若氏墓出土。金头饰出土时仍戴在死者头上,但其丝绸编织物已全部腐朽。金头饰由金腭托、金花钿、金坠、金花等各种饰件和宝石、珍珠、玉饰等三百多件连缀而成。造型精美,豪华富丽,世所罕见。

〇五六

喜酷刑的皇帝

南汉高祖刘䶮,生性冷酷,最喜欢看用酷刑折磨人。但他能用贤明之士掌管政事,使南汉能够偏安一隅。

"䶮"字的由来

南汉高祖刘䶮,祖籍上蔡,后到南海经商,就留居在那里。他初名"岩"(巗),长大后改名为"陟",后又改回为"岩"。父亲刘谦,曾是广州的牙将,死后由儿子刘隐继承了他的职位。刘隐即刘岩的哥哥,因功升迁,先后被后梁封为南平王、南海王。刘隐死后,又由刘岩袭位。到后梁贞明三年(917),刘岩做了皇帝,国号大越。第二年,又改国号为"汉",史称南汉。刘岩称帝后,有一年,皇宫的三清殿出现一道白虹,不知是什么征兆,刘岩为此很忧虑。有个大臣想取悦他,就写了一篇表示祝贺的赋献上,把白虹说成是上天降下的白龙。刘岩大喜,就改年号为白龙元年,把自己的名字也改为"龚",说明自己就是龙的化身。又过了十几年。刘龚病重,眼看快不行了。有个番邦来的和尚告诉他,有预言说:灭刘氏的是龚,所以他的名字很不吉利。刘龚便要改名,又舍不得丢掉那个"龙"字,为了显示自己的不凡,就采用《周易》上"飞龙在天"的意思,硬是生造了一个"䶮"字,作为新的名字。

《卓歇图》(五代·胡瓖绘)

胡瓌(生卒年不详),活动于公元10世纪,契丹族画家,后定居范阳(今河北涿州)。画史说他擅画北方游牧民族的牧放、出猎等生活题材,兼工画马,形态生动,笔迹细密而清劲有力。所谓"卓歇",是游牧民族的一种习俗,即立帐休息的意思。此画刻画契丹可汗出猎歇息饮宴的情状。可汗着契丹服,他的妻子阏氏着汉装,均盘坐于地毯之上。男女侍从分列两侧,前面还有跪地进酒者、舞蹈者、献花者等。另有许多骑士或立或坐,等待着支起帐篷,马上的猎物也还未曾卸下。这一幅北方游牧民族生活场景的风俗画,很富于地方色彩和草原情趣。

世界大事记

奥托的儿子士瓦本公爵卢道夫与洛林公爵康拉德联合发动叛乱。

《十国春秋·南汉·高祖纪》
《十国春秋·南汉·赵光裔传》
《新五代史·南汉世家》

残忍
刘䶮 尊贤

人物 关键词 故事来源

一条冷酷的毒龙

如果说刘䶮是龙，那也是一条毒龙。刘䶮的性格极其冷酷，他最喜欢看手下用酷刑审讯犯人。他常在便殿垂下帘子，令主管官员把被认为是有罪的人带到

《丹枫呦鹿图》（五代·佚名）

《丹枫呦鹿图》为五代作品，作者不详。画面上秋日的林木十分茂密，丹枫与黄叶相掩映，群鹿憩息林间，它们或立或卧，姿势各异。全图构图紧密，设色鲜艳而不失雅丽，极富装饰意味，在古代绘画中别具一格。

殿下，殿下设各种残酷的刑具，什么灌鼻、割舌、肢解、炮炙等等，对犯人进行种种折磨。其中有些刑罚简直惨无人道，如把人投入养着毒蛇的水中，被毒蛇活活咬死，他们把这称作"水狱"。又如把人投进汤锅，再加日晒，浇上盐醋，使人痛入骨髓，肌肉腐烂却还能行走，要很久才会死去。还有用锤子、锯子交替施刑，受刑人的血肉到处飞溅，腥臭的气味，喊冤呼痛的声音，充满庭院廊庑。刘䶮竟会看得如醉如痴，流下口水，完全是一副丧失人性的样子。

举贤纳士，政事清明

人性是复杂的，生性冷酷的刘䶮，治理国家也有他的另外一面。当时中原多战乱，北方人士认为岭南最远，可作躲避之处，所以迁移到南汉去的很多。还有唐王朝时被贬到南方的名臣后代，留下来的也不少。从刘谦、刘隐到刘䶮，都用这些人作谋臣。像赵光裔，就做了二十多年宰相。在他的辅佐下，南汉政事清明，较少战争，因为他主张与相邻国家和睦相处。还有杨洞潜也是贤明之士，他提出武将不适合做刺史，要用文官。刘䶮采纳了，多用中原读书人去做刺史，地方吏治比武将掌管时果然好得多。刘䶮还从杨洞潜的建议，建立官学，进行科举考试，并亲自书写进士榜。因为善于举贤纳士，所以南汉能够偏安一隅，刘䶮执政长达二十多年，这在战乱的五代时期算是很不简单的了。

> **历史文化百科**
>
> **〔飞天〕**
>
> 佛教中将飞行在天空的天神称为飞天，多出现在石窟和墓室的壁画中，因敦煌石窟中几乎洞洞有飞天，后成为敦煌石窟壁画的一个专用名词。敦煌飞天一般都迎风飘舞，漫游天空，且不同朝代的飞天体态、风格也多有不同，以唐五代最盛，是不可多得的艺术珍品和敦煌壁画艺术的突出代表。

〇五七

刘晟杀尽手足

刘晟为了自己坐稳皇帝宝座，竟屠杀了自己的十五个兄弟。

刘弘杲后悔生在帝王之家

刘弘杲是南汉高祖刘䶮的第十个儿子。他的哥哥刘晟继位做皇帝后的一天深夜，刘晟忽然派使者来召他进宫。刘弘杲知道这是自己的死

《调马图》（五代·赵喦绘）
《调马图》，五代赵喦绘。赵喦（生卒年不详）活动于10世纪，陈州（今河南淮阳）人，五代后梁太祖的女婿。赵喦擅画人物鞍马，格调颇高。此画描绘了一个头戴卷檐帽、身穿胡服、满腮胡须的西域马夫牵马漫步的情形。马的身体白地青花，雄健强壮，呈跃跃欲行之状。画面用淡墨勾线，显得古朴而简劲。

期到了。他请使者稍等，便进房去沐浴，然后，在佛像前跪下祷告："弘杲这一世误生帝王之家，所以今天才会被杀。如果再投人世，望菩萨保佑让我生在平民家里，免受屠杀毒害。"他与家人告别，想到自己与他们都将面临的凄惨下场，不禁痛哭流涕。使者频频催促，刘弘杲只有上路。一到宫里，果然就被赐死。这是南汉中宗刘晟害死的第二个兄弟。

刘䶮共有十九个儿子，除长子、次子早死，第九子阵亡之外，到他死的时候，还剩下十六个儿子。刘䶮死

172

世界大事记　法兰西路易四世去世，幼子罗退耳即位。这一时期，法国的纺织业有所发展，开始成为西欧纺织业的中心。

《十国春秋·南汉·中宗纪》
《新五代史·南汉世家》

刘晟　残忍
刘弘杲　邪恶

人物　关键词　故事来源

后，第三子刘玢继位。但只过了一年，第四子刘晟就指使人把刘玢杀了，自己做了皇帝。因为刘弘杲提出要惩办杀刘玢的凶手，惹怒了刘晟，这才招致杀身之祸。

刘晟屠杀所有的手足

刘弘杲被赐死，是刘晟登基后屠杀手足的开始。刘晟自己是用阴谋杀掉兄长后做上皇帝的，他以小人之心度君子之腹，猜忌他的兄弟们也会像他一样，有朝一日哥哥的命运也会落到自己头上，就决定先下手为强，把剩下的十三个兄弟一个个都杀掉。

杀死刘弘杲的第二年，刘晟派人伪装盗贼，杀了五弟刘弘昌。当年刘龑病重弥留之际，曾对臣下说：

鲜活的狩猎者

彩绘骑马狩猎俑一组五件，高33—37.5厘米，长34厘米。在五个骑马俑中，两人头梳中分双发髻形，三人头戴幞头帽。四人深目高鼻，颧骨突隆，长满络腮胡，为西域胡人形象，一人面廓圆润，眉目清秀，为一汉族少年。他们身着圆领窄袖长袍，腰系带，脚穿长靴，骑在马上。马鞍鞯俱全。猎人们分带猎狗、猎豹、猎鹰等，作出各种狩猎动作。唐代贵族以狩猎作为一种时尚，这组造型各异、塑造精美的彩绘骑马狩猎俑正表现了当时出猎活动中架鹰呼犬，骑者簇拥，人舞马奔的鲜活生动场面。

"刘玢、刘晟虽然排行在前，但都不能胜任接我的班，只有弘昌做事为人像我，我想立他为继承人。"大臣反对，认为废长立少，会引发矛盾，说不定会造成兄弟相争，骨肉相残。因此，立刘弘昌为继承人的事就搁下了。谁知刘玢继位，仍然出现了弑兄篡位的悲剧。

富丽堂皇的鸳鸯莲瓣纹金碗（局部）

173

丰腴的唐代仕女（一组八件）（上图）
中唐以后，女子均以胖为美，这组俑中的七个仕女是最好的实话。

聂夷中《大垂手》诗意图（明·佚名）
金刀剪轻云，盘用黄金缕。
装束赵飞燕，教来掌上舞。
舞罢飞燕死，片片随风去。

由于刘弘昌的才能和德行都在刘晟之上，又得到大臣们的拥护，刘晟对他视之如眼中钉，终于早早地拔除了。

后来，刘晟又把剩下的十二个兄弟都陆续杀了。其中有八个兄弟是同时被毒死的，这些兄弟的家属也都一起遇难，兄弟的一些女儿，也就是刘晟的侄女们，长得

漂亮的竟都被他掳进宫去，安置在嫔妃的行列中。刘晟的行为，实在离伦理道德太远了。对权力的疯狂追求和对失去权力的恐怖，使刘晟变成了一个禽兽不如的暴君。

对臣下百姓也很残暴

对臣下百姓，刘晟也继承了父亲的衣钵，采用严刑峻法。他设置了汤镬、铁床、刳剔等惨无人道的刑具，人受刑时无异于在地狱中受苦，所以被人称作"生地狱"。刘晟统治的后期，北方的后周强盛起来，屡次打败南唐，也开始威胁到南汉的生存。残暴成性的刘晟到了这时，也感到一筹莫展了。

封建社会为争夺皇位骨肉相残的事并不少见，但像刘晟这样对众多亲手足斩尽杀绝的却实在罕见。

以胖为美的唐女

公元954年

公元 954 年

世界大事记　卢道夫及洛林公爵康拉德的叛乱被镇压，他们的领地被剥夺。

《十国春秋·前蜀·后主纪》
《新五代史·唐臣传·李严》

李严　浮华
王衍　昏庸

人物　关键词　故事来源

〇五八

皂荚香与"入草物"

李严到前蜀去察看虚实。他看到王衍生活奢侈，前蜀官员贪赃枉法，因此回来后唐向庄宗提议灭蜀。

奢侈无度的王衍

李严本是幽州人士，在后唐庄宗时当客省使。同光二年（924），他被派往前蜀通好。前蜀是王建在后梁朱温称帝的同一年建立的，国号大蜀，史称前蜀。王建做了十几年皇帝后死了，由小儿子继位，就是前蜀后主王衍。

李严到蜀国后，受到很好的接待。王衍先请李严参观上清道宫。道宫里塑有老子和唐王朝历代皇帝的像，追尊王子晋为皇帝，也塑了他的像，旁边是王建和王衍的塑像。那天，王衍备下仪仗，举行朝拜和奉献酒食的仪式。蜀国的百姓都夹道观看。李严见妇女头上都戴着珍珠翡翠，男子全戴大帽子。问后方知：蜀人原本是戴小帽子的，因为王衍喜欢戴大帽子出巡，又怕人认出他来，就下令蜀人一律改戴大帽子。

上清宫的仪式结束后，王衍请李严到彩楼赴宴。只见富丽堂皇的彩楼前设了两座彩亭，里面摆列着金银做的锅釜，御厨们拿来食料就在彩亭里烹炒。客人们边看边吃，称作"当面厨"。宴罢天色已晚，王衍又请李严登上龙舟观景。原来彩楼山前有一条水渠，直通皇宫。龙舟在水渠中缓缓游动，前面无数宫女乘着画船，手举一千多支蜡烛照亮水面，为龙舟引路。又有唱歌奏乐的声音在渠水上荡漾。到了皇宫，又是宴饮，直到天亮才歇。此时宫里到处弥漫着浓烈的香气，李严闻着，既不像沉香、檀香，又不像兰香、麝香。原来那些香王衍早已闻厌，现在是皂荚树的果实用来焚烧发出的香气。这一整天的活动，王衍是存心要显示一下他的豪华皇家气派，而李严却从中看到，有这样一个奢侈无度的皇帝，前蜀不足畏，可以攻取。

王衍并不重视后唐的威胁

第二天，在前蜀的朝堂上，李严极力夸耀后唐庄宗李存勖的威风和功德。说庄宗灭梁后，凤翔李茂贞、

威风凛凛的铜铺首（上图）
铺首是中国古代建筑物门上的构件，通常以铜、铁做成圆形底盘，上置门环，用来启闭门扉或叩门。底盘多制成兽面、兽口衔环，有很好的装饰作用。这件前蜀皇帝王建墓门上的镏金铜铺首，装饰富丽而繁复，显示了较高的工艺水平。

175

五代伎乐刻石

上世纪40年代初在四川成都西郊三洞桥发现的五代前蜀主王建的墓葬中，其石棺床上雕有伎乐二十四人，演奏琵琶、古筝等各种乐器，从而组成了一支完整的宫廷乐队。图为吹箫伎（左下）和弹筝伎（左上）。

荆南、吴越都派人进京朝见，贡献珍奇表示臣服。又说庄宗有统一全国的意愿。李严说这些，是要前蜀感到畏惧，臣服于唐。蜀人听了他的这番话，都感到震惊，王建的养子王宗俦认为李严话中有话，暗中请求王衍当场杀了李严，王衍没有同意。退朝后，宣徽北院使宋兴葆也对王衍说："从李严的话中，可以听出李存勖有欺我之野心。我们应选将练兵，加强边防，积蓄粮草，整修战船，严阵以待才是。"王衍听后也未加警惕，仍然过他的奢侈生活。

从"入草物"到"入草人"

李严住了些日子要回后唐了。临行前，他想用马匹换些珍宝带回去，这也是庄宗交给他的任务之一。谁知王衍定有一条法规：禁止绸缎珍宝流入中原。只有粗糙的劣质商品才被允许运出，称作"入草物"。因此，李严只换得一些粗布和二百两金子带回。回国后，他把这情况向庄宗奏报，庄宗大怒说："王衍能保证他自己不当'入草人'吗？"李严乘机为庄宗分析说："王衍堕落放纵，亲近小人，官员只知谄媚拍马，贪赃枉法。君臣上下都以奢侈荒淫为时尚。只要我讨伐的大军一到，蜀国一定土崩瓦解。"庄宗于是决心伐蜀。

第二年九月，后唐果然出兵攻蜀。艰险的蜀道并没有帮王衍的忙。正像李严预料的那样，远征军从出发到攻克成都，只用了七十天。前蜀投降的那天，在事先进入成都的李严陪同下，王衍身穿白衣，口衔璧玉，手牵绵羊，脖拴草绳，文武百官都穿丧服，光着脚，抬着空棺材，哭泣号叫，听候处置。这些君臣再也没有往日的威风和气派了。庄宗起先答应不杀王衍，后来却没有履行诺言，同光四年（926）四月，王衍被杀了，死时只有二十八岁。

〔唐代的水利法典〕

在敦煌藏经洞文物中，学者发现了《开元水部式残卷》和《敦煌地方灌溉用水章程》。《开元水部式残卷》是唐政府的水利法规，是目前所能看到的字数最多的唐"式"原文。内容是关于灌溉设施的使用、维修，水道运输、桥梁和津渡的管理方法等具体规定。其中还有新旧《唐书》中均找不到的唐代海运资料。《敦煌地方灌溉用水章程》是敦煌地方官府以《水部式》为指导原则，根据本地实际情况和传统习惯制定的灌溉用水细则。根据这些文书，可了解唐代农业水利的情况和政府的"令""式"是如何具体执行的。

世界大事记

奥托一世击败匈牙利骑兵。自此匈牙利人定居在今匈牙利一带，对日耳曼人不再构成威胁。

○五九

树威杀监军

《十国春秋·后蜀·高祖纪》
《新五代史·唐臣传·李严》

孟知祥
李严

果断
谋略

人物　关键词　故事来源

孟知祥安定蜀中

孟知祥的妻子，是李克用弟弟李克让的女儿，也就是后唐庄宗李存勖的堂姐妹。所以，孟知祥与李存勖很亲近，曾把郭崇韬推荐给他，成为他的亲信，得到重用。后来，李存勖派郭崇韬协助儿子李继岌讨伐前蜀。临行前，郭崇韬对李存勖说："待臣等平蜀后，镇守西川的最合适人选是孟知祥。"李存勖言听计从，灭了前蜀后，果然派孟知祥去接管蜀中。孟知祥进川后，选任廉洁的官吏，废除不合理的税赋，安顿流亡的百姓回乡生产，蜀中很快便安定下来。

这时，中原发生大变，庄宗李存勖、魏王李继岌相继去世，李嗣源做了皇帝，就是后唐明宗。面对局势的突变，孟知祥生了在蜀中称王的念头。于是，他开始整顿军队，除骑兵、步兵外，还组建了水军。

李严一心想再次立功，不听母亲的劝告第二次入川。孟知祥为了给自己树威，向后唐朝廷挑战，决心拿李严开刀。

李严第二次入川

后唐李嗣源的重要谋臣是安重诲。安重诲见孟知祥与东川节度使董璋据守险要，拥有重兵，孟知祥

《阆苑女仙图》（局部）（五代·阮郜绘）

阮郜（生卒年不详），五代画家。《宣和画谱》谓其"入仕为太庙斋郎"。工人物，尤擅画仕女。此《阆苑女仙图》为传世真迹，描绘了众仙女在茫茫大海中一片宁静的仙岛上游玩的情景。阆苑乃传说中神仙的居处，在画家的笔下为水天浩瀚，波浪环抱，礁岸崎岖，松柏挺立，仙女们有的乘龙，有的乘鸾，有的凌波微步，缓缓而行，有的则在苍松翠柏下行乐。充分显示了画家对生活美好的渴望。

又是李存勖的近亲，生怕日久难以控制，便想加以遏制，然后设法排除。这时，先前出使前蜀并首议伐蜀的李严便自告奋勇要求去当西川的监军官。他认为自己熟悉蜀中的情况，与孟知祥又有旧关系，有把握控制孟知祥。朝廷同意了。李严的母亲却忧心忡忡地对李严说："你首先提请朝廷灭蜀，今天再去，定会受到蜀人报复。"李严一心只想再次立功，听不进母亲的忠告。

《文会图》(五代·丘文播绘)

丘文播是五代后蜀广汉人，与其弟文晓俱以画名显。擅长道释人物，兼作山水，其后多画牛。此画标签旧题丘文播《文会图》，画上无款。图绘盛夏时节，三文士坐于大榻上作执笔文展卷状，画中人多衣着极薄，榻后绘树石背景，图中人物神情闲散逸放，似是雅集一类。

孟知祥得知李严要来做监军，十分反感：当年庄宗派宦官去各地做监军，李嗣源即位后，认为就是这些宦官坏了庄宗的国政，下令把这些宦官都杀了，各地就此废除了监军。现在偏又派李严到西川来做监军，分明是朝廷想控制巴蜀，排除自己，也是李严想从中捞取好处，在蜀中占个领导地位。孟知祥根据这种情况，想好了针锋相对的策略。有人建议干脆拒绝李严入川，孟知祥说不必，他自有办法。

孟知祥将李严斩首

李严到达成都，孟知祥招待得十分周到。李严暗暗得意，心想眼前情景就跟前次进前蜀时一样。当初大军逼迫，王衍已无退路，却提出一定要李严先进城才肯投降。当时有人劝李严不能冒险，但他坚持去了，什么事也没有。可是李严忘了，孟知祥不是王衍。

这天，李严去见孟知祥，孟知祥首先发难。他责问李严道："前次你奉命来见王衍，回去就建议出兵讨伐。今天又来，

肥硕的仕女

西安市郊区出土。西安市文物保护考古所收藏。

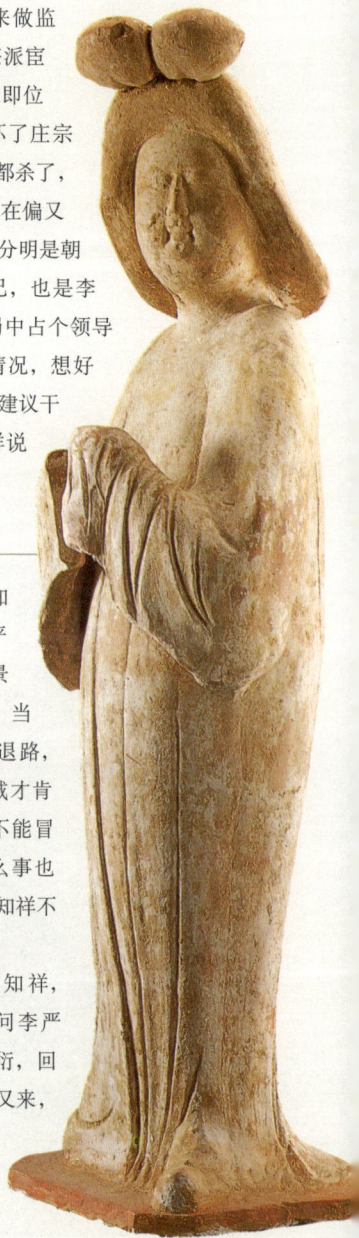

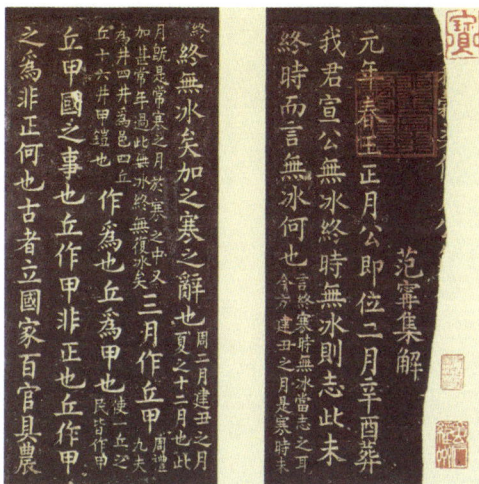

广政石经（拓片）

广政石经又称蜀石经、后蜀石经、成都石经、益都石经。刻于后蜀广政十四年（951）至广政二十一年（958），历八年刻成，包括《孝经》、《论语》、《尔雅》、《周易》、《尚书》、《周礼》、《左传》、《仪礼》、《礼记》、《毛诗》共十经，有注。经文由张德钊、杨钧、张铭文等正楷书丹，陈德谦、武令升等镌刻。凡石数千，宋后已毁，迄至明代仅存《礼记》残石数段，余均佚，至清初残石久已散失。现仅存拓片。

蜀人深感不安。况且各地都已废除监军，唯独派你来监我的军，请问是何道理？"李严听话音不对，又见孟知祥满面怒容，堂下军士都持剑挺立，顿感大祸临头，不由惊慌失措，他连连向孟知祥请求宽恕。孟知

历史文化百科

〔摩尼教〕

摩尼教是公元3世纪中期由古波斯人摩尼所创的一种新的宗教，是一套完整的关于世界本原、形成、未来发展的宗教思想体系，其核心教义是两宗三际说。唐高宗时传入中原，并在其后得以广泛传播。唐末武宗灭佛时遭禁毁。但民间仍在流传，宋元时称为明教，又称魔教，常作为下层农民发动起义的思想武器。明朝以后，其影响日益缩小。

祥说："众怒难犯。"说罢，向他作了一个揖，让他退下公堂。军士一拥而上，不由分说将他当场斩首。

当年王衍投降时曾把母亲和妻子托付李严，庄宗原答应王衍不死，后来变卦，把王衍一家都杀了。蜀人痛恨庄宗和李严失信。另外，后唐伐蜀之初曾宣布减免税赋，平蜀后非但不减，反而加倍征收，就此失去巴蜀人心。在巴蜀人心目中，所有这些根子都在李严身上。这就是孟知祥说的"众怒"。事情果然像李严的母亲所预料的那样。

孟知祥建国称帝

孟知祥杀死李严后，上疏朝廷说："李严假传皇上口谕，说是命我进京，由他接替职务；又擅自允许发给将士优厚奖赏，我因此将他诛杀。"李严虽然不仁，孟知祥给他加的这个罪名，倒是冤枉的。

孟知祥杀李严实际上是对后唐朝廷的挑战。李嗣源非但没有怪罪，反而安慰有加，这样一来，孟知祥有恃无恐。后来，他便在蜀中建国称帝，史称后蜀。

憧憬未来的三彩美女

仕女俑高20厘米。1998年陕西凤翔县城南关唐墓出土。

〇六〇

花蕊夫人的亡国诗

第一位花蕊夫人是前蜀王建的妃子徐氏

两位花蕊夫人，都生在蜀地，都是蜀主的妃子，都写得一手好诗词，却都成了亡国奴。

史书记载有两位花蕊夫人，这两位貌美如花蕊的夫人，还都生在蜀地。第一位得名花蕊夫人的，是前蜀开国皇帝王建的妃子徐氏。当时与她的姐姐一起，都得到王建的宠爱。徐妃的姐姐为王建生下一个儿子王衍，他由于母亲、阿姨的关系，被立为皇太子。王衍当上皇帝后荒淫无度，后来前蜀被后唐所灭，花蕊夫人与王衍一起被杀。她描写前蜀宫廷奢侈生活的诗作，因用辞华丽典雅，艺术技巧较高，在《全唐诗》里保存了八首。却也因此为王建的亡国，作了间接的说明。

喜欢芙蓉花与牡丹花的美女

第二位别号花蕊夫人的，也是一位贵妃，是五代时后蜀君主孟昶的妃子。据说后蜀主孟昶为寻找不到

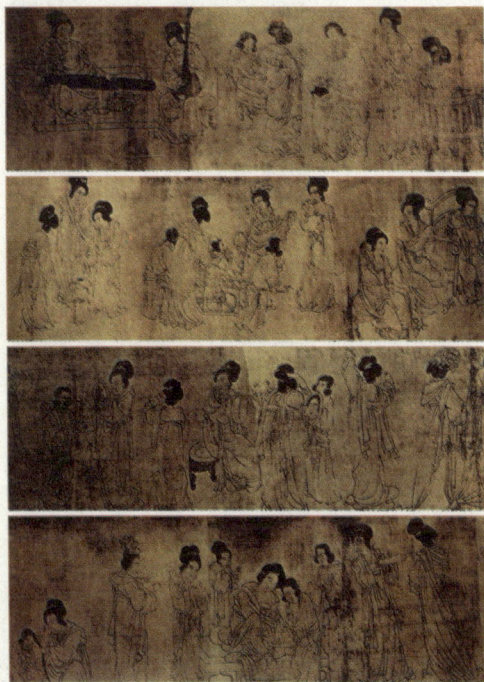

悠闲安乐宫中景——《宫中图》（五代·周文矩绘）
翰林待诏周文矩是南唐画院中的一位重要画家。工冕服、车器、人物、仕女，多以宫廷或文人生活为题，在画院以"用意深远"著称。画法上继承唐代周昉的传统，注重刻画人物动态表情和内在精神，而不过多施朱傅粉或华美修饰，形象更加清雅自然。线条瘦硬，略带颤动，称之为"战笔"描，刚柔相济，独具一格。《宫中图》描绘了宫廷悠闲安乐的景象和宫中妇女略显空虚的生活。据南宋张澄的题跋，画中共有妇人及小孩八十一人，加上一个画肖像的男子，共八十二人，而现存作品中只有三十多人。

卢仝《走笔谢孟谏议寄新茶》诗意图（明·杜堇绘）

日高丈五睡正浓，军将打门惊周公。
口云谏议送书信，白绢斜封三道印。
开缄宛见谏议面，手阅月团三百片。
闻城新年入山里，蛰虫惊动春风起。
天子须尝阳羡茶，百草不敢先开花。
仁风暗结珠琲瓅，先春抽出黄金芽。

美女闷闷不乐，有一位心腹太监在青城为他物色到一位美女。这位美女体态轻盈，容颜绝世，孟昶如获至宝，立即留在宫中，封为慧妃。

慧妃喜欢芙蓉花与牡丹花，孟昶就特地为她修了一座牡丹苑，还下令在城墙上种满芙蓉花，连寻常百姓家也要家家栽种。每到芙蓉花开时节，成都城中花团锦簇，争奇斗艳。沿城四十里远近，都如铺了锦绣一般，从此成都也就得了一个雅号："锦城"。

孟昶是个非常懂得享乐的人，据传连他的小便器也要用宝石装饰，精美无比。他与花蕊夫人日日饮宴，觉得山珍海味都吃腻了。花蕊夫人便别出心裁，用净白羊头，以红姜煮过，然后紧紧卷起，腌在酒中，用石头压住，使酒味入骨，然后切得如纸一样薄，号称"绯羊首"，又叫"酒骨糟"。孟昶吃起来果然觉得风味无穷。

亡国投降人心碎

不料到了公元964年，宋太祖赵匡胤发兵南击后蜀，蜀军不堪一击，十四万守成都的蜀兵竟不战而溃。自北宋出兵之日算起，才六十六天后蜀就灭亡了。孟昶只得自缚请降，成了北宋的阶下囚。花蕊夫人也成了囚徒，陪孟昶一起被押解进京。

这位花蕊夫人也会写诗作词，途经葭萌关时，她在驿站墙壁上写了一首词："初离蜀道心将碎，离恨绵绵，春日如年，马上时时闻杜鹃。三千宫女皆花貌，共斗婵娟，髻学朝天，今日谁知是谶言。"原来，当年在成都宫内，孟昶曾亲自谱过一曲名叫"万里朝天"，让花蕊夫人吟唱。当时以为是人们会不远万里来朝孟昶的吉兆。因此，宫里的妇女们竟相戴高冠，梳高髻，称为"朝天髻"。谁知，"万里朝天"却应验在万里崎岖，前往汴京投降宋主。所以，一路上花蕊夫人与孟昶听到杜鹃鸟声声："不如归去"，"不如归去"，实在叫得人心碎。

"宁无一个是男儿"

据说，赵匡胤久闻花蕊夫人艳绝尘寰，为了一睹芳容，特意赏赐了孟昶及其家人，知道他们一定会来宫中谢恩，他就见到了花蕊夫人。七天以后，孟昶暴死，许多人都认为是被赵匡胤毒杀的。孟昶的母亲也绝食而死。宋太祖就把花蕊夫人留在了宫中侍宴，要她即席吟诗，花蕊夫人念道："君王城上树降旗，妾在深宫哪得知；十四万人齐解甲，宁无一个是男儿。"这首《述亡国诗》悲愤婉转，表达了一个亡国之女深沉的悲哀。

花蕊夫人被宋太祖纳入后宫，封为贵妃。但她依然怀念前夫孟昶，把孟昶的画像供奉在内宫，骗宋太祖说是"张仙送子图"。据说后人盛行供奉"张仙送子图"，就是由此而来。

迷花冠子道人衣日侍君王宴

索微花柙不知人已去年蕭絲

與李緋

蜀後主每於宮中晷小巾命宮妓

衣道衣冠蓮花冠日尋花柙以

侍醼宴蜀之謠巳溢耳芙兩之

不艷注之竟至滛腸伴後想揺

頸之令不無拒朕唐寅

《王蜀宮妓圖》明·唐寅繪

《十国春秋·吴越·武肃王世家下》
《旧五代史·世袭传·钱镠》
《新五代史·吴越世家》

钱王射潮

钱镠

民本 壮志

人物 典故 关键词 故事来源

"海龙王"射潮

钱镠功成名就之后，虽然也享受"海龙王"般的荣华，但他在吴越主持修筑捍海石塘的事迹，还是为当地人所传颂。

父亲提醒钱镠居安思危

武肃王钱镠出生于农家，但不喜欢干农活，以贩私盐为生。后来，他在镇压黄巢起义中发迹，到唐朝末年，已是镇海、镇东两镇节度使，管辖十三个州，手下拥有三万精兵。在起家创业的过程中，钱镠严

于律己，据说他行军打仗时睡觉很少，人称"不睡龙"。实在倦了，就枕着一个圆木小枕小睡一会，稍有动静就会惊醒，因此人们把那小圆枕称作"警枕"。

但是功成名就之后，钱镠也像一般得志的人一样，开始想享受了。他在故里大兴土木，然后坐着豪

钱镠建吴越（右图）
钱镠，浙江临安人。唐末从军随董昌镇压黄巢起义军，后杀董昌，任镇海、镇东节度使。唐昭宗时，钱镠被唐朝封为越王，遂建都杭州，割据两浙，史称吴越。后梁时被封为吴越王。钱镠对中原王朝称臣纳贡，以求自保。978年，忠懿王钱俶献土归宋，吴越亡。吴越共传五主，立国共七十二年，是十国中时间最长的。

《王蜀宫妓图》（明·唐寅绘）（左页图）
此图以上笔重彩画宫妓四人，衣着华贵，云髻高耸，青丝如墨，头饰花冠。从人物穿戴来看，正面两位地位高贵，而背向两位是宫婢，正奉酒捧食。图中写宫妓正劝酒作乐，青衣女子似手拿酒盏，正让绿衣女子酌酒，而红衣女子已不胜酒力，正摆手欲止。劝、止之间的神态举止被刻画得生动传神。背后无衬景。人物衣饰线条流畅，设色浓艳。服饰上的花纹刻画得十分精细，人物面部用传统的"三白法"表现，晕染细腻，表露出宫廷富贵的生活气息。作者借此图披露王蜀后主的糜烂生活，有讽喻之意。

华的车子，带着大批随从，前呼后拥地衣锦还乡了。没想到父亲钱宽一见他来就赶紧离去，躲起来不见他。钱镠觉得奇怪，就独自徒步去找父亲，见面后问父亲避而不见的缘故。钱宽说："我家世世代代以种田为生，从未有人显赫到这种地步。你现身为十三州之主，可是三面受敌，这样与人争权夺利，我恐怕终会给我家带来祸害，所以不愿见你。"钱镠听了，十分震动，深深感激父亲的提醒。

被称作"海龙王"

钱宽居安思危的提醒，并不能使钱镠完全放弃享受做君王的荣耀。他特别喜欢

白石上的历史

白塔位于钱塘江畔，建于五代吴越末期（约932—947）。与雄伟的六和塔遥相呼应。这座吴越宝塔纯用白石建造，所以称为"白塔"。这座塔是现存五代吴越末期仿木结构建筑中最精美、最真实、最典型的一座。

钱镠钱俶批牍合卷

此卷分为前后两段。前段（图中为局部）为吴越国王钱镠给崇吴禅院寺僧嗣匡的牒文，书于五代后梁龙德二年（922）十二月，楷书，字体柔中有刚。后段为宝庆禅院寺僧崇定上奏的表文，上面有钱镠之孙钱俶的批字和花押，书于北宋太平兴国二年（977）闰七月，楷书，字体严密敦厚。此两段批牍原分藏两处，至北宋雍熙年间合装成卷，后因战乱，钱俶批牍又遗失，直至明洪武元年才又合璧，保藏至今，为弥足珍贵的五代书法真迹。

造宏伟壮丽的房舍。晚年自称吴越国王，把居所称作"宫殿"。既是宫殿，自然要有宫殿的排场。于是宫殿被装饰得富丽堂皇，很有王者气派。子侄个个衣冠楚楚、服饰鲜亮地簇拥着他，他这才感到心满意足。当地人因此俗称他为"海龙王"。

筑石塘，退潮水

钱镠虽然也追求享受，但他还不是那种昏庸之辈，治理地方倒也很有作为，其中治水的经历尤为当地人所传颂。原先，钱塘江的潮水，年年要侵袭杭州城，钱镠决定修筑捍海石塘。后梁开平四年（910），工程开工。杭州城外从六和塔起到艮山门一带，都筑起石塘，以防潮水侵袭。

工程刚开始的时候，由于潮水太大，江涛汹涌，一时无法施工。这时，钱镠忽然作出一个惊人之举，他居然要举行一个闻所未闻的"射潮"仪式。他命人用竹子做了三千支箭，用锻炼过的好铁做箭镞，还用鸟的羽毛加以装饰。然后，选了五百名最好的弓箭手，每人发六支箭，让他们面对汹涌而来的潮头一字排开。射潮的时候，鼓声震天，气势宏伟，两岸成千上万的百姓都来观看。每当潮头涌来，五百弓箭手同时射出一支箭。潮水排山倒海般地涌过来，箭射了一支又一支，待射到第五支后，潮水开始退了，方向也改为向东而去。两岸霎时欢声雷动，早已做好准备的工匠们抓紧时间，把盛有巨石的大竹笼子一个个沉到水里，又用很长很粗的大木头，横向把竹笼串起来固定，筑成石塘。还打下几排木桩。于是潮水不再侵涌，沙土慢慢淤积，河岸慢慢地就牢固了。

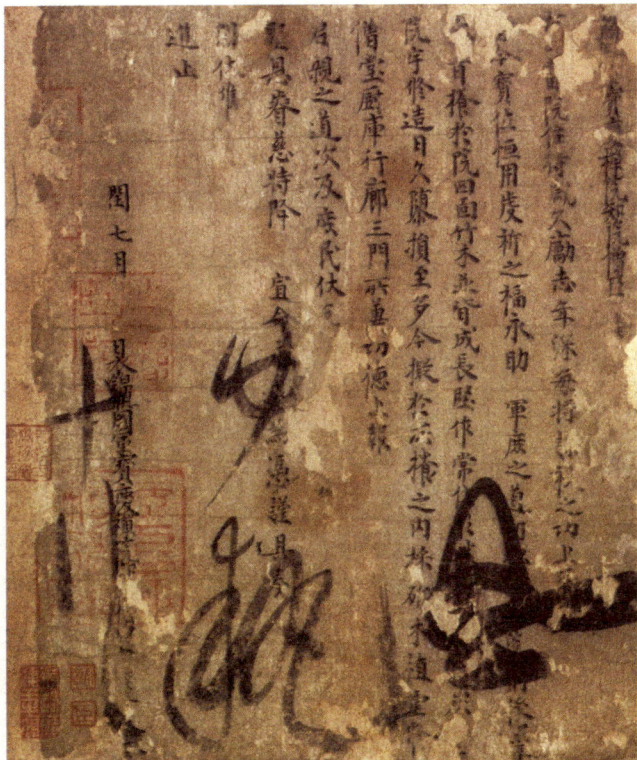

据说，钱镠把射剩下的箭就埋在射箭止潮的地方，并立有铁幢作为纪念，那个地方就名"铁幢浦"。箭真能射退潮水吗？当然不能。钱镠不过是让人算准了退潮的时间和方向，然后用"射潮"来显示他的威风罢了。但吴越百姓用他们的智慧和劳动，战胜了江潮，捍卫了自己的家园，这却是事实。

钱镠钱俶批牍合卷（局部）（左图及上图）

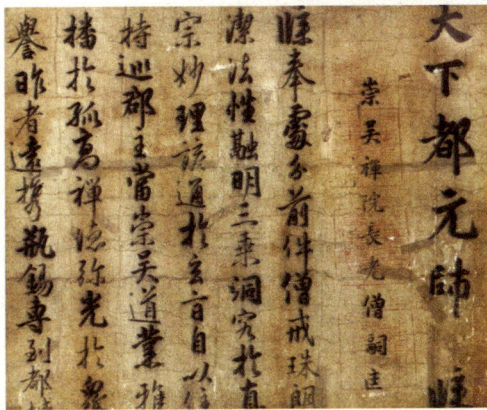

185

〇六二

江景防为民沉籍

为进贡，吴越百姓
负担沉重

公元960年，北宋建国时，南方的吴越国是忠懿王钱俶执政。因为弱小，为了保住自己的王位，他只有竭尽全国十三个州的物力财力，去讨日益强盛的宋朝欢心。据史书记载，钱俶一次给中原朝廷送去的贡品，就有赭黄犀、龙凤龟鱼、仙人鳌、山宝树以及通犀带七十余条，这些都是稀世珍宝。另有饰金的玳瑁器一千五百多件，水晶玛瑙玉器四千多件，高三尺五寸的珊瑚树十个。

《观世音菩萨毗沙门天王像》（五代·佚名）《观世音菩萨毗沙门天王像》发现于甘肃敦煌藏经洞中，分上下两部分。上部左侧为观世音像，左手托插花净水瓶，右手持折枝莲花，右侧为一天王像，顶盔披甲，左手托塔，右手持一三齿叉。下部左侧坐着一个妇女，右侧坐着一个黑衣僧人。两人当中为供养人董员外的题词，落款为"时庚寅年七月十五日题董"，庚寅年为五代后唐明宗李嗣源天成五年（903）。

江景防冒着生命的危险，把吴越有关田赋租税的档案文件统统沉到河里去了。他为老百姓做了一件好事。

其数。这还只是上贡给宋帝的，满朝的文武百官还都另有礼物、金银赠送。可是，宋帝得了这些贡品却说："这原本都是属于我的东西，何必要他来贡献！"吴越既要上贡，国王、官吏自己又要享受，所以老百姓要交的田赋租税，自然是越来越多。据说连鸡生的蛋、鱼产的卵都要收税，人民的生活苦不堪言。

冒着生命的危险
沉籍

北宋太平兴国三年（978），钱俶正式献土归宋，离

此外，还有金银饰陶器十四万余件，金银饰龙凤船二百艘，银器七十万件。更有金九万五千多两，银一百一十万两。至于绫罗绸缎等纺织品，更是不计

反映佛教在中国内地传布的观音像（右页图）五代时期今浙江省的吴越政权崇信佛教，大兴佛寺，铸造印制了大批佛像分送各寺院供养。这件出土于浙江金华的佛像，造像上的观音坐于假山之上，神态宁静安详，造型优美自然。

《十国春秋·吴越·忠懿王世家》
《十国春秋·吴越·江景防传》
《十国春秋·吴越·江景防传》

勇敢　善行

江景防

人物　关键词　故事来源

反映佛教在中国内地传布的观音像

187

开吴越到宋都去。有个侍御史名叫江景防的，一起随同入朝。宋朝讨平各割据政权后，对老百姓的田赋租税仍按这些地方过去的惯例办，因此要以原来的文件图籍作为依据。钱俶自然也不例外，这样，江景防就要负责把吴越的档案文件都带到宋都去献给宋帝。可是在渡河北上时，他思考再三，叹息说："老百姓受苛刻繁重的田赋租税之苦已经很久了。我若把这些图籍文件都交上去，宋朝官员仍以此为依据，按旧的标准来征收，那吴越人民的困苦就没有尽头了。"他决心宁愿以自身性命来替百姓受罪，于是，毅然把那些文件统统沉到河里去了。

到了京城，江景防上疏，说自己有罪，把图籍遗失了。宋帝听了大怒，经其他大臣劝谏，才没有杀他。只将他贬到沁水去做县尉，以后他就死在那里。不久，宋帝下令重新审定吴越的田税，从原来的每亩五斗减为每亩一斗。百姓无不额首称庆，这当然是江景防沉籍带来的大幸。江景防冒着生命危险，做了这件有益于人民的事，确实是值得称道的。

中晚唐及五代十国时期的文学家表

姓名	年代	籍贯	风格	代表作	诗文集
窦叔向	？—约 780	平陵（陕西咸阳）	诗法谨严又非常格		《窦叔向诗》
柳冕	？—805	河东（山西永济）	古文运动先驱	《答杨中丞论文书》	《语笔》（佚）
李嘉祐	？—约 782	赵州（河北赵县）	绮靡婉丽	《送王牧往吉州谒王使君叔》	《李嘉祐集》
钱起	？—约 783	吴兴（浙江湖州）	开大历诗风者	《暮春归故山草堂》	《钱考功集》
刘长卿	？—约 789	宣城（安徽宣州）	各体均工，尤擅五言	《余干旅舍》	《刘随州集》
戴叔伦	732—789	金坛（今属江苏）	善于比兴	《女耕田行》	《戴叔伦集》
韦应物	约 737—约 792	万年（陕西西安）	善写田园风物	《滁州西涧》	《韦苏州集》
梁肃	753—793	安定（甘肃泾川）	古文运动先驱	《过旧园赋》、《兵箴》	《梁补阙集》
李观	766—794	赞皇（今属河北）	擅散文	《赠冯宿》	《李元宾文集》
卢纶	748—约 799	范阳（河北涿州）	擅五言，辞情捷丽	《塞下曲》	《卢户部诗集》
欧阳詹	757？—802？	晋江（今属福建）	擅作古文		《欧阳行周文集》
陆贽	754—805	嘉兴（今属浙江）	以散文句式写政论文		《翰苑集》
吕温	772—811	河中（山西永济）	擅碑铭赞序	《凌阁功臣颂》	《吕和叔文集》
孟郊	751—814	武康（浙江德清）	擅乐府及五言古诗	《秋怀》、《古别离》	《孟东野诗集》
武元衡	758—815	缑氏（河南偃师）	藻思奇丽	《行路难》、《题嘉陵驿》	《临淮集》
李贺	790—816	福昌（河南宜阳）	擅乐府诗，称诗鬼	《天上谣》、《浩歌》等	《李贺集》
权德舆	759—818	略阳（甘肃天水）	擅碑铭行状	《两汉辩亡论》	《权载之文集》
张仲素	769—819	郑县（河北任丘）	精乐府，多警句	《燕子楼诗》《春闺思》	
柳宗元	773—819	河东（山西运城）	古文运动领袖	《封建论》、《捕蛇者说》等	《柳河东集》
顾况	约 727—约 820	苏州（今属江苏）	意在诗外	《囝》、《行路难》等	《顾华阳集》
樊宗师	？—824？	河中（山西永济）	擅散文，务去陈言	《绛守居园池记》	《樊绍述集》
韩愈	768—824	河阳（河南孟县）	古文运动领袖	《原道》、《师说》等	《韩昌黎集》
张籍	约 766—约 830	乌江（安徽和县）	擅乐府诗	《江南行》、《江村行》等	《张司业集》
王建	约 766—？	颍川（河南许昌）	擅乐府诗	《田家行》、《当窗织》等	《王建诗集》

李涉	约766—?	洛阳（今属河南）	擅叙事诗	《润州听暮角》	《李涉诗集》（佚）
白行简	776—826	太原	擅小说	《李娃传》	
元稹	779—831	河南（今属洛阳）	擅乐府诗	《田家词》、《织妇词》等	《元氏长庆集》
杨巨源	755—约832	河中（山西永济）	体律实，功夫深	《寄江州白司马》	《杨少尹诗集》
薛涛	约770—832	长安（陕西西安）	擅绝句	《送友人》、《题竹郎庙》	《薛涛诗》
卢仝	约771—835	范阳（河北涿州）	趋险尚怪	《月蚀诗》	《玉川子诗集》
皇甫湜	约773—835	新安（浙江淳安）	擅散文，尚奇崛	《答李生书》	《皇甫持正文集》
李翱	776—836	成纪（甘肃临洮）	擅散文	《杨烈妇传》	《李文公集》
冯宿	767—837	东阳（今属浙江）	擅赋颂制诰	《试百步穿杨叶赋》	
裴度	765—839	闻喜（今属山西）	批评古文运动	《寄李翱书》	《裴度诗》
刘禹锡	772—842	洛阳（今属河南）	各体均擅，自然流畅	《飞鸢操》、《秋词》等	《刘梦得文集》
贾岛	779—843	范阳（河北涿州）	好奇尚僻，称苦吟客		《长江集》
白居易	772—846	太原	诗文俱佳，重讽谕	《长恨歌》、《琵琶行》等	《白氏长庆集》
李绅	772—846	谯县（安徽亳州）	擅乐府诗	《悯农》	《追昔游集》
姚合	约782—约846	吴兴	清冷景物，萧条官况	《武功县中作三十首》	《姚少监诗集》
牛僧孺	780—848	安定	擅小说		《玄怪集》
李德裕	787—849	赵郡（河北赵县）	擅骈文、五言诗		《会昌一品集》
杜牧	803—852	万年（陕西西安）	诗赋散文均擅	《河湟》、《泊秦淮》等	《樊川文集》
李商隐	813—858	河内（河南沁阳）	各体皆精，擅七绝	《马嵬》、《隋宫》等	《樊南集》
许浑	约800—约858	丹阳（今属江苏）	整密圆熟	《咸阳城东楼》、《金陵怀古》	《丁卯集》
段成式	803—863	临淄（今属山东）	擅骈文	《酉阳杂俎》	《段成式诗》
温庭筠	约801—866	太原	首位大量填词高手	《菩萨蛮》、《梦江南》等	《温飞卿集》
陆龟蒙	?—约881	吴郡（约今苏州）	擅小品文、辞赋	《野庙碑》、《招野龙对》	
皮日休	834?—883?	襄阳（今属湖北）	平易晓畅	《鹿门隐书》、《忧赋》等	《皮子文薮》
方干	?—约888	桐庐（今属浙江）	工整不绘藻	《题君山》	《玄英先生诗集》
李洞	?—约893	京兆（陕西西安）	尚苦吟，多佳句	《诗句图》	《李洞诗集》
杜荀鹤	846—904	石埭（安徽石台）	浅近通俗	《山中寡妇》、《春宫怨》	《唐风集》
司空图	837—908	河中（山西永济）	擅写景咏物	《二十四诗品》	《司空表圣文集》
罗隐	833—909	新城（浙江富阳）	擅谐谑讽刺	《题润州妙善前石羊》	《甲乙集》
郑谷	851?—910?	宜春（今属江西）	擅写景咏物	《淮上与友人别》	《云台编》
韦庄	约836—910	杜陵（陕西西安）	擅叙事诗，填词	《秦妇吟》	《浣花集》
韩偓	842—约923	万年（陕西西安）	擅艳情诗	《故都》、《安贫》等	《香奁集》
钱镠	852—932	临安（今属浙江）	擅诗文		《武肃王集》
花蕊夫人	?—926	蜀人			《花蕊夫人宫词》
冯延巳	约903—960	广陵（江苏扬州）	擅词，开北宋风气	《鹊踏枝》、《归自遥》	《阳春集》

唐中叶以后，中国历史上人口固有的分布格局发生了变化。在经济重心逐渐南移的同时，南方人口也逐渐从数量上压倒了北方。黄河中下游地区自秦汉以来的人口重心已不复存在。这个变化大致开始于天宝末年，而在中晚唐基本完成。五代以后南北方人口的发展基本上是沿着这个趋势进行的。

冻国栋

五代十国时期，在北方，太平的日子短，战争的时间多；在南方，太平的时间长，苛暴的统治都不太长，所以北方的经济破坏得比较厉害，南方的经济反而有所发展。

王仲荦

传统的历史家对于五代十国没有多少好话可说。要不是"僭窃交兴，称号纷杂"，则是"峻法以剥下，厚敛以奉上"。他们不知道在唐宋之间，不能没有这样的一重过渡时期，将军事与财政的管理权放在地方政府头上，使一切更趋紧凑和实际，然后再集中归并。否则就不能构成北宋这样一个带竞争性的体制去和北方少数民族用骑兵为骨干有农业为支援的新型外患周旋。

黄仁宇

方镇割据是唐代历史上的重大政治事件，它是中国历史上多次出现的分裂局面的一种形式。这种分裂割据一旦条件成熟，就会向另一种形式的割据——多政权并存局面转变，五代十

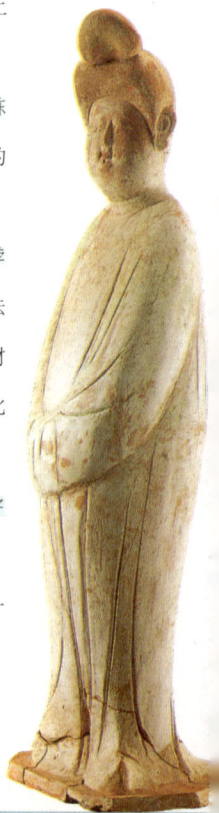

文苑泰斗，学术名家，聚焦于公元907年至公元960年的中国。他们以宏观或者微观的独到眼光，对唐后期及五代十国的政治经济和社会文化的各个层面作了深入浅出、鞭辟入里的解析。这些凝聚了高度智慧的学术精华，历经岁月洗礼，常读常新，是我们走进中国历史文化殿堂的引路人。

国就是多政权并存形式的分裂割据，它是唐后期方镇割据的继续和发展。

郑学檬

大一统虽是传统并深入人心的观念，但当大一统的弊病糟糕得不能再维持大一统后，分裂也就成了无可奈何的趋势，成了纠正大一统弊病的不得已的历史选择。在五代十国时期，不是纯然无序的，而是在貌似支离破碎的状态下，一个个实力与权力中心在膨胀，其膨胀的程度与其是否采取利民的政策成正比。

赵剑敏

从隋朝建立到"安史之乱"，可以说是对魏晋南北朝以来的社会、政治、文化因多于革的阶段；"安史之乱"以后，发生了显著变化，可以说是革多于因的时代，这些变革为北宋继承和改进，为整个中国封建社会的后期开了先河。因此，从"安史之乱"到北宋建立的二百年，是发生大变革的二百年，是对后代产生深远影响的二百年。

胡如雷

温庭筠之后，写词的文人越来越多，到五代十国时期，倚声填词更蔚为风气。而西蜀与南唐二地，军事力量虽弱小，经济文化却是全国最发达的，因而成为词人荟萃的两大基地。

葛兆光

图书在版编目（CIP）数据

变幻中的乾坤/金尔文，郭建著 . —上海：上海锦绣文章出版社，2014.2
（话说中国：普及版）
ISBN 978-7-5452-1269-3

Ⅰ.①变… Ⅱ.①金… ②郭… Ⅲ.①中国历史—五代十国时期—通俗读物
Ⅳ.① K 243.09

中国版本图书馆 CIP 数据核字（2013）第 062564 号

责任编辑　秦　静 李　欣 顾承甫
特邀审订　李培栋
特邀审读　王瑞祥
特邀编辑　王建玲 侯　磊 刘言秋 李曦曦
整体设计　袁银昌 李　静 蔡　惟
摄　　影　徐乐民
图片整理　居致琪
印前制作　北京世典华文文化传媒有限公司 邵海波
印务监制　张　凯 黄亚儒

书名
变幻中的乾坤
　　——公元 907 年至公元 960 年的中国故事
著者
金尔文 郭　建
出版
上海锦绣文章出版社·上海故事会文化传媒有限公司
发行
北京世典华文文化传媒有限公司
电话：010—62870771
传真：010—62874452
地址：北京市海淀区红山口甲 3 号 209 楼 14 号
邮编：100091
公司网址：http://www.sdhwmedia.com
电子邮箱：shidianhuawen@sina.com
印刷
北京爱丽精特彩印有限公司印刷、装订
版次
2014 年 2 月第 1 版　2016 年 1 月第 2 次印刷
规格
787 × 1092　1/16　印张 12
书号
ISBN 978-7-5452-1269-3/K·444
定价
42.00 元

告读者　如发现本书有质量问题请与印刷厂质量科联系 T:010—84311778